中國學術思想 研究輯刊

三五編

林 慶 彰 主編

第 21 冊

窺基《說無垢稱經疏》的唯識學詮釋

竇 敏 慧 著

花木蘭文化事業有限公司

國家圖書館出版品預行編目資料

窺基《說無垢稱經疏》的唯識學詮釋／竇敏慧 著 -- 初版 --
新北市：花木蘭文化事業有限公司，2022〔民 111〕
目 4+214 面；19×26 公分
（中國學術思想研究輯刊 三五編；第 21 冊）
ISBN 978-986-518-823-8（精裝）
1.CST：唯識 2.CST：佛教哲學
030.8   110022436

ISBN-978-986-518-823-8

中國學術思想研究輯刊
三五編　第二一冊　　　　　　　ISBN：978-986-518-823-8

窺基《說無垢稱經疏》的唯識學詮釋

作　　者　竇敏慧
主　　編　林慶彰
總 編 輯　杜潔祥
副總編輯　楊嘉樂
編輯主任　許郁翎
編　　輯　張雅淋、潘玟靜、劉子瑄　美術編輯　陳逸婷
出　　版　花木蘭文化事業有限公司
發 行 人　高小娟
聯絡地址　235 新北市中和區中安街七二號十三樓
　　　　　電話：02-2923-1455 ／傳真：02-2923-1452
網　　址　http://www.huamulan.tw 信箱 service@huamulans.com
印　　刷　普羅文化出版廣告事業
封面設計　劉開工作室
初　　版　2022 年 3 月
定　　價　三五編 23 冊（精裝）新台幣 62,000 元

窺基《說無垢稱經疏》的唯識學詮釋

寶敏慧　著

作者簡介

　　竇敏慧，目前就讀於德國慕尼黑大學佛學研究博士班。大學時對佛教哲學產生興趣，畢業後進入國立臺灣師範大學國文所碩士班哲學組。碩士論文題目為《窺基《說無垢稱經疏》的唯識學詮釋》，對比《維摩詰經》的三種漢譯本、日本大正大學整理的梵文本，以及藏譯本，試圖理解唐代玄奘翻譯《維摩詰經》（定名為《說無垢稱經》）是否加入了自身唯識學背景的名相，進而探討其徒窺基的《說無垢稱經疏》如何以唐代唯識學角度詮釋《說無垢稱經》。

　　取得碩士學位之後，考上國立臺灣師範大學國文所博士班，繼續佛學研究。於博士班三年級時申請進入德國慕尼黑大學博士班，加強梵語與藏語的佛學語言能力，且延續碩士論文中的對於唯識學中種子學說的興趣，博士論文以世親至安慧為時間段，檢視初期唯識學如何回應部派佛教的質問，並將種子與薰習理論發展成唯識學派的特殊學說。

提　要

　　本研究探討窺基《說無垢稱經疏》所建立、與歷代《維摩詰經》疏本觀點迥異的唯識學立場，以及在《維摩詰經》疏解史上的地位。窺基的「維摩詰經觀」以唯識思想為主，由於其所依據的《說無垢稱經》是玄奘所譯的版本，因而先以《維摩詰經》三家漢譯本的差異，審視窺基的立場是否與翻譯所依據的版本有關。

　　藉由梵漢對比，發現現存梵文抄本、羅什本、玄奘本與支謙本並非同一底本，且在字句使用上僅有些微差異，不構成整體《維摩詰經》的思想改變。且玄奘本所使用的唯識術語，如「vijñapti / vijñāna」、「bīja / gotra」和「ālaya」，在其他漢譯本與現存梵文抄本中，並不具有唯識義。因而可知玄奘本《說無垢稱經》依然未脫離《維摩詰經》的中觀學。

　　然而，窺基在《說無垢稱經疏》中，多處將玄奘所譯的經文以唯識學疏解。他將 vijñāna 認作「心識」，vijñapti 是「了別」；「bīja 種子」則是發正等覺心的「煩惱種子」；「gotra 種性」被解為「行佛性」和「理佛性」，為「五種性」所用；又將 ālaya 視作阿賴耶識的三藏，加入「執藏」的意涵。可見窺基依於玄奘譯本，卻溢出了玄奘的翻譯，增添入唯識思想的疏解傾向。

　　在判教中，窺基將《說無垢稱經》判為唯識宗三時教中的「第二第三時」，從說法空過渡到並說空有；八宗判釋以第七宗勝義皆空為主，卻也依第八宗應理圓實宗。可見窺基採用唯識宗的立場，判定《說無垢稱經》具有空觀和唯識兩種思想並存的經典。其中，窺基舉出清辨和護法代表中觀與唯識的論說，並以「空理義」和「應理義」區分兩者的說法。《經疏》一貫先舉出中觀為例，再說明中觀偏空，唯識方能展現空有的勝義諦。由此立論的結構，窺基的「維摩詰經觀」可分為「解脫觀」、「佛土觀」、「三性說」和「四重二諦」四項。

　　窺基的《說無垢稱經疏》雖然是溢出了《說無垢稱經》的經義，卻不能將之歸類為無效的疏作。依照伽達默爾的詮釋學觀點：即使疏解者親自參與翻譯的過程，強調準確翻譯的重要性，其疏本仍然可能帶有強烈的前見。此說解釋了窺基《說無垢稱經疏》基於宗派意識的緣故，不僅保存玄奘《說無垢稱經》的翻譯特色，更進一步實際展現唯識宗義。因此，若將中國佛教的疏解本看作是必然獲得文本原意的詮釋之作，可能錯過了佛教思想史上宗派的歷史影響力。有鑒於此，窺基《說無垢稱經疏》並非只充實了經典的意義，亦是新的詮釋角度，也可做為《維摩詰經》疏解史的新觀點。

目

次

第一章　緒　論

　　本章作為「緒論」，共分為四節：1. 問題意識與研究目的；2. 研究主題與研究方法；3. 前賢研究探討和研究範圍；4.研究步驟和章節架構，具體描述本論文的研究過程。

第一節　問題意識與研究目的

一、問題意識

　　《維摩詰經》，又名《佛說維摩詰經》、《維摩詰所說經》、《無垢稱所說經》，梵文經名為 *Vimalakīrtinirdeśa*，〔註1〕藏譯本為 *'Phags pa dri ma med par grags pas bstan pa zhes bya ba theg pa chen po'i mdo*。〔註2〕此經約成立於大乘初期，其中以「不二」（*advaya*）表示平等（*samatā*）的觀點，解釋止息「煩惱心」的錯誤認知，從而止息苦的流轉，〔註3〕例如：「心垢故眾生垢，心淨故眾生淨」之「心」，應是無有依止、不可了知的，如同《般若經》的「非心之心」，不能視作為如來藏的自性清淨心，也不能當做瑜伽行派的阿賴耶識。因此，《維摩詰經》是一部接近中觀立場的大乘經典。

〔註1〕本研究之梵文校訂本皆引用梵語佛典研究會：《梵藏漢対照『維摩経』》，東京：大正大學出版，2004 年。

〔註2〕本研究之西藏譯本皆引自德格版西藏大藏經，諸經部第 60 卷，ma 筴，175r1-239v7. BDRC scans，Work ID W22084 - Volume 0945.

〔註3〕"To be effective and suppress suffering, the calming（*upaśama*）of the mind is nothing but the stopping of its functioning（*cittapravṛttisamuccheda*）." Étienne Lamotte, Sara Boin trans., *The Teaching of Vimalakīrti（L'Enseignement de Vimalakīrti）*. Oxford: The Pali Text Society, 1994. p.VI.

　　傳入漢地後，《維摩詰經》經過七次漢譯，目前有三家漢譯本收錄於日本
《大正藏》〈經集部・所問經〉。其中，唐代玄奘的譯本《說無垢稱經》被視為
是「准依梵本」的「直譯」。然而，檢視玄奘譯本時，卻發現他在部分翻譯上
使用了唯識術語，例如：

第十三〈法供養品〉

梵文本：yathāvat dharmānugamaḥ anālayapraveśaḥ ālayasamudghātaḥ
〔註4〕

藏譯本：སངས་རྒྱས་ཀྱི་ཆོས་ཉིད་དེ་ལྟ་བ་བཞིན་དུ་ཁོང་དུ་ཆུད་པ། ཀུན་གཞི་མེད་པར་འཇུ
ག་པ། ཀུན་གཞི་ཡང་དག་པར་འཇོམས་པ།〔註5〕

支謙譯本：得諸法無受，入無處所。〔註6〕

羅什譯本：隨順法相，無所入，無所歸。〔註7〕

玄奘譯本：如其性相，悟解諸法，入無藏攝，滅阿賴耶。〔註8〕

「ālaya」意為居所、處所，藏譯本 ཀུན་གཞི 指事物的所依處。因此支謙譯
為「處所」，羅什譯為「所入」、「所歸」，都是指諸法的性質沒有所憑藉的對
象，即是指諸法的無自性。因此，玄奘所使用的「藏攝」、「阿賴耶」，並非指
唯識學的阿賴耶識。且依上文所說諸法的性質看來，也不會將「ālaya」理解
為阿賴耶識，否則即是否定阿賴耶識的存在，不符合唯識學的立場。可推測
玄奘只是基於自身的學識背景而納入唯識字詞，或者是為了統一翻譯而將
「ālaya」一律譯作阿賴耶，並非將《說無垢稱經》視作為唯識經典。雖然玄
奘譯本不曾糅譯入唯識思想，其弟子窺基專為《說無垢稱經》所做的疏解——
——《說無垢稱經疏》，卻採取以唯識學為主的疏解進路。

　　窺基的《說無垢稱經疏》約寫作於唐高宗咸亨3～5年間（672-674A.D.）。
在〈序品〉中，窺基已表現出《說無垢稱經疏》闡述唯識思想的意圖：

1. 判教

　　昔執所執我、法俱有，有為、無為一切皆空。今說所執我、法俱無，
　　有為、無為二種皆有。故有空雙遮，而空有並說。准理配經，二師

〔註4〕〔日〕梵語佛典研究會：《梵藏漢対照『維摩経』》，東京：大正大學出版。2004
　　年，頁484。
〔註5〕德格版西藏大藏經，諸經部第60卷，ma 筬，葉237a5。
〔註6〕〔吳〕支謙：《佛說維摩詰經》，大正藏，14 冊，474 經，536a15。
〔註7〕〔姚秦〕鳩摩羅什：《維摩詰所說經》，大正藏，14 冊，475 經，556c11。
〔註8〕〔唐〕玄奘：《說無垢稱經》，大正藏，14 冊，476 經，587a3。

別引，即第二第三時教也。《中》、《百》等師，多引唯是說空之教，

今解不然。〔註9〕

窺基不認同過去研究《中論》、《百論》等論書的論師將《說無垢稱經》認為是
「說空之教」。他認為《說無垢稱經》同時具有「我、法俱無」和「有為、無
為」二法，因此是「空有並說」，不僅僅只是說空。因而判定《說無垢稱經》
為「第二第三時教」。

窺基進而指出《說無垢稱經》的主旨乃是：

今此經中，顯中世俗諦。我法皆空，令不執著，說有因緣之法，斷

染取淨，顯其唯識，明妄境非真，證唯心之理，彰無相之旨。〔註10〕

《說無垢稱經》藉世俗諦證明我、法皆空的般若空宗義理，卻又說經中「有
因緣之法」，為了顯唯識宗所謂外境虛妄，一切唯心所現之理。可知窺基認為
《說無垢稱經》不是般若只破不立的立場，也肯定萬法唯心造，乃是從般若
過渡到唯識的一部經典。

2. 唯識法門

窺基指出《說無垢稱經》的勝義諦有四種法門，其中唯識法門即是：

唯識法門者，《序品》中云：「直心是菩薩淨土，深心、大乘心是菩
薩淨土」，乃至廣說：「隨其心淨，即佛土淨，所以心垢故佛土垢，
心淨故佛土淨」。《聲聞品》中，如佛所說：「心垢故眾生垢，心淨故
眾生淨」，此等諸文，並說唯識之法。〔註11〕

藉由「隨其心淨，即佛土淨」闡述唯識學中「轉染成淨」的解脫法門，一方面
表現菩薩淨土非實有，而是唯心；另一方面展現眾生具有轉變的潛能，乃是
對於成佛的保證。此外，窺基採取羅什本「直心」、「深心」、「大乘心」等譯
語，而不是使用玄奘本的翻譯，可能是與隋代淨影慧遠《維摩義記》〔註12〕
的對話。

3. 以三性說解釋

除了唯識法門之外，窺基也使用唯識學的三性解釋《說無垢稱經》：

諸法為體，即以三性為所詮體。法無有我，離我垢故，遍計所執。

〔註9〕〔唐〕窺基：《說無垢稱經疏》，大正藏，38 冊，1782 經，999a12-16。
〔註10〕〔唐〕窺基：《說無垢稱經疏》，大正藏，38 冊，1782 經，1000b13-16。
〔註11〕〔唐〕窺基：《說無垢稱經疏》，大正藏，38 冊，1782 經，1000a2-7。
〔註12〕〔隋〕淨影慧遠：《維摩義記》，大正藏第 38 冊，1776 經。

> 從癡有愛，即我病生，依他起性也。一切法皆如也，圓成實性亦如
> 也。如是等文，上下甚多。〔註13〕

「心垢故眾生垢」是對於法的錯誤認知，因此是遍計所執性，需徹底去除錯誤的我垢方能理解諸法無我的真理。因為根本煩惱而病，此是依他起性。在此，窺基採取《攝大乘論》認為依他起性非無的立場，強調淨依他起性的存在，因而可以病癒，達到正確理解諸法的圓成實性。

綜上所述，可知窺基發揚《說無垢稱經》中與唯識學相仿的經文，將之引申為唯識宗的義理證明。於是，窺基的《說無垢稱經疏》形成與過去立足於大乘中觀學的《維摩經》諸疏截然不同的疏本。

二、研究目的

自上節得知玄奘翻譯的《說無垢稱經》中具有一些唯識學的術語，而窺基的《說無垢稱經疏》則是以唯識學的角度疏解。本研究目的乃是探討《維摩詰經》在漢傳佛教中的發展過程裡，如何與唐代唯識學展開對話？因此，必須分為兩種層次：第一層是玄奘《說無垢稱經》的翻譯，第二層是窺基的疏解，方能充分理解文獻學與佛教哲學的交互作用。

本研究涉及支謙、鳩摩羅什與玄奘三家漢譯本，首要的問題即是三家是否使用同一梵文原本？此問題並非假設有一最好的梵文原本，更非試圖從現存的漢譯文獻中檢討翻譯的正確與否，而是在審視現有的梵文校訂本與三家漢譯本時，試圖理解不同翻譯背後可能的歷史與語言因素。叩問玄奘譯本內的唯識字詞是否表示玄奘亦將《說無垢稱經》理解為唯識經典？又或是基於個人的學思背景而翻譯？詮釋學理論認為翻譯也是一種理解，而主張「准依梵本」的玄奘譯本是否真的能表示「文本原意」？

本研究梳理窺基將唯識思想實際運用在經典詮釋上的過程，並且發現此《經疏》在漢譯《維摩詰經》疏解史上，表現出與前人全然不同的疏解路線。然而，本研究並非強調《維摩詰經》的中觀思想而將窺基的論述視為過度詮釋，與此相反，正是因為文本的開放性，方能與歷史不斷對話，展開多元理解。

本研究方法論立足於伽達默爾（*Hans-Georg Gadamer, 1990～2002*）的哲學詮釋學，意即在嚴謹的文獻學基礎下，可能存在方法論所導致的多元詮釋。在《維摩詰經》的七次漢譯中，展現了人類經驗的普遍語言性，對於書寫傳

〔註13〕〔唐〕窺基：《說無垢稱經疏》，大正藏，38 冊，1782 經，1000c27-1001a1。

統的信任，深信文字符號正確無誤地承載了言說。窺基《說無垢稱經疏》表現了雙層的理解結構：第一層是窺基對於鳩摩羅什《維摩詰經》翻譯的修正；第二層是窺基從唐代唯識學的立場上解釋《說無垢稱經》。基於讀者視域與文本視域的融合，本研究得以從整體《維摩詰經》疏解史反思《說無垢稱經疏》的唯識學詮釋，使《說無垢稱經疏》做為一個開放的文本被理解。

　　然而，呂格爾對於伽達默爾的批判在於：詮釋學所說的效果歷史，設定理解不能脫離傳統，若只有通過某種分析和批判才屬於傳統，則自我是被闡釋的世界所限制的〔註14〕。也就是說，人們是在自身的傳統中對立〔註15〕。因此，可以探究窺基寫作《說無垢稱經疏》之時，是否表現了唐代唯識學的立場？

　　有鑑於此，本研究目的最終是反思《說無垢稱經疏》如何融合漢譯《維摩詰經》諸疏解的歷史，並開展出自身的唯識詮釋。

第二節　研究主題與研究方法

一、研究主題

（一）《維摩詰經》的主要內容

　　《維摩詰經》敘述毘耶離城的維摩詰居士「善於智度，通達方便」，以「示疾」隱喻眾生病，以「默然無諍」的不二法門表達無有文字言語的境界，顯示大乘中道義，並藉由駁斥眾聲聞、菩薩所說之法向眾生說法，體現斥小嘆大的思想。

　　本經分為十四品：

　　1.〈佛國品〉中寶積問佛淨土，提出「心淨則佛土淨，心垢則眾生垢」

〔註14〕「理解不是將自身投射於文本，而是將自身展示給文本；就是說，接受一個自我，這個自我是被闡釋所展開的意指世界的佔有所擴大的。總之，正是文本材料給予了讀者以主體性的維度，因此理解不再是一種由主體所支配的建構。」Paul Ricoeur 著，J.B.Thompson 編，孔明安、張劍、李西祥譯：《詮釋學與人文科學——語言、行為、解釋文集》，中國人民大學出版社，2012 年 6 月，頁 53。

〔註15〕「最終詮釋學會說，如果你不是從你自身所拒絕的作為非位置的地方，即作為主體的非位置出發，那麼當你訴諸自我反思時，你是從何處出發呢？確實，你是在傳統的基礎上說話的。這一傳統也許與伽達默爾的傳統不同；它也許是啟蒙的傳統，而伽達默爾卻是浪漫主義的傳統。然而，它依舊是一種傳統，是解放的傳統而不是回憶的傳統。」Paul Ricoeur 著，J.B.Thompson 編，孔明安、張劍、李西祥譯：《詮釋學與人文科學——語言、行為、解釋文集》，頁 58。

的觀點。2.〈顯不思義方便善巧品〉描述說無垢稱居士如何以「不可思議無量善巧方便慧門」渡化眾生,並以身疾說法,使眾生「息除一切有情病者,當發阿耨多羅三藐三菩提心」。3.〈聲聞品〉、4.〈菩薩品〉乃是由聲聞、菩薩與維摩詰居士的交涉過程中,表露小乘不敵大乘的思想。5.〈問疾品〉從妙吉祥菩薩代表佛陀前往問疾,與無垢稱居士展開對「疾病」的辯論,提出「有情若病,菩薩亦病;有情病癒,菩薩亦癒」的菩薩悲願。6.〈不思議品〉以神通力遣大師子座來斗室,又以神力使新學菩薩、聲聞弟子都能坐上此座。針對舍利子等聲聞弟子說「不可思議解脫神力」。7.〈觀有情品〉前半節由妙吉祥和無垢稱居士一問一答菩薩如何修行,得出修行的根本在於「無住」。後半段以天女捉弄舍利子的情節,破除聲聞弟子對法的執著。8.〈菩提分品〉著重於菩薩需行於「非道」,才能因應眾生的困境,使之度脫成佛;9.〈不二法門品〉為諸菩薩各自提出不二法門,最後以維摩詰「默然無諍」法門為最高,是本經的核心。10.〈香臺佛品〉描述無垢稱居士以化菩薩到一切妙香世界求食,說往生淨土之法。11.〈菩薩行品〉轉移說法地點,無垢稱居士與妙吉祥到菴羅衛林與佛陀會面,說大乘菩薩行,鼓勵眾生修行菩薩行。12.〈觀如來品〉令堪忍世界眾生得見妙喜佛土中的阿閦佛如來,以此發願往生。13.〈法供養品〉講過去世月蓋王子以法供養藥王如來的功德,指出法供養是最高的供養。14.〈囑累品〉,佛陀囑咐慈氏菩薩護持此經,並說經名。《維摩詰經》由巧妙的對話貫穿整部經典,情節緊湊,具有故事性。

從《維摩詰經》十四品中,可知此經首尾完整,核心思想貫串整部經典,不像其他大乘初期的經典,起初是單品流傳,逐漸集為一部經,因此各品間的思想有時不甚相關,或是某種思想僅在一品中展現〔註16〕。以下,便就《維摩詰經》的成立年代和核心思想逐一探討。

(二)《維摩詰經》的成立年代與思想

經典的成立年代與它所具有的思想有密切的關係,若經典內的思想和此經的成立年代不相符,便能推論其成立年代可能有誤,或者是此經的成立史

〔註16〕 李幸玲:〈《法華經・提婆達多品的成立——與嘉達美詮釋學的對話》〉,《玄奘佛學研究》,第10期,2008年11月,頁1~42。整理日本學者的研究成果,提出三種《法華經》成立史:1.《法華經》各品階段成立;2.依於「原始法華」,其後各品陸續成立;3.《法華經》各品同時成立。其中,〈提婆達多品〉被發現僅有此品的簡略內容存於現代梵本,但未獨立成品,而是附在〈寶塔品〉之末。

跨越很長的時間，因而包含不同時期的思想。有鑑於此，推測《維摩詰經》的成立年代時，若沒有出土文獻或是明確的史料記載，則需要從經文內的思想推定較可能處於佛教的哪一個時期。由於《維摩詰經》原始的梵文本已然不存，學界推測其年代時，即是基於《維摩詰經》的思想來判定。

法國學者 Lamotte 藉由《維摩詰經》所持的「絕對」思想，考察《維摩詰經》使用「如如」（tathāgata）、「法界」（dharmadhātu）、「空」（śūnyatā）、「等至」（samatā）、「不二」（advaya）、「入涅槃」（parinirvāṇa）、「無住」（apratiṣṭāna）等字詞，並提出六種命題：1. 一切法無自性；2. 一切法不生不滅；3. 一切法本來寂滅；4. 一切法無相，故不可說暨不可思議；5. 一切法平等不二；6.「空」非個體。〔註17〕推測《維摩詰經》為純粹的「中觀思想」，至遲在西元二世紀已經成立。

日本學者平川彰在《印度佛教史》一書中，提出後秦支婁迦讖譯的《道行般若經》中所說的「阿閦佛」，與其所譯《阿閦佛國經》的內容幾乎一致。所以《阿閦佛國經》的原型可以說比《道行般若經》更為古老。而維摩詰本為阿閦佛妙喜國人，又有〈見如來品〉，顯見《維摩詰經》較《阿閦佛國經》、《道行般若經》稍晚成立，且與《般若經》有關聯。〔註18〕

《維摩詰經》被收錄於《大正藏》「經集部」，屬於「所問經」一類。對此，中國學者龔雋提出日本學界，如勝崎裕彥、小豐彌彥等編著的《大乘經典解說事典》，把《維摩詰經》置於空宗與中觀部來介紹，即是肯定《維摩詰經》與「空性」、「中觀」等思想高度相關。〔註19〕日本學者梶山雄一進一步認為：「『維摩經』約成立於西元二世紀，被視作最古老的大乘經典之一。它雖不被分類入『般若部』，其中說苦、不二的教法和『般若經』的智慧相同。」〔註20〕橋本芳契認為《維摩詰經》同時具有多種思想特色，但中心思想應該是中道實相。〔註21〕他在《維摩經の思想的研究》一書中，總結《維摩詰經》中心思想的中道義是根據「正觀雙流」，取決於「理事不二」的次第。其思想

〔註17〕Étienne Lamotte, Sara Boin trans., *The Teaching of Vimalakīrti*（*L'Enseignement de Vimalakīrti*）. Oxford: The Pali Text Society, 1994. pp. LXXII.

〔註18〕平川彰著，莊崑木譯：《印度佛教史》，臺北：商周出版，頁235。

〔註19〕勝崎裕彥、小豐彌彥等編：《大乘經典解說事典》，東京：北辰堂，1997年，頁288。

〔註20〕梶山雄一：《空の思想——仏教における言葉と沈黙》，京都：人文書院，1983年6月，頁123～124。

〔註21〕橋本芳契：《維摩經の思想的研究》，京都：法藏館，1966年2月，頁43。

立場與大乘佛教一般等同於般若、中道的世界觀。〔註22〕

　　持相同立場的，尚有日本學者木村泰賢；〔註23〕中國學者呂澂、〔註24〕王新水、〔註25〕孫昌武。〔註26〕可總結諸學者的研究成果，推論《維摩詰經》約成立於西元 1～2 世紀間，與初期大乘經典成立的時間相同。其思想內容被認為是較接近「中觀思想」，〔註27〕並認為《維摩詰經》是在《般若經》的系統下成立的。〔註28〕

〔註22〕橋本芳契：《維摩經の思想的研究》，頁53。

〔註23〕木村泰賢著，演培法師譯：《大乘佛教思想論》，臺北：天華出版，1988年11月，頁55。引文如下：「人的生活就是真如的顯現，差別的世界就是清淨的國土。因而既說要修學佛道，那就不一定要隱退於無人烟的地方。不捨道法而就那樣地行於凡夫之行，不斷煩惱而就那樣地入於涅槃，是為坐禪，住於直心、深心、菩提心，那就是道場。真正的佛道，並不如小乘教者在於隱遁捨離之處，反而他們在所謂煩惱、所謂業中，發見佛種的所在。真的佛道，如利用糞泥委地而使生出蓮華一樣，即煩惱而見菩提，是《維摩經》的立場。」

〔註24〕呂澂：《印度佛學源流略論》，臺北：大千出版社，2010年9月二版二刷，頁151。引文如下：「……還有《法華》、《維摩經》。這兩類經的思想都是依據般若……採用中道正觀的方法，其所得則為「諸法實相」。兩經同講實相，但《法華》略，《維摩》詳。」

〔註25〕王新水：《維摩詰經新論》，合肥：黃山書社，2009年10月，頁2。引文如下：「《維摩詰經》進一步發展了《般若經》之中觀思想，採用中道正觀之方法，以諸法實相為究竟，主張生死與涅槃、煩惱與菩提、世間與出世間不二。」

〔註26〕孫昌武：《中國的維摩與觀音》，天津：天津教育出版社，2005年1月，頁30。引文如下：「具有綜合大乘教理的性質，著重批判佛教發展中形成的保守僧權主義和小乘戒律，宏揚在家居士思想。」

〔註27〕關於最初的大乘思想是否為般若思想，日本學者辛嶋靜志在〈誰創造了大乘經典──大眾部與方等經典〉一文中，持反對意見。他從推論「佛智」也稱「大智」（mahājñāna），在口語中發音為 mahājāna，意思為「大智」，但也可理解為「大乘」，但後來被誤譯做「mahāyāna」（大乘）。辛嶋引用了《小品般若波羅蜜多經》裡富樓那問佛的經文：「爾時，富樓那彌多羅尼子白佛言：『世尊！佛使須菩提說般若波羅蜜，乃說摩訶衍？』須菩提白佛言：『世尊！我所說將無離般若波羅蜜耶？』『不也，須菩提！汝所說隨順般若波羅蜜。』」（大正藏第8冊，227經）。富樓那質疑佛令須菩提所說的「般若」是否為大乘佛法，須菩提也懷疑自己所說是否合乎大乘，而佛陀肯定「般若」是大乘，也認可須菩提的說法是「般若波羅蜜」。於是，此段經文一方面顯示了「般若」等同大乘佛教，另一方面顯示了大乘佛教最初期可能不僅僅是「般若」而已，也許還包含了其他思想。進而推測最初的大乘思想並非只是般若思想。（《維摩經與東亞文化國際學術研討會會議論文集》，宜蘭：佛光大學，2015年10月3～4日，頁A2～A3。此文後來出版在《佛光學報》新三卷，第一期，2017年1月，頁1～86。）

〔註28〕持相同論點的還有日本學者服部正明、長尾雅人，其共同著作《印度思想史與佛教史述要》（許明銀譯，臺北：天華出版，1986年）佐佐木教悟、高崎直

二、《維摩詰經》諸譯本

漢譯本《維摩詰經》所根據的底本現在已不可考,卻因為翻譯的年代甚早,於是被認為是目前所能見到最接近《維摩詰經》原始樣貌的翻譯本。〔註29〕目前可以看到的《維摩詰經》相關譯本有:漢譯本、藏譯本、滿譯本、蒙譯本和西文譯本。此節即就諸譯本現存狀況略為說明。

《維摩詰經》的梵文寫本在大正大學考察團的重大發現之前,只能從其他梵文佛典所引用過的片斷推測曾有這麼一部經的梵文文本存在。曾引用過梵文《維摩詰經》的佛典有月稱(Candrakīrti)的《明句論》(Prasannapadā)、寂天(Shāntideva)《大乘集菩薩學論》(Shikshāsamuccaya)和蓮花戒(Kamalashīla)的《修習次第》(Bhāvanākrama)。

然而,1999 年日本大正大學考察團,高橋尚夫教授在拉薩布達拉宮發現一部接續在《智光明經》之後、開頭為《如來得不動妙樂光明瑜伽星曜經》(Abhiratilokadhātvānayana akṣobhyatathāgata-darśana),又名《至妙喜世界阿閦佛出現品》)的梵文寫本。由於「阿閦佛」一名引起高橋尚夫教授的注意,進一步閱讀才確認是《維摩詰經》。〔註30〕大正大學於 2004 年出版《梵藏漢対照『維摩経』》,〔註31〕兩年後出版《梵文維摩経——ポタラ宮所藏写本に基づく校訂》,〔註32〕進而宣告此為目前所能取得最早的《維摩詰經》梵文寫本。

道等所作《印度佛教史概說》(楊增文、姚長壽譯,上海:復旦大學,1993 年)。皆是認為《維摩詰經》來自《般若經》系統,因而帶有中觀思想的特色。

〔註29〕辛嶋靜志在〈誰創造了大乘經典——大眾部與方等經典〉一文中認為:「即使是我們已然熟知的最古梵文佛教文本中出現的梵文形式都是數世紀以來不斷梵文化、錯誤地逆構(back-formations,矯枉過正的梵文化)、縮短、增加、插入、補充的結果。這也就意味著,在我們試圖正確理解早期大乘佛教經典,描繪其原貌時,如果僅僅依賴多產生於公元 11 世紀以後的梵文寫本,那麼如此研究後所做的解釋價值是極其有限的。因此,除梵文本外,我們應對所有能收集到的材料進行研究,用以探明歷史。漢譯,尤其是 2 到 6 世紀之間的翻譯,早於現存大多數梵文寫本,因此是研究時不可缺少的重要材料。」(《維摩經與東亞文化國際學術研討會會議論文集》,宜蘭:佛光大學。2015 年 10 月 3～4 日,頁 A2。)

〔註30〕大正大學梵語佛典研究會:《『維摩経』『智光明經』解說》,東京:大正大學出版會,2004 年,頁 69～72。

〔註31〕大正大學梵語佛典研究會:《梵藏漢対照『維摩経』》,東京:大正大學出版會,2004 年 3 月 18 日。

〔註32〕大正大學梵語佛典研究會:《梵文維摩経——ポタラ宮所藏写本に基づく校訂》,2006 年 3 月 18 日。

依據筆跡的習慣，同時發現的《智光明經》和《維摩詰經》可能是同一人書寫。《維摩詰經》的梵文寫本根據書造年代、其後跋文、書體及其書寫風格等等書誌學的特徵，被推斷為 11 到 13 世紀之間所書造的貝葉寫經。〔註33〕其特徵有三點：

1. 散文部份書寫幾乎正規古典梵語，文法相當正確。
2. 韻文部份有佛教混合梵語的文法特徵。
3. 可見與漢譯、藏譯不同的地方。〔註34〕

顯見《維摩詰經》的梵文寫本具有「佛教混合梵語」和「正規古典梵語」兩種形式，反應了部份早期佛典並未使用正統梵語的現象，但此寫本產生時代較晚，無法成為有力的證據，只能表現 11 到 13 世紀時的梵文寫本仍存有混合梵語的書寫形式。此梵文寫本的內容與漢、藏兩種譯本均有不同之處，可推測此寫本與漢、藏兩地的傳承可能不一樣。

高橋尚夫和西野翠考證其跋文，是在 Gopāla 王 12 年，由侍從寫成。然而，東印度巴拉王朝（750-1200 A.C.E.）有三位 Gopāla 王，無法確定是哪一位。所以此寫本可能介於 8 世紀後半到 13 世紀〔註35〕。此外，當時發現的梵文寫本直接附在《智光明莊嚴經》後，沒有另立經題，*Vimalakīrtinirdeśa* 是出版社後來添加上去的。〔註36〕

2011 年，中國學者黃寶生據日本大正大學校訂本，以天城體轉寫羅馬拼音，選用羅什本和玄奘本對照，重譯梵文寫本的經句，出版《梵漢對勘維摩詰所說經》，〔註37〕是便於華文學者使用的一部梵漢對照著作。

雖然日本大正大學所發現的《維摩詰經》梵文寫本並非最初的梵文《維摩詰經》，卻是目前所能取得最古老的梵文寫本。故而，本論文仍然依據大正大學所出版的《梵藏漢対照『維摩経』》進行梵漢對比研究。為了標明此本非原始的梵本，以下均以「梵文校訂本」稱呼之。

（一）漢譯本

《維摩詰經》在中國經過七次漢譯，依年代羅列如下：

〔註33〕大正大學梵語佛典研究會：《梵藏漢対照『維摩経』》，頁 18。
〔註34〕大正大學梵語佛典研究會：《梵藏漢対照『維摩経』》，頁 19。
〔註35〕高橋尚夫、西野翠著：《梵文和訳維摩経》，東京：春秋社，2011 年，頁 229。
〔註36〕林純瑜：〈《維摩經》藏譯本周邊文獻考察〉，《佛光學報》新一卷，第二期，2015 年 7 月，頁 490。
〔註37〕黃寶生：《梵漢對勘維摩詰所說經》，北京：中國社會科學出版社，2011 年。

1. 漢代嚴佛調古《維摩經》二卷
2. 東吳支謙《佛說維摩詰經》二卷
3. 西晉竺法護《維摩詰所說法門經》一卷（又有《刪維摩詰經》）
4. 西晉竺叔蘭《異毘摩羅詰經》三卷
5. 東晉祇多蜜《維摩詰經》四卷
6. 姚秦鳩摩羅什《維摩詰所說經》三卷
7. 唐代玄奘《說無垢稱經》六卷

　　然而，經過漫長的歷史，現代只能看到三家漢譯本，分別是：支謙（222 A.C.E.）譯的《佛說維摩詰經》、鳩摩羅什（450 A.C.E.）翻譯的《維摩詰所說經》和唐代玄奘譯（650 A.C.E.）的《說無垢稱經》。漢譯本詳細的情形請見第二章第一節。

　　黃永武《敦煌遺書最新目錄》一書中，整理出敦煌石窟所保存的《維摩詰經》相關譯本和注疏，約 1039 種，居漢文寫本佛經排行第五位。詳細的收藏狀況依江素雲考察：北京圖書館有 450 卷，倫敦博物館 285 卷，〔註38〕列寧格勒亞洲人民研究所 74 卷，巴黎圖書館 13 卷，臺灣中央研究院 1 卷。〔註39〕其中，羅什本的寫經 897 件。《維摩詰經》的寫卷中最早的是支謙譯本，敦煌研究院藏 113 號，是天安二年（467 A.C.E.）的寫卷。其次是上海圖書館藏、神龜元年（518 A.C.E.）91 號。這兩者較《大正藏》所收、天平二年（740 A.C.E.）的校對本早兩百多年。

　　中國學者方廣錩和許培玲在〈敦煌遺書中的《維摩詰所說經》及其註疏〉，〔註40〕也對敦煌文書中的《維摩詰經》和疏本殘卷做了詳細介紹。上海師範大學、曾曉紅的碩士論文：《敦煌本《維摩經》注疏敘錄》〔註41〕則是針對敦煌寫卷中的《維摩詰經》諸疏的研究。

　　萬金川在〈文本對勘與漢譯佛典的語言研究──以《維摩經》為例〉〔註42〕

〔註38〕英國所藏敦煌文書還可參照方廣錩：《英國圖書館藏敦煌遺書目錄 [斯 6981 號──斯 8400 號]》，北京：宗教文化出版社，2000 年。
〔註39〕江素雲：《維摩詰所說經‧敦煌寫本綜合目錄》，臺北：東初，1991 年，頁 72～85。
〔註40〕方廣錩、許培玲：〈敦煌遺書中的《維摩詰所說經》及其註疏〉，《敦煌研究》，第 4 期，1944 年 11 月，頁 145～151。
〔註41〕曾曉紅：《敦煌本《維摩經》注疏敘錄》，上海師範大學，碩士論文，2008 年。
〔註42〕萬金川：〈文本對勘與漢譯佛典的語言研究──以《維摩經》為例〉，正觀雜誌，第 69 期，2014 年 6 月，頁 5～55。

一文中，認為研究的步驟上依用語料再覆查相關紙本的步驟是是不可或缺的。若在文本校勘方面，能夠採用相關古寫經的資料入校，則更能使依用語料突破刻本藏經的種種限制而接近其歷史的面貌。正面肯定了敦煌寫本對於《維摩詰經》文獻研究上校勘三家漢譯本或梵文寫本的價值。

（二）藏譯本

關於《維摩詰經》的藏譯本，可參考林純瑜的研究成果。〔註 43〕從 7～9 世紀編輯的《旁塘目錄》（'Phang thang ma）與《丹噶目錄》（lHan / lDan Kar ma）中，已然能見到《維摩詰經》藏譯本的收錄。目前傳世的《維摩詰經》藏譯本約譯於 8 世紀～9 世紀初，〔註 44〕其現存藏文寫本有：烏蘭巴托寫本（1671）、菩札寫本（1696～1706）、寶宮寫本（1700～1750）、北京版（1717/1720）、卓尼版（1731）、納塘版（1732）、德格版（1733）、拉薩版（1934）。〔註 45〕

此外，藏譯本《維摩詰經》的敦煌殘卷，在法國學者 Marcelle Lalou 編纂的《法國國立圖書館所藏敦煌藏文寫本注記目錄》中，〔註 46〕有 P.T.610、P.T.611、P.T.613 和 P.T.2203 號。英國圖書館也藏有三卷，年代在 1036 年之前。〔註 47〕林純瑜研究指出：敦煌本 P.T.610 和 P.T.611 都出現古藏文的書寫特徵，但分屬於不同系統。P.T.610 年代較早，與甘珠爾傳本差異甚大。〔註 48〕可見歷史上《維摩詰經》曾不止一次被譯為藏文，才會出現敦煌殘卷和現存藏文寫本內容不一致的情形。

11 世紀，布頓（Bu ston rin chen grub, 1290～1364）著作《佛教史大寶藏論》，列有藏譯本《維摩詰經》的作者為法性戒。林純瑜指出：Lamotte 認為「法性戒」梵文是 Dharmatāśīla，等同 Chos nyid tshul khrims。Dharmatāśīla 在

〔註43〕黃寶生：《梵漢對勘維摩詰所說經》，頁 471～534。

〔註44〕黃寶生：《梵漢對勘維摩詰所說經》，頁 475～476。

〔註45〕黃寶生：《梵漢對勘維摩詰所說經》，頁 477～478。

〔註46〕法國學者 Lalou, Marcelle, *Inventaire des Manuscrits tibétains de Touen-houang conservés à la Bibliothèque Nationale*，Paris: Bibliothèque Nationale，1939、1950、1961。（中譯為《法國國立圖書館所藏敦煌藏文寫本注記目錄》）。

〔註47〕英國普森編輯的《印度事務部圖書館敦煌藏文寫本目錄》（*Catalogue of the Tibetan Manuscripts form Tun-Huang in the India Office*, compiled by Louis de la Vallée Poussion, London: Oxford, University, 1962）編號 180-183。

〔註48〕林純瑜：《藏文本維摩詰經傳衍考析》，臺北市：藏典出版社，2019 年 5 月，頁 102～103。

西元 9 世紀主持《翻譯名義大集》的編纂；其所翻的《聖無垢稱所說大乘》約在西元 800～825 年間，共有六卷，十二品。然而，考證北京版、德格版和納塘版，發現所收的藏譯本《維摩詰經》的譯者是 Chos nyid tshul khrims；但竇宮寫本、烏蘭巴托寫本卻記載為 Dharmatāśīla。根據現存資料，無法確定是否為同一人。〔註 49〕

　　日本學者河口慧海以藏文譯本向來直譯梵文本的特性，將《維摩詰經》的羅什譯本和藏譯本分別譯為日文，比較兩者異同後，整理出《漢藏対照国訳維摩経》，〔註 50〕分為「維摩經漢藏兩譯比較研究」與「漢藏對照國譯維摩經」兩部份。然而，在大正大學的《梵藏漢対照『維摩経』》與《梵文維摩経——ポタラ宮所藏写本に基づく校訂》出版後，學者能直接使用梵文校訂本進行研究。河口《漢藏対照国訳維摩経》的重要性已被取代，但仍具有文獻學上的意義。其後，日本學者大鹿實秋對照德格版、那塘版、北京版的法性戒藏譯本，轉寫成羅馬拼音的校訂本，再參考羅什譯本校訂，發表〈チベット文維摩經テキスト〉，〔註 51〕以及藏漢諸譯本的詞彙對照索引〈チベット文維摩經テキスト索引〉，〔註 52〕對於藏譯本的研究有很大的幫助。

　　雖然《維摩詰經》藏譯本被收錄於最早的西藏譯經目錄《丹珠爾》，且可能經過多次翻譯，但仍是不甚清楚西藏人對於《維摩詰經》的注釋書的事實狀況。只能從其他經典的引用中，考證出這件西藏譯經史上的大事。林純瑜引 Jan Nattier 的說法：《維摩詰經》的內容在印度月稱的《明句論》、《入中論》、寂天的《集學論》、蓮花戒的《修習次第》都曾被引用，尚無證據顯示印度曾經有人為《維摩經》寫過論書。西藏《維摩經》翻譯後，並未受到論書家的重視，可以說是被極度忽略。〔註 53〕

〔註 49〕黃寶生：《梵漢對勘維摩詰所說經》，頁 492～493。

〔註 50〕河口慧海參考藏譯本和羅什本所作的《漢藏対照国訳維摩経》（東京：世界文庫刊行會，1928 年）

〔註 51〕大鹿實秋：〈チベット文維摩經テキスト〉，《インド古典研究》，第一號，日本千葉縣：成田山新勝寺，1970 年，頁 137～240。

〔註 52〕大鹿實秋：〈チベット文維摩經テキスト〉，《インド古典研究》，第三號，日本千葉縣：成田山新勝寺，1975 年，頁 197～352。

〔註 53〕黃寶生：《梵漢對勘維摩詰所說經》，頁 515。日本學者橋本芳契也持相同看法，認為西藏並沒有人替《維摩詰經》作疏（橋本芳契：《維摩經の思想的研究》，頁 35）。

（三）蒙譯本和滿譯本

蒙古學者バイカル在〈モンゴル語訳維摩経について〉一文中，指出蒙文譯《維摩詰經》〔註54〕有四個版本：

1. G.Kara：*Le Sūtra de Vimalakrīti en Mongoltexte*, de Ergilua Rincin, Ms. de Leningard, Budapest, 1982 年。

2. 內蒙古社會科學院所藏寫本。

3. 內蒙古圖書館所藏寫本。

4. 內蒙古自治圖書館所藏、北京版《蒙古大藏經·甘珠爾》所收《維摩經》。

蒙古文翻譯佛經的歷史遠早於滿文佛經，四本均由藏譯本而來，應是同一人翻譯，但又分為兩種系統，其一保留蒙古語風格，文句精省；其二為北京版蒙古文《甘珠爾》。可參考林士鉉〈滿文本《維摩經·佛國品》偈頌之繙譯研究——兼與蒙古文本比較〉一文的附表，〔註55〕對於蒙古文的《維摩詰經》版本有簡要的比對。

滿譯本較蒙譯本後出，滿文本的重要性在於《乾隆大藏經》（又稱「龍藏經」）的編修，其收錄了無法在歷代其他藏經中見到的《維摩詰所說大乘經》。〔註56〕此經是參考藏譯本的內容，重新修訂鳩摩羅什的《維摩詰所說經》而來，完成時間不晚於乾隆 39 年（1774）。該譯本的出現和《滿文大藏經》的翻譯有極為密切的關係。〔註57〕林純瑜推論《維摩詰經》翻譯為滿文的過程中，可能是將原本就有的《龍藏》本譯成滿文，但更可能是同時產出《龍藏》本和滿文譯本，在此同時，也將漢文本重新修訂成《維摩所說大乘

〔註54〕バイカル：〈モンゴル語訳維摩経について〉《印度學佛教學研究》，第 47 期，第一號，1998 年 12 月，頁 286～288；バイカル：《モンゴル語訳維摩経の文獻學的研究》，東京：東洋大學博士論文，2000 年。

〔註55〕林士鉉：〈滿文本《維摩經·佛國品》偈頌之繙譯研究——兼與蒙古文本比較〉，《維摩經與東亞文化國際學術研討會會議論文集》，宜蘭：佛光大學。2015 年 10 月 3～4 日，頁 H20。

〔註56〕唯一出現「大乘」二字，辛嶋靜志在〈誰創造了大乘經典——大眾部與方等經典〉一文中，推論經名所採用的傾向為 vevulla（遺曰）→vaitulya（方等）→vaipulya（方廣）→mahāyāna sūtra（大乘，5th），頁 A1～A28。

〔註57〕林純瑜：《《龍藏·維摩詰所說經》的形成——核心人物與重修緣起〉，《維摩經與東亞文化國際學術研討會會議論文集》，宜蘭：佛光大學。2015 年 10 月 3～4 日，頁 I1～I19。

經》。〔註 58〕因為尚未定論，對於滿文譯本的翻譯史意義如林士鉉所述：「滿
譯本雖然可能無法提供原始梵語本與藏譯本、三家漢譯本關係的系統釐清，
但若欲討論十七、十八世紀以清宮為核心，統合漢傳及格魯派學者，以及採
用滿、蒙、漢、藏諸語言表達《維摩經》思想的互動現象及內涵，滿譯本還
是有一定的參考價值。」〔註 59〕

（四）西文譯本

《維摩詰經》最早的西方翻譯本是法國學者 Etienne Lamotte 在 1962 年，
〔註 60〕以那塘版和北京版藏譯《維摩詰經》為底本，參考了現存寂天的《大
乘集菩薩學論》中所印的《維摩詰經》梵文片斷，還有敦煌寫本的《敦煌寫本
殘簡四份》，及粟特文（*Sogdian*）、于闐文（*Khotanese*）譯本殘簡，並採取玄
奘譯《說無垢稱經》為對校本，翻譯出法文的《說無垢稱經》。

之後，英國巴利聖典協會的 Sara Boin 以 Lamotte 的法譯本為底，翻譯出
英文版的《維摩詰經》。《維摩詰經》的英譯本共有四種：

1. 1972 年，Charles Luk, *The Vimalakīrti Nirdeśa Sūtra*。〔註 61〕
2. 1976 年，Sara Boin, *The teaching of Vimalakīrti* 譯自 Lamotte 法譯本。
   〔註 62〕

〔註 58〕林純瑜：《藏文本維摩詰經傳行考析》，臺北市：藏典出版社，2019 年 5 月，
頁 146。

〔註 59〕林士鉉：〈滿文本《維摩經·佛國品》偈頌之繙譯研究——兼與蒙古文本比較〉，
《維摩經與東亞文化國際學術研討會會議論文集》，宜蘭：佛光大學。2015 年
10 月 3～4 日，頁 H2。

〔註 60〕林鎮國：〈多音與介入：當代歐美佛學研究方法之省察〉，《正觀雜誌》，第 1
期，1997 年 6 月，頁 2～27。「此語言文獻學風有其發展過程，孔哲便將本
世紀前半葉的歐洲佛教研究分為（1）舊英德學派：以 T.W.Rhys Davids 與 H.
Öldenberg 為代表，認為巴利佛教才是純粹佛教；（2）列寧格勒學派：以
Stcherbatsky- Rosenberg 與 Obermiller 為代表，其研究範圍開始擴及部派阿
毗達磨文獻，並援引西方哲學（如康德）作為格義的憑藉；（3）法比學派
（*Franco-Belgian School*），以 Louis de La Vallée Poussin、Jean Przyluski、Sylvain
Lévi、Paul Demiéville 與 Étienne Lamotte 為代表。此學派以語言學、文獻學
研究為基礎，結合哲學、社會學、民族誌等方法，試圖建構更為完整的佛教
圖像。」

〔註 61〕Charles Luk, *The Vimalakīrti Nirdeśa Sūtra,* Shambhala, 1972.

〔註 62〕Étienne Lamotte, Sara Boin trans., *The Teaching of Vimalakīrti（L'Enseignement
de Vimalakīrti）*. Oxford: The Pali Text Society, 1994.

3. 1990 年，Robert Thurman, *The Holy Teaching of Vimalakīrti*。〔註 63〕

4. 1997 年，Burton Waston, *The Vimalakīrti Sutra*。〔註 64〕

西文譯本方面，可參考挪威奧斯陸大學（*University of Oslo, Norway*）佛教研究中心所公佈的《維摩詰經》梵漢藏英四種語文刊本。〔註 65〕關於各西文譯本的優缺點，可參考政治大學黃偉銘的碩士論文：《梵本《維摩詰經‧文殊師利問疾品》譯註與研究》，〔註 66〕對於諸外文譯本有詳細的解說。

綜上所述，可看出《維摩詰經》的漢譯起始年代相當早，其後還有藏譯本、蒙譯本、滿譯本和現代的西文譯本問世。然而，原始梵文的《維摩詰經》已然佚失，故而本研究只能以十二世紀的梵文寫本做為比對參考。

三、姚秦至初唐的《維摩詰經》注本

依據《大藏經全解說大辭典》，〔註 67〕現今保存在《大正藏》中、可以找到作者的《維摩詰經》注疏有以下 8 種：

1. 姚秦僧肇等人的《注維摩詰經》，〔註 68〕又名《維摩詰經注》、《注維摩》、《注維摩經》、《淨名集解》，十卷。集合鳩摩羅什、竺道生、道融的解釋編輯而成。

2. 隋代慧遠的《維摩義記》，〔註 69〕又名《維摩經義記》、《維摩詰所說經注》、《維摩義疏》，八卷。反映慧遠以《十地經論》為主的地論宗立場注維摩詰經。

3. 隋代智顗的《維摩經玄疏》，〔註 70〕又名《維摩經略玄》、《維摩經玄義》、《淨名玄義》、《淨名玄疏》。開皇 16～17 年（596-597 A.C.E.），智顗口授，門人筆記。六卷，開顯了智顗的淨土觀。

〔註 63〕Robert Thurman, *The Holy Teaching of Vimalakīrti,* New York: The Pennsylvania State, 1990.

〔註 64〕Burton Watson, *The Vimalakīrti Sutra,* New York: University of Columbia, 1997.

〔註 65〕普慧：〈《維摩詰所說經》的梵本及漢譯本的戲劇文學結構〉，《佛光學報》，《佛光學報》，新一卷，第二期，2015 年 7 月，頁 389～412。

〔註 66〕黃偉銘：《梵本《維摩詰經文殊師利問疾品》譯註與研究》，政治大學哲學所碩士論文，2008 年，頁 16～19。

〔註 67〕鐮田茂雄、河村孝照、中尾良信、福田亮成、吉元信行編：《大藏經全解說大事典》，東京：雄山閣，1998 年，頁 153～155。

〔註 68〕〔姚秦〕僧肇：《注維摩詰經》，大正藏第 38 冊，1775 經。

〔註 69〕〔隋〕慧遠：《維摩義記》，大正藏第 38 冊，1776 經。

〔註 70〕〔隋〕智顗：《維摩經玄疏》，大正藏第 38 冊，1777 經。

4. 隋代智顗的《維摩經略疏》，〔註71〕唐廣德二年（764 A.C.E.），刪略《維摩經玄疏》而成的十卷本，是流傳較廣的版本。

5. 隋代吉藏的《淨名玄論》，〔註72〕八卷。隋開皇末年著於長安。以三論宗教學的立場為主。

6. 隋代吉藏的《維摩經義疏》，〔註73〕又名《維摩經疏》、《維摩經廣疏》、《淨名經廣疏》、《維摩廣疏》，六卷。集合了吉藏、成實論師、地論師當時諸派學說而成。

7. 唐代窺基的《說無垢稱經疏》，〔註74〕又名《說無垢稱經贊》，十二卷。咸亨三年（672 A.C.E.），以唯識學立場注釋，建立唐代唯識學的三時八教架構，進行教相判釋。本經內容是第七勝義皆空宗（清辨代表的中觀思想），第八應理圓實宗（護法的唯識思想）。窺基將大乘的空和中道並列展開，以宣說此經。

8. 宋代智圓的《維摩經略疏垂裕記》，〔註75〕又名《維摩經疏垂裕記》、《維摩經垂裕記》，十卷。寫於北宋大中祥符八年（1015 A.C.E.），是對智顗《維摩經略疏》的注釋。

另外，收錄於《卍字續藏》的有以下：

1. 隋代智顗的《維摩經文疏》二十八卷，〔註76〕此疏被稱為廣疏，《玄疏》是以五重玄義釋題，《文疏》才是解釋經文。

2. 隋代吉藏的《維摩經略疏》五卷本，〔註77〕刪略《維摩經義疏》而來。

3. 唐代湛然的《維摩經疏記》三卷，〔註78〕闡釋智者大師的《維摩經》諸疏，內容較簡略。

〔註71〕〔隋〕智顗：《維摩經略疏》，大正藏第 38 冊，1778 經。

〔註72〕〔隋〕吉藏：《淨名玄論》，大正藏第 38 冊，1780 經。

〔註73〕〔隋〕吉藏：《維摩經義疏》，大正藏第 38 冊，1781 經。

〔註74〕"To be effective and suppress suffering, the calming（*upaśama*）of the mind is nothing but the stopping of its functioning（*cittapravṛttisamuccheda*）." Étienne Lamotte, Sara Boin trans., *The Teaching of Vimalakīrti（L'Enseignement de Vimalakīrti）*. Oxford: The Pali Text Society, 1994. p.VI.

〔註75〕〔宋〕智圓：《維摩經略疏垂裕記》，大正藏第 38 冊 1779 經。

〔註76〕〔隋〕智顗：《維摩經文疏》二十八卷，大正藏 338 經，18 冊。

〔註77〕〔隋〕吉藏：《維摩經略疏》五卷，大正藏 338 經，18 冊。

〔註78〕〔唐〕湛然：《維摩經疏記》三卷，大正藏 338 經，18 冊。

4. 唐代道暹的《維摩詰經疏記抄》二卷。〔註79〕

5. 唐代道掖的《淨名經集解關中疏》二卷。〔註80〕

6. 唐代道掖的《淨名經集解關中釋抄》二卷。〔註81〕

收於《大正藏》中，但作者已佚的有以下：

1. 《維摩義記》一卷。〔註82〕

2. 《維摩義記卷第四》一卷。〔註83〕

3. 《維摩經疏》一卷。〔註84〕

4. 《維摩經疏》一卷。〔註85〕

5. 《維摩疏卷第三、第六》二卷。〔註86〕

6. 《維摩經抄》一卷。〔註87〕

7. 《維摩經疏》一卷。〔註88〕

8. 《維摩疏釋前小序抄》一卷。〔註89〕

關於詳細的《維摩詰經》疏本介紹，請參照第三章第一節。

四、唐代唯識學簡史

　　印度瑜伽行派的唯識思想是 4～5 世紀時，由無著（*Asaṅga*）世親（*Vasubandhu*）所發起。約莫 5 世紀前半傳進中國，南北朝都有漢譯經論。直到 6 世紀初，北魏洛陽菩提流支譯《十地經論》，北方開始流行唯識思想，是為地論學派。7 世紀中，玄奘取經歸來，翻譯《瑜伽師地論》等唯識經典，並以護法一系唯識學為正義，將印度十大論師對世親《唯識三十頌》的疏解整理且漢譯為《成唯識論》，是玄奘與弟子所建立唯識教學體系集大成之作。

　　既要從初唐唯識學的角度切入《說無垢稱經疏》的疏解背景，不得不提到初唐佛學延續隋代的發展，諸家學說自南北朝的交涉邁向調和的局面。做

〔註79〕〔唐〕道暹：《維摩詰經疏記抄》二卷，大正藏 345 經，19 冊。

〔註80〕〔唐〕道掖：《淨名經集解關中疏》二卷，撰，大正藏 2777 經。

〔註81〕〔唐〕道掖：《淨名經集解關中釋抄》二卷，撰，大正藏 2778 經。

〔註82〕《維摩義記》一卷，大正藏 2768 經，38 冊。

〔註83〕《維摩義記卷第四》一卷，大正藏 2769 經，85 冊。

〔註84〕《維摩經疏》一卷，大正藏 2770 經，85 冊。

〔註85〕《維摩經疏》一卷，大正藏 2771 經，85 冊。

〔註86〕《維摩疏卷第三、第六》二卷，大正藏 2772 經，85 冊。

〔註87〕《維摩經抄》一卷，大正藏 2773 經，85 冊。

〔註88〕《維摩經疏》一卷，大正藏 2774 經，85 冊。

〔註89〕《維摩疏釋前小序抄》一卷，大正藏 2775 經，85 冊。

為將印度佛學理論引入中國的大師，玄奘〔註90〕（602-664 A.C.E.）在西行求法前曾於洛陽與蜀中等地學習《涅槃經》、《攝大乘論》、《俱舍論》、毘曇學等，雜糅大小乘經典，然而諸家「各擅宗途」，對於佛典翻譯又多有疑問。因此，玄奘抱持著透徹明瞭中國佛學的期望，遂而前往天竺求法，多方問學，熟習唯識、中觀、因明等學說，以唯識為主要思想梗概。

　　玄奘雖傳入印度護法一系的唯識思想，但多致力於經典翻譯，較少留下述說自身思想的著作。窺基繼承了玄奘的唯識學說，奠定唐代的唯識學派理論，〔註91〕其思想來自玄奘所譯的《佛地經》、《佛地經論》、《成唯識論》等瑜伽行派譯書。〔註92〕一般以窺基為中國法相宗初祖，然而，吉津宜英卻指出法相宗一名並非來自窺基本身，〔註93〕而是來自於華嚴宗法藏賢首（643-712 A.C.E.）的〈十二門論宗致義記〉，窺基在《大乘法苑義林章》中僅自稱為「應理圓實宗」。可知宋代贊寧的《高僧傳》所指稱的「法相宗」是承續了法藏的判定，而非窺基在初唐就已經確立。日本學者渡邊隆生解釋法相宗與唯識學的關係：「法相宗是從處理一切萬有的法相門為立場之名稱，而唯識宗是從唯識觀法的立場，亦即是從觀心門方面稱呼的宗名。因此，一般也通稱本宗為法相唯識。」〔註94〕因此，本研究中將窺基的立場稱為「唐代唯識學」，表示其承續護法－玄奘的思想，同時避免將玄奘－窺基視作為法相宗。

　　窺基為「百部疏主」，如《成唯識論述記》、《唯識二十論述記》等，意圖建立唯識學的思想體系。因此，他在《說無垢稱經疏》內使用的唯識學疏解架構，可以視作為宗門意識的展現。

〔註90〕〔唐〕釋道宣《續高僧傳》卷 4〈京大慈恩寺釋玄奘傳〉，大正藏第 50 冊 2060 經。

〔註91〕《宋高僧傳》卷 4：「奘師為瑜伽唯識開創之祖，基乃守文述作之宗。唯祖與宗百世不除之祀也。蓋功德被物，廣矣，大矣，奘苟無基，則何祖張其學乎？」（大正藏第 50 冊，2061 經，726b27-c1）。

〔註92〕陳一標：〈中日法相宗傳承與宗風之比較〉，《玄奘佛學研究》，第 3 期，2005 年 7 月，頁 105～126。

〔註93〕吉津宜英：〈「法相宗」という宗名の再檢討〉，《渡邊隆生教授還曆記念論文集》，日本：文昌堂，1997 年 6 月。465～484 頁。

〔註94〕平川彰等著，許明銀譯：《佛學研究入門》，台北：法爾出版社，1980 年，頁 323。

五、研究方法

本研究所使用的研究方法分為兩種：1. 梵漢對勘法；2. 伽達默爾哲學詮釋學理論

（一）梵漢對勘法

佛典文獻成立的時間及地域跨越極大，涉及文獻自身的語言變化，也涉及翻譯時不同學思背景及方言使用的差異。因此，《維摩詰經》梵文校訂本做為本研究能觸及的最早的《維摩詰經》梵文文獻，實有與漢譯本相比對的必要。

本研究探討窺基《說無垢稱經疏》前，以玄奘《說無垢稱經》中的唯識術語是否融入唯識義為預設問題，試圖從支謙本和羅什本的比較中，考察三家漢譯本所據底本彼此間的關係是否為「同本異譯」？此預設問題並非肯定三家漢譯本皆是以十二世紀的梵文寫本為底本翻譯，而是藉由梵文寫本得知可能的原初梵文用語以及語序。若三家漢譯本與梵文寫本的用語一致，那麼，玄奘譯本中的唯識術語便能從另外二家的漢譯中辨認不具有唯識背景的譯者如何翻譯。若三家漢譯本與梵文寫本皆差異甚大，則可以從印度語言的變化或是版本差異的角度，辯證玄奘在《說無垢稱經》中使用的唯識術語背後可能的原因。

因此，梵漢對勘方法對於本研究有奠基的意義。中國學者陳明在《文本與語言——出土文獻與早期佛經比較研究》一書中，指出梵漢對勘法的優點〔註95〕：

1. 梵漢對勘可以校正漢譯本文字失誤
2. 協助判斷漢譯佛經異譯本所出現的不同譯語
3. 梵本可理解漢譯本的音譯詞和疑難詞的意義
4. 梵漢對照可以釐清漢譯本的略譯及全譯現象

應當理解的是，雖然梵文被視作為古典佛典語言之一，但《維摩詰經》的寫本定年於十二世紀，晚於此經出現的二世紀許多。能否預設梵文在十個世紀內未曾經過任何變化，以至於可以做為漢譯本的校正？或許失於對語言與版本演變的警覺。因此，本研究的梵漢對勘法僅將梵文寫本做為三家漢譯本的參照。

〔註95〕陳明：《文本與語言——出土文獻與早期佛經比較研究》，蘭州大學出版社，2013 年 7 月，頁 322～348。

（二）伽達默爾「哲學詮釋學」

玄奘的《說無垢稱經》與窺基的《說無垢稱經疏》並非是獨立於中國佛教發展之外的。如何與理解它們與曾經的《維摩詰經》諸翻譯諸疏，本研究使用哲學詮釋學理論。

詮釋學（*Hermeneutics*），字源意思是赫密斯（*Hermes*），希臘神話中、傳遞諸神神諭給凡人的信使之神。因此，「詮釋」一詞最早的意義即是理解、翻譯和解釋。詮釋學是對於文本的意義的解釋與理解。解釋是事實性的、經驗性的；理解則是涉入精神的、生命的層面。詮釋學在發展中，經過六次性質上的轉變，[註96]伽達默爾修正海德格的理論，建立哲學詮釋學，也被稱作為存在論的詮釋學。這個存在，可以說是歷史，或是傳統，是人思考的出發點，並由此找到自我。

〔註96〕洪漢鼎：《詮釋學史》，臺北：桂冠圖書公司，2002 年 6 月，頁 20～28。
 1. 《聖經》註釋理論的詮釋學：最古老的詮釋學被應用於神學中，試圖從《聖經》中註解出上帝超越的真理。直至十八世紀、馬丁路德（1459～1546）的宗教改革運動，提倡「因信稱義」，認為信徒能從虔誠的信仰中理解《聖經》的真理，方才結束神職人員壟斷《聖經》解釋權的時代。
 2. 語文學方法論的詮釋學：18 世紀不僅是宗教改革，啟蒙運動和工業革命也相繼興起，近代科學與思潮改變了人們對於《聖經》神聖性的崇敬，將其視為一部古代文獻，出現語文學方法論的詮釋學，試圖從匯集語法和修辭的規則中，揭示作品內在的意涵。
 3. 理解和解釋科學或藝術的詮釋學：專注於《聖經》的特殊詮釋學在 19 世紀被打破，施萊馬赫（*F.D.E Schleiermacher 1768～1834*）提出普遍詮釋學，不再只關注《聖經》的真理，而是擴大到所有文本，此時真理也從上帝的真理轉向作者，包括其生活時代、核心思想的表現。施萊馬赫認為詮釋學可以正確解釋作品，進而理解作者的真意，或者，比作者更好地理解文本。
 4. 人文科學普遍方法論的詮釋學：狄爾泰（*Wilhelm Dilthey 1833～1911*）定為人文科學普遍方法論，以對應自然科學在有效性和科學性上的質疑。
 5. 此在和存在現象學的解釋學：詮釋學由認識論逐漸轉向本體論，認為人類能從詮釋中發現自我的生命表現，並非單純的認識接受活動。海德格（1889～1976）則是進一步將詮釋學轉為本體論，稱作「實存性詮釋學」，乃是「此在」實際「存在」的這件事實的自我解釋。
 6. 實踐哲學的詮釋學：哈伯瑪斯（1929～）首先反對伽達默爾無條件地接受前見，批判其忽略詮釋循環內意識形態和權力結構介入的問題。哈伯瑪斯認為，詮釋的意義除了自我的彰顯外，更著重對詮釋者的意義，須能與社會連結，提出「溝通行動理論」。呂格爾（1913～2005）則是提出「三重模擬理論」，第一是作者形成文本之前的前構（*prefiguration*），第二是藉由情節來形構（*configuration*），第三是讀者模擬或創造的再構（*refiguration*），三者同時具足、不可分割，解釋詮釋、理解到實踐的過程。

　　伽達默爾的詮釋學認為理解的過程是文本的視域與詮釋者的前理解結構所建立的視域不斷地對話。前理解結構包括：「前有」，也就是詮釋者所處的「傳統」；「前見」，是詮釋者的立場；「前把握」是詮釋者已然具有的能力。當話語成為文本，即是第一個間距，表示說話者與聽話者的交流已然停止，文本脫離日常語言，成為一個被籌畫的事件。如何跨越間距理解文本？伽達默爾認為「效果歷史（*wirkungsgeschichtliches Bewußtsein, historically-effected consciousness*）」是間距的近距化。因為人必然處於歷史中，受歷史的影響而產生「視域（*Horizont*）」，理解與詮釋便發生在視域中。視域並非全然不動，人的前理解結構限制了視域，但藉由對話達成協議，這樣的理解過程稱為「視域融合（*Horizontverschmelzung*）」。然而，讀者視域與文本視域的融合永遠沒有終點，也就是說歷史與詮釋永遠是不透明的，沒有任何方法或技巧可以達到真理，只是不斷的循環。

　　可見，伽達默爾反對有一種藉由自然科學技術所能達到的真理，一切理解都是文本與理解者的對話。由於伽達默爾認為翻譯也是一種理解，由是之故，玄奘翻譯《說無垢稱經》時，也是對《維摩詰經》的解釋，是翻譯者對語言在理解的基礎上的重新塑造。如同海德格所說：「語言是存有的家（*Sprache als Haus des Seins*）」，伽達默爾也認為在世即是在語言中。因此，《說無垢稱經疏》使用漢語解釋《說無垢稱經》，乃是窺基在世的展現，在他使用唯識學詮釋時，即是以唯識學與世界進行對話。從視域融合的觀點中，相較於更好的解釋的追求，毋寧更重視不同的解釋，如此說來，窺基的《說無垢稱經疏》僅是眾多解釋中的一環，不能因其立於唯識學的角度便全然排除其對於《維摩詰經》詮釋的有效性。窺基《說無垢稱經疏》給予讀者有別於中觀學說的一種觀點，若從詮釋學看來，亦是完整了詮釋活動的一個不可分割的部分。

　　然而，伽達默爾對於前理解結構的全盤接受，受到呂格爾的批評。呂格爾批判伽達默爾的「傳統」只不過是一種偏見，必須反思傳統所可能具有的意識形態，方能理解自我。〔註97〕因此，若是將窺基之前所有的《維摩詰經》

────────

〔註97〕Paul Ricoeur 著，J.B.Thompson 編，孔明安、張劍、李西祥譯：《詮釋學與人文科學——語言、行為、解釋文集》，「如果說自我理解是由文本內容，而不是通過讀者的偏見而形成的話，那麼，意識形態的批判就是自我理解必經的迂迴道路。」頁 104～105。

疏都視為中觀立場的疏解，恐怕也是將差異泯滅的一種暴力。進而言之，本研究試圖說明縱然《維摩詰經》是偏向般若思想的一部經典，《維摩詰經》諸疏也沒有一個傳統主軸，各疏都是意識形態的展現，是不同學派間視域的融合，從而形成豐富的理解。

第三節　前賢研究探討和研究範圍

一、前賢研究探討

本研究聚焦於窺基《說無垢稱經疏》的唯識思想，此一思想是來自玄奘翻譯《說無垢稱經》時所用的底本和翻譯字詞，或是來自於窺基個人的理解？將就前賢研究，探討本研究需處理的玄奘「譯經」與窺基「疏本」的諸問題。

關於《維摩詰經》接近初期般若經的立場，前文「《維摩詰經》的成立年代與思想」已提到多位學者肯定《維摩詰經》是一部初期大乘中觀思想的經典。〔註98〕因此，玄奘譯本是否在翻譯時，基於底本與支謙本、羅什本的差異，而譯出一部帶有唯識思想的《維摩詰經》譯本？

萬金川在〈梵本《維摩經》的發現與文本對勘研究的文化與思想轉向〉一文中認為：「《維摩詰經》的研究不能忽略文獻學的成果，文獻是對比思想內容的基礎。」〔註99〕前揭大正大學梵語佛典研究會：《『維摩經』『智光明經』解說》、《梵藏漢対照『維摩経』》、《梵文維摩経——ポタラ宮所藏写本に基づく校訂》對於梵文寫本有詳細的解釋。《梵漢藏對譯維摩詰經》，分成十二章，使用高野山所藏德格版藏譯本，以及三家漢譯本，左頁上方為梵文轉寫的羅馬拼音，下方為藏文；右頁上方為支謙本，中間是羅什本，下方是玄奘本。本研究即以此本做為梵漢對比時的梵文依據。

〔註98〕有關論文尚有：鄭心怡：《維摩詰菩薩般若波羅蜜教學之研究》，國立清華大學中國文學系碩士論文，2009 年 8 月。鄭氏肯定《維摩詰經》是承續了《般若經》的思想，並舉出許多學者的研究成果，頁 4～8。

〔註99〕萬金川：〈梵本《維摩經》的發現與文本對勘研究的文化與思想轉向〉，《正觀》，第 51 期，2009 年 12 月，頁 143～203。

　　對於《維摩詰經》的翻譯研究有梵漢對比〔註100〕和藏漢對比〔註101〕兩種進路。三家漢譯本所使用的底本和語言，可從支謙本的相關研究看出：《維摩詰經》最初傳入中國時，並非是以文本的形式，而是口傳。中國學者李煒認為是梵語，〔註102〕日本學者辛嶋靜志〔註103〕則認為支謙所譯的《維摩詰經》即是紀錄混合犍陀羅語的口傳的文本。臺灣學者萬金川同意辛嶋氏所說、〔註104〕支謙本是混和犍陀羅語的譯本，且認為它可能被竺法護修正過，並非最原始的支謙翻譯本〔註105〕。

〔註100〕黃偉銘：《《維摩詰經·文殊師利問疾品》譯註與研究》，國立政治大學哲學研究所碩士論文，2008 年；胡心宜《梵本《維摩詰經·天女品》之譯註》，佛光大學碩士論文，2012 年。皆是以單品對比梵文與漢文的翻譯狀況，前者對於各種版本的《維摩詰經》的傳譯優缺點有詳細的論述，後者多討論梵文語法在《維摩詰經》的梵本中形成的語言現象。

〔註101〕釋禪叡：《秦譯《維摩經·佛國品》斠訂探微》，中華佛學研究所論文，1994 年。以敦煌寫本為主要資料，校訂羅什本。

〔註102〕李煒：《早期佛經的來源與翻譯方法初探》，北京：中華書局，2011 年。

〔註103〕辛嶋靜志有關於《維摩詰經》語言的相關研究：〈早期漢譯佛典的語言研究——以支婁迦讖及支謙的譯經對比為中心〉，《漢語史學報》，第 10 期，2010 年，頁 225～237；〈誰創造了大乘經典——大眾部與方等經典〉，《維摩經與東亞文化國際學術研討會會議論文集》，宜蘭：佛光大學。2015 年 10 月 3～4 日，頁 A1～A26；〈試探《維摩詰經》的原語面貌〉，《佛光學報》，新一卷，第二期，2015 年 7 月，頁 73～100；〈早期漢譯佛典的語言研究——以支婁迦讖及支謙的譯經對比為中心〉，《漢語史學報》，第 10 期，2010 年，頁 225～237。

〔註104〕萬金川：〈《維摩詰經》支謙譯本的點校——兼論該一經本的譯者歸屬及其底本語言〉，《佛光學報》，《佛光學報》，新一卷，第二期，2015 年 7 月，頁 118～119。

〔註105〕釋果樸：《敦煌寫卷 P3006「支謙」本《維摩詰經》注解考》，臺北：法鼓出版，1998 年。推論敦煌 P3006 殘卷確認是道安的著作。關於敦煌支謙本殘卷的研究，尚有孫致文：〈上海博物館藏支謙譯《佛說維摩詰經·卷上》寫本殘卷的研究意義〉，《正觀》，第 47 期，2008 年 12 月，頁 103～135。編號上博 01 的寫卷是支謙本的寫本殘本，第一、二卷已遺失，僅存第三卷的部份內容。四世紀前少有的題記「麟嘉五年」，卻早於敦煌藏經洞的年代，若說出自吐魯番，又因為卷帙長達四米，不符合其他出自吐魯番的寫本斷片。出土地點、如何收入上海博物館，都尚待進一步的學術研究。萬金川：〈支謙譯《佛說維摩詰經·諸法言品第五》上博寫卷校注〉，正觀雜誌第 47 期，2008 年 12 月，頁 137～186。對上博 01 進行字型上的比對。
敦煌寫卷對於現存佛經的重要性，可見於衣川賢次：〈以敦煌寫經校訂《大正藏》芻議〉，劉進寶、高田時雄主編《轉型期的敦煌學》，上海古籍出版社，頁 403～434。主張以採用有題記的寫本，如日本古寫經、敦煌遺書裡南北

漢譯《維摩詰經》從口語到文本的翻譯狀況，到了玄奘時，〔註 106〕由於具備梵文文本，對梵語更熟練，因此重譯《說無垢稱經》。然而，《說無垢稱經》必然較貼近梵文本嗎？基於《維摩詰經》的原始梵文底本早已不可考，現存的梵文本是十二世紀的手抄本，其內容與三家漢譯本也有很大的差異。部份學者，如 Jan Nattier、〔註 107〕辛嶋靜志，認為不可忽略漢譯本的重要性，尤其是翻譯於二世紀的支謙本，混合梵語的特性，或許是目前所知最貼近《維摩詰經》梵文底本的翻譯本。

從諸多學者在版本學和語言學的研究中，可歸納出《維摩詰經》漢譯的過程。本研究比對三家漢譯本與梵文寫本的差異，試圖探討玄奘本是否基於翻譯版本的不同，而有唯識學思想？亦或是翻譯底本相同，但玄奘在翻譯過程中揉譯了唯識學？俱是可以深入探討的問題。

漢譯《維摩詰經》諸疏本的思想研究圍繞在般若中觀、〔註 108〕淨土觀、不二法門上。諸疏家將自身的思想特色融入《維摩詰經》，發展出具有宗派特徵的疏作，如僧肇、智顗、吉藏以「中觀」的角度疏解；〔註 109〕慧遠的

朝至隋朝的早期寫卷，對比羅什、僧肇、道生的註釋文獻。或是借用音義書文獻，如《可洪音義》，對比羅什譯本的音義條目。萬金川指出，國際佛教大學院所編《日本現存八種一切經対照目錄》，編號 0150-0152，可以順利查到三家漢譯本的古寫經。

〔註 106〕玄奘譯本，可參考日本學者大鹿實秋，其長年致力於《維摩詰經》的研究，期刊論文〈維摩経における玄奘譯の特質〉，即是從玄奘的譯本中探討翻譯層面對於文意理解的差別。

〔註 107〕Nattier, Jan, *The Teaching of Vimalakīrti（Vimalakīrtinirdeśa）: A Review of Four English Translations*, Buddhist Literature, Vol.2, 200, Bloomington: Department of Religious Studies, Indiana University, 2000；*A Guide to the Earliest Chinese Buddhist Translations*, The International Research Institute for Advanced Buddhology, Soka University, Tokyo, 2008。

〔註 108〕對於《維摩詰經》疏本的思想研究，可參考日本學者橋本芳契《維摩経の思想的研究》，京都：法藏館，1966 年 2 月。分為僧肇《注維摩詰經》、地論宗、天台宗、三論宗、禪宗和法相宗，闡述各家疏本的思想。或是中國學者何劍平的《中國中古維摩詰信仰研究》，四川：巴蜀書社，2009 年 6 月。提供全面性從南北朝至隋唐社會的《維摩詰經》疏本大要解釋。

〔註 109〕程恭讓：〈鳩摩羅什《維摩詰經》實相譯語及天台疏釋之研究〉，《華梵人文學報——天台學專刊》，102 年 5 月，頁 97～140。指出羅什師徒對於「實相」的見解，和智顗的《維摩詰》諸注疏所宣示的實相、中道、佛性。亦可參考宋明宏：《維摩經思想》，南華大學宗教所碩士論文，2009 年。在義理層面上，整理出《維摩詰經》六項：1.「若人心淨，便見此土功德莊嚴」的佛國淨土 2.「菩薩隨所化眾生而取佛土」的入世思想 3.「菩提心是菩薩淨土」，

《維摩義記》重視「淨土」。〔註110〕這樣的作法不僅是從宗門的角度解釋《維摩詰經》，也保存了當時流行的宗派思想，並可見宗派與宗派間的不同的論諍。

最先關注窺基《說無垢稱經疏》中的唯識思想是日本學者橋本芳契，提出：「須注意玄奘譯《說無垢稱經》六卷，其中心是研究與講論法相宗的立場。」又說：「即使窺基不完全符合經（教）一般的能詮、所詮論，前代研究者沒發現的是，此經內藏的宗教普遍意義基於真正深刻唯識法相義的發揮。」〔註111〕中國學者何劍平也提到與橋本氏相同的看法：「《說無垢稱經》中〈序品〉、〈聲聞品〉等所含義理顯示出與唯識法門香氣的宗旨，或者說本經某些經文要義對唯識法門有所闡發，並在某種程度上豐富了法相宗的說法理論。」〔註112〕顯現玄奘雖然避免個人的唯識學思想影響《說無垢經》的翻譯，但弟子窺基仍使用唯識思想疏解，〔註113〕將此經視為對唯識學的發揚。

真常心系初萌的概念 4. 煩惱即菩提、菩提即煩惱，承認欲的不可消滅性，並從中見道 5.「從無住本，立一切法」，緣起性空的本來概念 6. 不二法門，超越二元對立、默然無言的真諦。俱是從中觀的角度探討。

〔註110〕 陳玉青：《《注維摩詰經》之研究——以〈佛國品〉為範圍》，佛光大學佛教學系碩士論文，2012 年。說明僧肇承繼龍樹的二諦，以體用解釋淨土，探討羅什和僧肇之間的淨土觀。同樣從「淨土」切入的有曾興隆：《《維摩詰經》心淨即土淨思想與中道菩薩行之研究——以淨影慧遠《維摩義記》為主》，南華大學宗教學研究所碩士，2014 年。指出《維摩詰經》的核心思想是「心淨則佛土淨」與「中道不二」，此二者做為般若系統與淨土經典間的融匯橋梁。可知《維摩詰經》淨土思想的特色是「心淨即土淨」，影響了中國以「他方淨土」為主的淨土思想，也開始了各宗對「心地法門」的重視，間接影響各宗派的內觀修行方法及理論，不斷地吸收與演變，尤其禪宗更是以此經為闡揚重點。在「不二法門」中，「不二」即是「中道義」，是實踐自覺覺他、自利利他，福慧雙修、悲智雙運之大乘菩薩行。

〔註111〕 橋本芳契有關於窺基《說無垢稱經疏》的研究：〈唯識義における維摩——說無垢稱經疏について〉，《宗教研究》，137 期，1953 年 12 月，頁 54～55；〈慈恩教學における維摩經の地位について『說無垢稱經疏』の思想史的意義〉，《印度學佛教學研究》，第 8 期第 1 卷，1960 年 1 月，頁 99～104；〈慈恩大師の維摩經觀〉，《宗教研究》，39 卷第 1 輯，1965 年 6 月，頁 67～91；橋本芳契〈法相宗と維摩經〉，《維摩經の思想的研究》，京都：法藏館，1966 年 2 月，頁 167～191。

〔註112〕 何劍平：《中國中古維摩詰信仰研究》，四川：巴蜀書社，2009 年 6 月，頁 476。

〔註113〕 窺基的唯識思想研究，可參考釋振元（曾千翠）：《窺基唯識實踐論之研究》，玄奘大學宗教學系碩士論文，2007 年 6 月。趙東明：〈窺基的知識論——以「三性」和「四分」之關係為中心〉，《「佛教思想與文學」國際學術研討會

除了文獻的對比與考證外，伽達默爾的詮釋學對於方法論的反省，[註114]如玄奘《說無垢稱經》的「語言中介」，是否對窺基的「前有」造成影響？又，在「前見」上，窺基所使用的「唯識學疏解架構」及背後的詮釋意識，展現出疏本不必然侷限於經典中，可能有更多開放的空間。

綜上所述，前人研究所認為《說無垢稱經》在翻譯時即融入「唯識思想」。然而，比對過梵文寫本與三家漢譯本後，發現玄奘所使用的唯識字在梵文寫本、支謙本和羅什本中並未帶有任何唯識含意，僅是玄奘基於學識背景的關係，將那些字詞以唯識術語翻譯，卻並未改動經文原意。直到窺基的《說無垢稱經疏》方才正式將《說無垢稱經》與唯識思想連結。上揭學者雖提出「《說無垢稱經》內含唯識學」的主張，卻未從玄奘本中找尋原由；對於窺基疏本中的唯識思想，也尚未有詳盡的說明。因此，本研究擬從玄奘譯本可能依據的底本、與支謙本、羅什本和梵文寫本的對照中，找出玄奘本是否帶有唯識思想，再進一步探討窺基《說無垢稱經疏》中唯識思想的段落，是來自玄奘本的翻譯，還是個人的見解。企圖補足《維摩詰經》中、唯識學一脈的翻譯與論述。

二、研究範圍

在研究窺基《說無垢稱經疏》之前，需對於能掌握的漢譯《維摩詰經》有基礎的認知，也必須知道玄奘所譯的唯識學著作。雖然玄奘多在翻譯，但可能其翻譯的選擇中，看出其唯識學思想走向。更進一步探討窺基的唯識學說是否與玄奘有相異之處？是超越玄奘的說法或是窄化玄奘譯本的文本意義？都是在文獻中可以鉤沉檢索的。因而將主要的古典文獻條列如下，近代著作則置於本文最末的參考文獻中。

會議論文》，2008 年 11 月，頁 225～260。趙東明：《轉依理論研究─以《成唯識論》及窺基《成唯識論述記》為中心》，台灣大學哲學所博士論文，2011年。對於窺基的唯識思想，有整體詳細地疏理，尤其著重於「三性說」的運用。

〔註114〕伽達默爾詮釋學在佛學中的運用，可參考：李幸玲：〈《法華經・提婆達多品》的成立──與嘉達美詮釋學的對話〉，《玄奘佛學研究》，第 10 期，2008 年11 月，頁 1～42。郭朝順：〈語言、世界與一念心──智顗與高達美思想的比較〉，《中國哲學的現代詮釋工作坊（一）：詮釋的回顧與展望會議論文》，2008 月 6 月；〈論天台觀心詮釋的「理解」與「前見」問題〉，《法鼓佛學學報》，第 22 期，2008 年 6 月，頁 129～161。

（一）《維摩詰經》的梵文寫本

梵本《梵藏漢対照『維摩経』》2004 年 3 月 18 日

《梵文維摩経──ポタラ宮所藏写本に基づく校訂》2006 年 3 月 18 日

（二）《維摩詰經》的漢譯本

1.〔三國吳〕支謙：《佛說維摩詰經》，大正藏第 14 冊，474 經。

2.〔姚秦〕鳩摩羅什：《維摩詰所說經》，大正藏第 14 冊，475 經。

3.〔唐〕玄奘譯：《說無垢稱經》，大正藏第 38 冊，1782 經。

（三）玄奘的唯識學翻譯著作

1.〔唐〕玄奘譯：《成唯識論》，大正藏第 31 冊，1585 經。

2.〔唐〕玄奘譯：《瑜伽師地論》，大正藏第 30 冊，1579 經。

3.〔唐〕玄奘譯：《瑜伽師地論釋》，大正藏第 30 冊，1580 經。

4.〔唐〕玄奘譯：《唯識三十論頌》，大正藏第 31 冊，1586 經。

5.〔唐〕玄奘譯：《唯識二十論》，大正藏第 31 冊，1590 經。

6.〔唐〕玄奘譯：《攝大乘論本》，大正藏第 31 冊，1594 經。

7.〔唐〕玄奘譯：《攝大乘論釋》，大正藏第 31 冊，1597 經。

8.〔唐〕玄奘譯：《解深密經》，大正藏第 16 冊，676 經。

9.〔唐〕玄奘譯：《佛說佛地經》，大正藏第 16 冊，680 經。

10.〔唐〕玄奘譯：《大乘百法明門論》，大正藏第 31 冊，1614 經。

（四）窺基的唯識學思想著作

1.〔唐〕窺基：《說無垢稱經疏》，大正藏第 14 冊，476 經。

2.〔唐〕窺基：《瑜伽師地論略纂卷》，大正藏第 43 冊，1829 經。

3.〔唐〕窺基：《成唯識論述記》，大正藏第 43 冊，1830 經。

4.〔唐〕窺基：《成唯識論掌中樞要卷》，大正藏第 43 冊，1831 經。

5.〔唐〕窺基：《瑜伽師地論略纂卷》，大正藏第 43 冊，1829 經。

6.〔唐〕窺基：《唯識二十論述記卷》，大正藏第 43 冊，1834 經。

7.〔唐〕窺基：《大乘百法明門論解卷》，大正藏第 44 冊，1836 經。

8.〔唐〕窺基：《大乘法苑義林章卷》，大正藏第 45 冊，1861 經。

9.〔唐〕窺基：《唯識論料簡》，新纂卍續藏第 48 冊，806 經。

10.〔唐〕窺基：《成唯識論別抄卷》，新纂卍續藏第 48 冊，808 經。

11.〔唐〕窺基：《大乘百法明門論解》，大正藏第 44 冊，1836 經。

　　以上列為本研究之研究範圍，以期針對問題意識的核心——窺基《說無垢稱經疏》的唯識思想——闡發其中的義理。

第四節　研究步驟和章節架構

一、研究步驟

　　本研究預計採取研究步驟如下：

1. 從現存十二世紀的梵文寫本、支謙譯本、羅什譯本和玄奘譯本探討翻譯之間的關聯，是否可能為「同本異譯」？藉由文獻的對照，檢視玄奘譯本在翻譯上是否有融入「唯識思想」？

2. 根據窺基《說無垢稱經疏》的內容，建立其「唯識學疏解架構」和「維摩詰經觀」。

3. 藉由伽達默爾詮釋學，反省《說無垢稱經》與語言、《說無垢稱經疏》與前見之中詮釋的有效性。

二、章節架構

　　本研究從玄奘的《說無垢稱經》開始，探討窺基在《說無垢稱經疏》中所建立的「維摩詰經觀」。其中，窺基將唯識學思想融入《說無垢稱經》，並列中觀的「空理義」和唯識的「應理義」，最後以「應理義」為勝義諦。使得《說無垢稱經》成為法相唯識宗的引證。

窺基在《說無垢稱經疏》所建立的「唯識學疏解架構」，展現出唯識思想的立場疏解中觀經典，為漢譯《維摩詰經》疏解史加入唯識學的理解。本研究主要大綱如下：

　　第一章緒論：確立問題意識、研究主題和研究範圍。並整理前人研究，架設研究方法與章節架構。

　　第二章《維摩詰經》三家漢譯本的翻譯諸問題：從玄奘之前的《維摩詰經》漢譯史，其次，比對支謙本、羅什本與玄奘本是否為「同本異譯」？可知無論是三家漢譯本或是梵文寫本，在內容上皆有顯著的差異。三家漢譯本不可能使用同一個底本。因此，比對玄奘本中的唯識術語在支謙本、羅什本和梵文寫本中的意涵，發現唯識術語並未帶有唯識義。然而，窺基在疏解玄奘以唯識術語翻譯的段落時，卻採用了唯識思想。

　　第三章窺基《說無垢稱經疏》的疏解架構：梳理了窺基以前的《維摩詰經》疏本。在窺基的《經疏》中，大範圍地建立「唯識學疏解架構」對於「判教」、「不可思議法門」、「方便解脫」、「佛土觀」的疏解，顯見窺基將《說無垢稱經》的部份內容做為唯識學思想的佐證。

　　第四章窺基《說無垢稱經疏》的「維摩詰經觀」：窺基的「維摩詰經觀」是以「解脫法門」、淨土「唯識法門」、「三性說」和「四重二諦」為主，展現窺基如何以唯識學疏解架構操作於一部以「空性」為主的經典的進路。

　　第五章《說無垢稱經》的成佛可能——如來種性與如來藏的交涉：窺基將如來藏與阿賴耶識相互解釋，並承認如來藏是建立一切法的根本和成佛之因。一方面肯定「解脫之因」是唯識學的「種子」，另一方面又可與「種性」、「如來藏」相等同，表現出中觀、唯識、如來藏三種思想融合的傾向。

　　第六章《說無垢稱經》與《說無垢稱經疏》的詮釋學對話：以伽達默爾詮釋學反思傳統中國認定「傳不破經，疏不破傳」的觀點。窺基的《經疏》在玄奘所帶入的護法一系唯識學的傳統下，以唯識學的立場與之前的《維摩詰經》諸疏進行視域融合，使《說無垢稱經疏》豐富了漢譯《維摩詰經》疏解史。

　　第七章結論：檢視本論文研究過程的侷限與缺失，並提出未來可能的研究方向與有研究價值的議題。

　　以上是本研究的前導介紹。

第二章 《維摩詰經》三家漢譯本的翻譯諸問題

　　法國學者 Lamotte 在《維摩詰經序論》中，認為《維摩詰經》最晚成立於西元 2 世紀〔註1〕，日本學者水野弘元指出初期大乘經典有《般若》經、《維摩詰經》、《華嚴經》、《法華經》、《無量壽經》等，將《維摩詰經》歸為初期大乘經典，應成立於西元 1 世紀前後且與早期般若經（*Prajñāpāramitās*）相關〔註2〕。承繼前章已提及之《維摩詰經》的成立與思想諸論點，綜合眾位學者的看法，則可以推測《維摩詰經》成立的時間應在西元 1～2 世紀間，藉著相互問答的「所說」（*nirdeśa*）方式呈現。〔註3〕此時正是初期大乘佛教興起的時代。依據水野弘元所定義的初期大乘佛教特色，乃是：「將這些阿毘達磨的部派佛教貶抑為小乘，並強調佛教本來的信仰實修，宣說應該回歸釋尊的立場，該是因應時機而興起的如法之事了。」〔註4〕這樣的說法，與《維摩詰經》批判小乘佛教，強調不離煩惱才能解脫的修行有著極為相似之處。維摩詰居士同時是如來化身、法身菩薩和在家居士，能出入各種場所，因時說法，其中「默然無諍」的「不二法門」被視作《維摩詰經》的核心思想：無言之說才是體現中道義的途徑。因而將其視做初期大乘的經典，也有著思想上的依據。

〔註1〕Étienne Lamotte, Sara Boin trans., *The Teaching of Vimalakīrti（L'Enseignement de Vimalakīrti）*. Oxford: The Pali Text Society, 1994. p.XCVIII.

〔註2〕水野弘元著，香光書鄉編譯組譯：《佛教的真髓》，嘉義：香光書鄉出版社，頁 313。

〔註3〕橋本芳契：《維摩經の思想的研究》，京都：法藏館，1966 年 2 月，頁 4。

〔註4〕水野弘元著，香光書鄉編譯組譯：《佛教的真髓》，頁 315～317。

　　初期大乘經典在成立的過程中，多半是先流傳單品，再逐漸集結成經，如《法華經》的成立史。〔註5〕《維摩詰經》卻未曾有單品先行流通，而是一開始就以頭尾俱足、情節完整的面貌流傳。《維摩詰經》的經文結構分為：1. 序分第一〈佛國品〉；2. 第二〈方便品〉到第十二〈見阿閦佛品〉為正宗分；3. 第十三〈法供養品〉和第十四〈囑累品〉為流通分。日本學者木村泰賢認為：「大乘經典在初成立時，不可說是與傳於現在我們的經典，為同一形式、同一內容，且多好像比今日所流傳的經典還不完全。」〔註6〕因此，《維摩詰經》是否曾有多種不同的版本，以致於現今傳世的梵本與漢譯本、藏譯本在經文上有出入，亦是可以深入探討的問題。

　　從中國漢譯佛經的歷史看來，絕大部份的漢譯佛典翻譯於魏晉南北朝和隋唐時期。自《維摩詰經》傳入中國後，共進行過七次翻譯。最初是東漢嚴佛調在西元 188 年譯出的《古維摩經》，前後歷經四到五百年的時間，直到西元 650 年、唐代玄奘譯的《說無垢稱經》〔註7〕六卷後才不再翻譯《維摩詰經》。〔註8〕現在僅存的三種漢譯本，〔註9〕除了玄奘本外，尚有三國吳支謙於西元 222～229 年間所譯的《維摩詰經》，〔註10〕以及西元 406 年，姚秦鳩摩羅什所譯的《維摩詰所說經》。〔註11〕三家漢譯本皆相差二百多年，但經錄上被認為是「同本異譯」〔註12〕。

〔註5〕《法華經》成立史的諸家說法可參考李幸玲：《中國中古時期《法華經》注本研究——以授記主題為中心》，臺北：文津出版，2013 年，頁 23～26。歸納日本學界對《法華經》成立史的研究成果，分為全經一時成立，和先有「原始法華」的基礎上陸續成立其他各品兩種論點。

〔註6〕木村泰賢著，演培法師譯：《大乘佛教思想論》，臺北：天華出版，1989 年，頁 49。

〔註7〕〔唐〕玄奘：《說無垢稱經》，大正藏第 14 冊，476 經。

〔註8〕林純瑜提出《滿文大藏經》中有《維摩詰所說大乘經》，並考證此版本以羅什本為底，與藏譯本對校之後產生的新版，可以說是《維摩詰經》三家漢譯本之外，第四種漢譯本。詳細可參考：林純瑜：《龍藏‧維摩詰所說經考》，法鼓文化出版，2001 年 11 月；林純瑜：《《龍藏‧維摩詰所說經》的形成——核心人物與重修緣起〉，《維摩經與東亞文化國際學術研討會會議論文集》，宜蘭：佛光大學。2015 年 10 月 3～4 日，頁 I1～I19。

〔註9〕橋本芳契：《維摩經による佛教》，大阪：東方出版社。1988 年 10 月 25 日，頁 5。

〔註10〕〔吳〕支謙：《佛說維摩詰經》，大正藏第 14 冊，474 經。

〔註11〕〔姚秦〕鳩摩羅什：《維摩詰所說經》，大正藏第 14 冊，475 經。

〔註12〕〔唐〕道宣：《大唐內典錄》卷 6：「《毘摩羅鞊經》（二卷五十二紙），吳黃武年支謙於武昌譯。《維摩詰所說經》（三卷六十一紙），後秦弘始年羅什於逍遙

何為「同本異譯」？此一詞可見於《出三藏記集》卷8：

> 同本人殊出異，或辭句出入，先後不同；或有無離合，多少各異；
> 或方言訓古，字乖趣同；或其文胡越，其趣亦乖；或文義混雜，在
> 疑似之間。〔註13〕

同一個版本由於翻譯者不同，而有辭句、脫漏、訓詁、翻譯、文義上的差別，但大體上是相同的內容，是為「同本異譯」。然而，此「同本異譯」雖提及文句間的差異，卻忽略了印度佛典傳入中國時，可能產生的版本變遷與改易。此版本變動所造成的差異，不一定是翻譯者的缺失，可能是從翻譯者所根據的「底本」已有不同而有「異譯」。

目前所知最初的《維摩詰經》漢譯本翻譯於西元 222～229 年，對比《維摩詰經》約略成立於西元 1～2 世紀，可知中期大乘時期（約 3～5 世紀）才出現的唯識思想的主要議題，如八識、三性／三無性等尚未出現，據此可知《維摩詰經》不可能闡發唯識思想，而推論《維摩詰經》傳入中國時並不被認為是唯識學經典。那麼，便可依據三家漢譯本和梵本寫本的梵漢對比中，考察玄奘是否由於個人的學養背景，而在翻譯《說無垢稱經》時揉譯入唯識學的術語？基於經錄中認為支謙譯本、羅什譯本與玄奘譯本為「同本異譯」，則可將三家漢譯本相互對照，從相似的段落中對比玄奘所使用的唯識字詞，再與梵文寫本對讀，找出可能的梵文字詞。然而，若是三家漢譯本各自差異甚大，也與梵文寫本不相似，則可能是傳播途中產生的差異，將另外討論。

本章著重於五個重點：1.唐以前《維摩詰經》的漢譯本；2.《說無垢稱經》的翻譯；3.《維摩詰經》最初傳入中國的語言版本；4.《維摩詰經》諸漢譯本非同本異譯諸論證；5. 玄奘譯本中所使用的唯識術語，以期對窺基的《說無垢稱經疏》有初步的理解。

第一節　唐代以前《維摩詰經》的漢譯本

歷代的《維摩詰經》漢譯本被收錄在以下所列的《大藏經》經錄內，如下表所示：

圓譯。《說無垢稱經》（六卷九十七紙），唐貞觀年玄奘於大慈恩寺譯。右三經
同本異譯。」大正藏第 55 冊，2149 經，頁 288b6-12。

〔註13〕〔梁〕僧祐：《出三藏記集》，大正藏第 55 冊，2145 經。

朝 代	作 者	經錄名	經錄寫定時間
梁代	僧祐	《出三藏記集》〔註14〕	梁武帝天監十四年（515 年）
隋代	法經等	《眾經目錄》〔註15〕	隋文帝開皇十四年（594 年）
	費長房	《歷代三寶記》〔註16〕	隋文帝開皇十七年（597 年）
	彥琮	《眾經目錄》〔註17〕	隋文帝仁壽二年（602 年）
唐代	靜泰	《眾經目錄》〔註18〕	唐高祖麟德元年（664 年）
	道宣	《大唐內典錄》〔註19〕	唐高祖麟德元年（664 年）
	靖邁	《古今譯經圖記》〔註20〕	唐高祖麟德元年（664 年）
	明詮	《大周刊定眾經目錄》〔註21〕	唐武則天天冊萬歲元年（695 年）
	智昇	《開元釋教目錄》〔註22〕	唐玄宗開元十八年（730 年）
	圓照	《貞元新定釋教目錄》〔註23〕	唐德宗貞元十五年（799 年）

　　自梁代到唐代，共有十一種經錄。本研究為集中討論，只取其中三部經錄作為《維摩詰經》的翻譯史史料根據，分別是：梁代僧祐的《出三藏集記》、隋代費長房的《歷代三寶記》和唐代智昇的《開元釋教錄》。選擇此三種的原因乃是《出三藏集記》為現存最早的完整經錄，〔註24〕有助於釐清早期《維摩詰經》譯本的相關資料；《歷代三寶記》雖在學界被認為是頗有爭議的經錄，但此錄多方蒐集了南北朝至隋的經錄，對於受到北魏太武帝和北周武帝毀佛重大打擊的佛教，有著補遺的功績；《開元釋教錄》則是集後漢到唐開元年間的經錄，訂定了漢文大藏經的分目標準，將大乘譯經分為「般若」、「華嚴」、「寶積」、「大集」、「涅槃」五種，成為後世大藏經的典範。據此三部經錄所記載的《維摩詰經》漢譯史表列如下：

〔註14〕〔梁〕僧祐：《出三藏記集》，大正藏第 55 冊，2145 經。
〔註15〕〔隋〕法經：《眾經目錄》，大正藏第 55 冊，2146 經。
〔註16〕〔隋〕費長房：《歷代三寶記》，大正藏第 49 冊，2034 經。
〔註17〕〔隋〕彥琮：《眾經目錄》，大正藏第 55 冊，2147 經。
〔註18〕〔唐〕靜泰：《眾經目錄》，大正藏第 55 冊，2148 經。
〔註19〕〔唐〕道宣：《大唐內典錄》，大正藏第 55 冊，2149 經。
〔註20〕〔唐〕靖邁：《古今譯經圖紀》，大正藏第 55 冊，2151 經。
〔註21〕〔唐〕明佺：《大周刊定眾經目錄》，大正藏第 55 冊，2153 經。
〔註22〕〔唐〕智昇：《開元釋教錄》，大正藏第 55 冊，2154 經。
〔註23〕〔唐〕圓照：《貞元新定釋教目錄》，大正藏第 55 冊，2157 經。
〔註24〕僧祐的《出三藏記集》第三章引用了道安編纂的《綜理眾經目錄》，故而可知在僧祐之前亦有經錄。只是道安所錄已經佚失，僧祐所引者殘缺不全，無法找到完整的流傳本。因此，將僧祐的《出三藏記集》視作為目前現存最古老的完整佛經目錄。

	梁・僧祐《出三藏集記》卷二	隋・費長房《歷代三寶記》卷四	唐・智昇《開元釋教錄》卷一
漢　嚴佛調	無	古《維摩經》二卷	古《維摩經》二卷
東吳　支謙	《維摩詰經》二卷	《維摩詰所說不思議法門經》三卷	《維摩詰經》二卷
晉　竺法護	《維摩詰經》二卷《刪維摩詰》一卷	《維摩詰所說法門經》一卷	《維摩詰所說法門經》一卷（又有《刪維摩詰經》）
西晉　竺叔蘭	《異維摩詰經》三卷	《異毘摩羅詰經》三卷	《異毘摩羅詰經》三卷
西晉　支敏度	《合維摩詰經》五卷	《合維摩詰經》五卷	無
東晉　祇多蜜	無	《維摩詰經》四卷	《維摩詰經》四卷
姚秦　鳩摩羅什	《新維摩詰經》三卷	《維摩詰經》三卷	《維摩詰所說經》三卷
唐　玄奘	無	無	《說無垢稱經》六卷

　　據上表可知《維摩詰經》自東漢到唐代，共有七次翻譯。支敏度是集支謙、竺法護、竺叔蘭三人的譯本為合本，故不列入翻譯次數。以下便從《維摩詰經》的漢譯本在三部經錄的記載差異，簡述此經在漢地的翻譯狀況。

　　首先討論的問題，是梁代僧祐的《出三藏記集》不曾記載，隋代費長房的《歷代三寶記》卻出現的嚴佛調本和祇多蜜本。日本學者木村宣彰認為嚴佛調和祇多蜜的譯本存在性值得懷疑。〔註25〕因為在目前所見中國歷史上最早的經錄《出三藏集記》卷2記載：「維摩詰經（小字注：支謙出維摩詰二卷；竺法護出維摩詰經二卷，又出刪維摩詰一卷；竺叔蘭出維摩詰二卷；鳩摩羅什出新維摩詰經三卷。）」，〔註26〕可見《三藏集記》中並未有東漢嚴佛調的古譯本和祇多蜜的四卷本《維摩詰經》，而是到隋代費長房的《歷代三寶記》才出現。在此按時代順序排列，先談嚴佛調本，之後再敘祇多蜜本的諸疑問。

　　東漢嚴佛調（生卒年不詳，譯經時約在漢靈帝時期156-189A.D.）確有其人，是中國古籍中記載最早參加佛經漢譯的中國僧人。梁代慧皎《高僧傳》卷1有其簡要生平：

　　　　優婆塞安玄，安息國人，性貞白，深沈有理致，博誦群經多所通習。

　　　　亦以漢靈之末，……玄與沙門嚴佛調共出《法鏡經》。玄口譯梵文，

<hr>

〔註25〕大正大學綜合佛教研究所梵語佛典研究會編：《『維摩經』『智光明經』解說》，東京：大正大學出版，2004年3月，頁16。

〔註26〕〔梁〕僧祐：《出三藏記集》，大正藏第55冊，2145經，卷2，14a19-20。

> 佛調筆受，理得音正，盡經微旨……世稱安侯、都尉、佛調三人傳
>
> 譯，號為難繼。……安公稱佛調出經，省而不煩，全本巧妙。[註27]

《法鏡經》現收於大正藏第 12 冊寶積部，[註28] 以眾比丘與甚理家（即那先比丘）的對答，談論在家、出家修行的要旨，類似《維摩詰經》的問答形式。當時世稱「安侯、都尉、佛調三人傳譯，號為難繼」，顯見安玄與嚴佛調的翻譯合作有一定的成績。此時翻譯是由外籍僧侶或居士口授，漢地僧侶筆受，雖是「理得音正，盡經微旨」，但仍存在語言隔閡，漢地僧侶不能自由地透過漢文閱讀。從道安稱許佛調譯經「省而不煩，全本巧妙」，可知他在遣詞用字上或許十分精確，文筆流暢，然而卻有著刪略過多、失去經文本義的隱憂。

《出三藏記集》內提到嚴佛調與安玄共譯《法鏡經》和《十慧》；[註29] 而後又記載嚴佛調做了〈沙彌十慧章句序〉。[註30] 由此可推測佛調與安玄共譯《十慧》之後，另外寫了章句，因而有〈序〉傳世。除此之外，並未找到更多嚴佛調譯經的記錄，更遑論翻譯《維摩詰經》的相關史事。

《歷代三寶記》的作者費長房，原為出家的翻經學士，北周時還俗，隋代時又重新出家，秉持「照時昏暗，同傳法流之潤洽世燋枯」的心願，於隋文帝開皇十七年（597 A.C.E.）集歷代眾經錄，寫成《歷代三寶記》。[註31] 其作令隋代從幾度毀佛的南北朝時期中保存佛教典籍的目錄，蒐羅廣博，唐代道宣就曾在《續高僧傳》中說此書「所在流傳，最為該富矣」。[註32] 然而，此書只與梁武帝天監十四年（515A.C.E.）出版的《出三藏集記》相隔八十年，卻較後者多出許多典籍紀錄，在真實性上有很大的疑慮。因此，道宣同時批

〔註27〕〔梁〕慧皎：《高僧傳》，大正藏第 50 冊，2059 經，324b25-c7。
〔註28〕〔漢〕安玄、嚴佛調共譯：《法鏡經》卷 1：「都尉口陳，嚴調筆受，言既稽古，義文微妙。」大正藏 12 冊，322 經。
〔註29〕〔梁〕僧祐：《出三藏記集》，大正藏第 55 冊，2145 經。「沙門嚴佛調都尉安玄共譯出，十慧是佛調所撰。」《十慧》指的是《沙彌十慧經》。（卷 2，6c5-6）。
〔註30〕〔梁〕僧祐：《出三藏記集》，大正藏第 55 冊，2145 經，卷 10，69a6。
〔註31〕〔唐〕道宣《續高僧傳》卷 2：「時有翻經學士成都費長房，本預細衣，周朝從廢。因俗傳通妙精玄理，開皇之譯即預搜揚，勒召入京，從例修緝，以列代經錄散落難收，佛法肇興年載蕪沒，乃撰三寶錄一十五卷。始於周莊之初，上編甲子，下舒年號，并諸代所翻經部卷目，軸別陳敘，函多條例。然而瓦玉雜糅，真偽難分得在通行，闕於甄異。錄成陳奏，下勒行之，所在流傳，最為該富矣。」大正藏第 50 冊，2060 經，436b6-14。
〔註32〕大正藏第 50 冊，2060 經，436b14。

評費長房的經錄「瓦玉雜糅，真偽難分」。〔註33〕其實，費長房在〈開皇三寶錄總目序〉已直接表示他的寫作取向：「失譯疑偽，依舊注之人，以年為先，經隨大而次」。〔註34〕雖然記錄許多前代未見的版本，卻失於疏濫。中國學者譚世保在《漢唐佛史探真》一書中對費長房的《歷代三寶記》做了詳細的研究，認為費長房所錄真偽混雜，〔註35〕不能盡信。其作所記載的嚴佛調古《維摩詰經》，出自於《古錄》和朱士行《漢錄》，又說出自《高僧傳》。但依據上文描述，《高僧傳》並未有嚴佛調翻譯《維摩詰經》的記載。費長房亦說明在經錄寫成之時，已然不見古《維摩經》。《古錄》和朱士行的《漢錄》也只出現於費長房的經錄中。譚世保經研究判定費長房所引《古錄》不可靠，此錄成立年代約在晉成帝康法隧之後到元嘉二十九年，並非費長房所上推的秦始皇時期，〔註36〕故就《古錄》的成立年代上，或許可以見到嚴佛調的古《維摩詰經》，但僅《歷代三寶記》有《古錄》孤證，後世均承襲費長房所言，無法斷定嚴佛調本的真實性。又，湯用彤《魏晉南北朝佛教史》認為：「至隋費長房始著錄其所譯《古維摩經》等六部，其中《內習波羅蜜經》，《安錄》入失譯中，不知長房何因知其為調所譯。餘五部多大乘經，布寺安侯、都尉風味，且早佚失，疑長房所言只系懸揣。」〔註37〕將嚴佛調的古本《維摩詰經》視作費長房偽托之作。〔註38〕

然而，日本學者辛嶋靜志在〈早期漢譯佛典的語言研究——以支婁佳讖及支謙的譯經對比為中心〉一文中，推測：「支謙譯《維摩詰經》也有可能是嚴〔佛調《古維摩詰經》」譯〔本〕的翻版。」〔註39〕又於〈試探《維摩詰經》

〔註33〕大正藏第 50 冊，2060 經，436b12-13。

〔註34〕〔隋〕費長房：《歷代三寶記》，大正藏第 49 冊，2034 經：「失譯疑偽，依舊注之人，以年為先，經隨大而次。」（卷 15，120c23-24）。

〔註35〕譚世保：《漢唐佛史探真》，中山大學出版社，1991 年，頁 27。

〔註36〕譚世保：《漢唐佛史探真》，頁 25～30。

〔註37〕湯用彤：《漢魏兩晉南北朝佛教史》，臺北：商務印書館，1991 年，頁 589～590。

〔註38〕也有學者持相反的觀點。何劍平在《中國中古維摩詰信仰研究》中，認為費長房所引《高僧傳》不是慧皎所作，而是裴子野的《眾僧傳》或虞孝敬的《高僧傳》，其中有關於嚴佛調譯《維摩詰經》的紀錄。此二本在唐初猶存，因此唐代經錄才會肯定嚴佛調古譯本的存在。（何劍平：《中國中古維摩詰信仰研究》，四川：巴蜀書社，2009 年 6 月，頁 34～37。

〔註39〕辛嶋靜志〈早期漢譯佛典的語言研究——以支婁迦讖及支謙的譯經對比為中心〉，《漢語史學報》，第 10 期，2010 年，頁 226～227。

的原語面貌〉一文，〔註40〕從音譯詞的角度考察支謙譯本保留了很多嚴譯原文，再次推論支謙譯本很可能是在嚴佛調譯本上修訂的翻版。國內學者萬金川於〈《維摩詰經》支謙譯本的點校——兼論該一經本的譯者歸屬及其底本語言〉〔註41〕提出慧皎《高僧傳》中兩筆資料：「竺法純」和「釋僧辯」，〔註42〕二者皆能頌《古維摩詰經》。依照時代訓序看來，則很有可能是嚴佛調的譯本。此外，涂豔秋的〈早期中國佛教注經方法研究：以第一階段為主〉，〔註43〕提及三國吳的陳慧在其作《陰持入經》中，曾引用《維摩詰經》的經文：「身身為窮，道會老死故」，卻無法在今本的《維摩詰經》找到此句。涂氏雖認為是陳慧引用支謙本「是身為窮道，為要當死」時，只引其意，未引詳細經文的錯誤。但亦可將之視為在支謙本前，尚有嚴佛調古譯的可能。綜上所述，雖然辛嶋氏和萬氏從佛經語言的角度推測，認為支謙本很有可能是嚴佛調本的「翻版」，但譚氏對於費長房《歷代三寶記》正確度的質疑亦說明嚴佛調本很可能是誤傳。至於嚴佛調本是否真實存在、支謙本是否立於嚴本上再行修改？都尚待更進一步的文獻出土與資料考證才能下定論。

　　歷史上，道安及僧祐皆把《維摩詰經》最早的譯者歸為三國吳的支謙（恭明），支敏度和慧皎亦是如此。故而現存最早的《維摩詰經》版本，應是支謙的《佛說維摩詰經》。支謙，一名越，字恭明。《魏書》〈釋老志〉中提及其譯經事蹟：

　　　晉元康中，有胡沙門支恭明譯佛經《維摩》、《法華》、三《本起》

〔註40〕辛嶋靜志：〈試探《維摩詰經》的原語面貌〉，《佛光學報》，新一卷，第二期，2015 年 7 月，頁 73～100。

〔註41〕萬金川：〈《維摩詰經》支謙譯本的點校——兼論該一經本的譯者歸屬及其底本語言〉，《佛光學報》，《佛光學報》，新一卷，第二期，2015 年 7 月，頁 183～184。

〔註42〕萬金川：〈《維摩詰經》支謙譯本的點校——兼論該一經本的譯者歸屬及其底本語言〉，頁 212。引用《高僧傳》卷 12：「竺法純，未詳何許人。少出家，止山陰顯義寺。苦行有德，善誦古維摩經。」卷 13：「釋僧辯，姓吳，建康人，出家止安樂寺。……永明七年二月十九日，司徒竟陵文宣王，夢於佛前詠維摩一契，同聲發而覺，即起至佛堂中，還如夢中法，更詠古維摩一契。……辯傳古維摩一契，瑞應七言偈一契，最是命家之作。」〔梁〕慧皎：《高僧傳》，大正藏第 50 冊，2059 經，324b25-c7。

〔註43〕涂豔秋：〈早期中國佛教注經方法研究：以第一階段為主〉，《維摩經與東亞文化國際學術研討會會議論文集》，宜蘭：佛光大學。2015 年 10 月 3～4 日，頁 P5。

〔註44〕等。微言隱義，未之能究。〔註45〕

支謙是大月支國的後裔，先祖於漢獻帝末年大亂時，避居東吳，是而支謙生長於中國，精通漢語。其從東吳黃武元年（222-229 A.C.E.）至吳廢帝建興中（252-253 A.C.E.），翻譯經典，於晉元康（291-299 A.C.E.），譯出《佛說維摩詰經》。辛嶋靜志指出支謙對於印度語言不甚熟悉，但因生長於江南而精通漢語，因此譯經通暢自然。〔註46〕但因為對印度語文的陌生，其譯本失於「微言隱義，未之能究」。漢譯佛典最初在語言和義理產生巨大的鴻溝，固然中國和外國僧侶都致力於學習對方的語言，試圖跨越語言的障礙，〔註47〕依舊是難以將義理用流暢的漢文表達。此外，關於支謙譯本是否真為支謙所譯。釋果樸在《敦煌寫卷 P3006「支謙」本《維摩詰經》注解考》中，〔註48〕認為支謙的《維摩詰經》譯本與其他支謙所譯佛經在用語上不相合，懷疑此本應是竺法護的譯本。然而，美國學者 Jan Nattier 提出支謙承襲安玄和嚴佛調的譯法，把「觀世音」譯做「闚音」，但竺法護把「觀世音」譯做「光世音」，顯見支謙譯文的特性在《維摩詰經》中展現，不應將之視作竺法護的譯作。〔註49〕辛嶋靜志則認為支謙本是立足於嚴佛調本的「翻版」。萬金川同意 Jan Nattier 的說法，在〈文本對勘與漢譯佛典的語言研究——以《維摩經》為例〉一文中肯定支謙本確實是支謙所譯。〔註50〕但萬氏 2015 論文〈《維摩詰經》支謙譯

〔註44〕指《太子瑞應本起經》。〔吳〕支謙譯：《太子瑞應本起經》，大正藏第 3 冊，185 經。

〔註45〕〔北齊〕魏收：《魏書》，北京：中華書局，2011 年，頁 3029。

〔註46〕參考辛嶋靜志：〈試探《維摩詰經》的原語面貌〉，頁 183～184；何劍平：《中國中古維摩詰信仰研究》，頁 226～227。「支謙印度語言的知識雖然貧乏，常把梵語、犍陀羅語、中亞語言混淆為一體，但由於支謙出生於中國，精通漢語文言，且具有避俗求雅的語言能力，所以支謙翻譯的佛典語言通暢自然，他在翻譯時基本沒有參照原典，而是很大程度上把支婁迦讖譯經進行了『中國化』」。

〔註47〕如曇無讖，學漢語三年才提筆翻譯《涅槃經》。紀錄於慧皎《高僧傳》卷 2：「讖以未參土言，又無傳譯，恐言舛於理，不許即翻，於是學語三年，方譯寫初分十卷。」（大正藏第 50 冊，2059 經，336a22-24）。

〔註48〕釋果樸：《敦煌寫卷 P3006「支謙」本《維摩詰經》注解考》，臺北：法鼓出版，1998 年。

〔註49〕Nattier, Jan：*A Guide to the Earliest Chinese Buddhist Translations*, The International Research Institute for Advanced Buddhology, Soka University, Tokyo，2008 年，頁 140。

〔註50〕萬金川：〈文本對勘與漢譯佛典的語言研究——以《維摩經》為例〉，《正觀雜誌》，第 69 期，2014 年 6 月，頁 38。

本的點校——兼論該一經本的譯者歸屬及其底本語言〉卻綜合上述三位學者的看法，〔註51〕提出「混和文本」的觀點，認為現存傳世的支謙本或許如《乾隆大藏經》所收的《維摩詰所說大乘經》一般，是依一個底本，進行增刪修改的文獻彙編，因而具有嚴佛調古譯、支謙潤飾、竺法護和竺叔蘭的譯文，不完全是最原始的支謙譯本。對於支謙本是否為支謙所譯的疑問，學者說法紛紜，尚待更一步的考證。

此外，敦煌出土、麟嘉五年（393 A.C.E.）的《佛說維摩詰經》寫本（上博2405）是現存最早的《維摩詰經》寫本，也是四世紀僅見具有明確紀年的《維摩詰經》寫本。卷首僅存〈弟子品〉部份經文，其餘〈菩薩品〉、〈諸法言品〉、〈不思議品〉皆保存完好，此寫本和現今大正藏收錄的支謙本《佛說維摩詰經》內容幾乎相同，可見在莫高窟營建之初，東晉盛行的支謙本就已經在敦煌地區傳抄。〔註52〕因此，支謙本在經錄與出土文獻相互印證下，是為現今最早的漢譯《維摩詰經》，但其影響力很快被姚秦鳩摩羅什新譯的《維摩詰經》取代，因而現存於敦煌的支謙譯本之寫本數量並不多。

竺法護有《維摩詰經》二卷和《刪維摩詰經》一卷。《出三藏記集》卷13描述其學習歷程：

> 護乃慨然發憤志弘大道，遂隨師至西域，遊歷諸國。外國異言三十有六，書亦如之，護皆遍學，貫綜古訓，音義字體，無不備曉。遂大齎胡本，還歸中夏。自燉煌至長安，沿路傳譯，寫以晉文。所獲覽即《正法華》、《光讚》等一百六十五部。〔註53〕

竺法護原先為漢人，八歲時依竺高座出家，從師姓竺。竺法護遍學西域諸國語言，得以攜大量的胡本回到中原，並沿路翻譯成「晉文」——西晉時中原地區所使用的語言。此史料顯示兩個意義：一是中國僧侶逐漸習得佛典語言，不一定要借助外國僧侶的力量翻譯佛經；其次，竺法護攜帶的佛經是「胡本」，代表《維摩詰經》的底本有可能是西域三十六國所翻譯的西域語言版本，而非梵本？此問題將到下節《維摩詰經》的版本語言時一併討論。

〔註51〕萬金川：〈《維摩詰經》支謙譯本的點校——兼論該一經本的譯者歸屬及其底本語言〉，頁214～219。

〔註52〕鄔清泉：《虎頭金粟影——維摩詰變相研究》，北京：北京大學出版，2013年5月，頁30～31。關於上博2405號支謙本的研究開展，可參考緒論中萬金川和孫致文的論文。

〔註53〕〔梁〕僧祐：《出三藏記集》，大正藏第55冊，2145經，頁326c8-13。

　　竺法護翻譯二卷本《維摩詰經》後，又整理出《刪維摩詰經》。僧祐《出三藏集記》注曰：「先出維摩，煩重，護刪出逸偈。」〔註54〕可見《刪維摩詰經》是就《維摩詰經》二卷本進行刪減，並非重新翻譯，然此兩本均已佚失。

　　從外國居士和漢地僧侶共同譯經，到漢地僧侶自力學習佛典語言以翻譯佛經，其後開始出現原籍外國的漢地居士參與佛經的漢譯。由此可推測西域等外國民族有部份逐漸往中原遷移，其後代子孫可以同時通達兩種語言。梁代慧皎《高僧傳》卷4所記載的竺叔蘭即是原籍天竺的僧侶：

> 時河南居士竺叔蘭，本天竺人，父世避難，居于河南。……善於梵漢之語。有無羅叉比丘，西域道士，稽古多學，乃手執梵本，叔蘭譯為晉文，稱為《放光波若》。〔註55〕

因父輩在天竺遭難，避居河南，來自天竺卻生長在中原的竺叔蘭，對梵漢兩種語言運用自如，可與西域僧侶無羅叉共同翻譯經典。關於竺叔蘭的翻譯水準，在僧祐的《出三藏記集》頗受嘉許：

> 以晉元康元年，譯出放光經及異維摩詰十餘萬言，既學兼胡漢，故譯義精允。〔註56〕

他的譯經被評價為「譯義精允」，由此或可推測出身異族家庭的居士，由於成長背景的原因，能掌握梵漢雙語，使得佛典的經義更能準確地轉譯成漢文。

　　在支謙、竺法護、竺叔蘭三種版本問世後，支敏度將此三本合為一本，有序說明如下：

> 余是以合兩令相附，以明所出為本，以蘭所出為子，分章斷句，使事類相。令尋之者，瞻上視下，讀彼案此足以釋乖迁之勞。〔註57〕

支敏度以支謙（恭明）本為底本，合竺法護、竺叔蘭兩本為參考，便於排列檢索。顯見三者譯文並不相同，且在閱讀上有相當的難度。「合本」的出現表示東晉時期的僧侶們在無法掌握佛典語文，也無法詢問天竺僧侶的困境中，採取整合幾個「同本異譯」的版本的方法，試著從對應的文字中找尋經典所要

〔註54〕〔梁〕僧祐：《出三藏記集》，大正藏第55冊，2145經，頁8c16。
〔註55〕〔梁〕慧皎：《高僧傳》，大正藏第50冊，2059經，頁346c1-6。
〔註56〕〔梁〕僧祐：《出三藏記集》，大正藏第55冊，2145經，頁98c6-8。
〔註57〕〔梁〕僧祐：《出三藏記集》，大正藏第55冊，2145經，頁58c3-6。

表示的思想。〔註58〕E. Zürcher 的《佛教征服中國》一書認為「合本」是將數個版本中挑選一個母本，逐句加上其他文本的歧異。〔註59〕支敏度的《合維摩詰經》五卷本已佚失，不能知曉其排列方式是否和 E. Zürcher 所說的一樣，但可知在東晉時，研讀《維摩詰經》者已對於翻譯產生焦慮，希望能有更接近原典本義的解釋。

東晉祇多蜜的《維摩詰經》四卷本，與嚴佛調相同，被學者懷疑是費長房誤錄之作。〔註60〕關於祇多蜜在歷史上所能找到的資料比嚴佛調更少。梁代《高僧傳》無此人的傳記，只在《出三藏記集》記錄祇多蜜翻譯〈普門品〉一卷，〔註61〕但在《歷代三寶記》中，祇多蜜的翻譯數量卻高達二十五部共四十六卷。《歷代三寶記》只註明東晉祇多蜜的《維摩詰經》四卷本是第三次翻譯，並未說明這是從何而來的記錄，而唐代智昇的《開元釋教錄》則註記了祇多蜜的記錄是參考費長房的記載，並未真正見到此一記錄。〔註62〕顯見祇多蜜本在歷史上是否真實存在，有很大的疑義。至於東晉祇多蜜是否曾翻譯過《維摩詰經》，由目前所能掌握的材料推測，這似乎是《歷代三寶記》的

〔註58〕萬金川：〈《維摩詰經》支謙譯本的點校——兼論該一經本的譯者歸屬及其底本語言〉，頁111。引文如下：「西元四世紀初，東晉時期的僧侶們在解讀這些不同譯本所出文句之際，由於無法直接掌握原典語文，乃至未能值遇可資問道的東來梵僧，於是若干學問僧之間便藉由所謂『合本』的文獻彙編方式，透過『分章斷句』的手段而整合《維摩詰經》同本異譯的經文，並嘗試藉由『事類相從』的文句對照，而達到『瞻上視下，讀彼案此』的對照效應，以求在經典文句乃至其所表出的思想上，可以獲至『參考按異，極數通變……闢大通於未寤，閱同異於均致』的理解高度。」

〔註59〕萬金川：〈《維摩詰經》支謙譯本的點校——兼論該一經本的譯者歸屬及其底本語言〉，頁217。E. Zürcher 著，李四龍譯：《佛教征服中國》，南京：江蘇人民出版社，2003年，頁124。引文如下：「儘管（合本）這種工作最初不是為文獻學的目的而作，但它們在早期中國佛教中起了特殊而又重要的作用。只要沒有外國法師當場口解，中國的注釋者就只好通過仔細比較當時存在的某部經典的各種漢譯本，儘可能地找出與原義最為相近的意思。與一個已證實是始自公元三世紀初的習慣相一致（指傳說中的《合為密持經》），這些版本中的一個被當作母本。如果有歧義，就會逐句加上其他文本；小的差別未被列出。」

〔註60〕參考木村泰賢著，演培法師譯：《大乘佛教思想論》，日本學者木村宣彰認為費長房《歷代三寶記》所錄嚴佛調本和祇多蜜本的真實性值得懷疑。

〔註61〕〔梁〕僧祐：《出三藏記集》，大正藏第55冊，2145經，14b28。引文如下：「普門經（竺法護出普門品一卷祇多蜜出）。」

〔註62〕〔唐〕智昇：《開元釋教錄》，大正藏第55冊，2154經。

失誤。然而囿於證據不足，也僅是推測。〔註63〕

翻譯的困難被鳩摩羅什打破，其中主要原因應是譯場的建立和政權的扶持。姚秦政權的統治者篤信佛教，提供許多資源，翻譯水準自然提高。鳩摩羅什於弘始八年譯《新維摩詰經》，這是歷史上第六次的翻譯。其重譯的原因可從僧叡〈毗摩羅詰提經義疏序〉中看出：

> 既蒙鳩摩羅法師正玄文、摘幽指，始悟前譯之傷本，謬文之乖趣耳。
> 〔註64〕

鳩摩羅什以龜茲僧侶的學識背景譯經，也許較居士更具有佛學素養，能切入經文的要旨。然而，羅什不甚熟諳漢文，因此他的翻譯採取「譯講同施」的方式，令弟子筆受。故而羅什講經時十分精彩，卻不能全然肯定弟子所寫的譯本合乎他的本意。

《魏書》在〈釋老志〉記載了僧肇《注維摩詰經》：

> 羅什之撰譯，僧肇常執筆，定諸辭義，注維摩經，又著數論，皆有
> 妙旨，學者宗之。〔註65〕

僧肇作為羅什主要的筆受弟子，其《注維摩詰經》依文注疏，文字條理分明，亦是羅什本盛行的助因之一。敦煌寫卷中《維摩詰經》的注疏，多是依據羅什本疏解。由此可知羅什本對中國維摩詰信仰造成極大的影響力。

以上是唐以前《維摩詰經》的翻譯概況。至唐代智昇編定的《開元釋教錄》記載《維摩詰經》翻譯狀況是「前後七譯，三存四闕」，〔註66〕憑據大抵出自於僧祐的《出三藏集記》或費長房的《歷代三寶記》。眾經錄雖記錄《維摩詰經》七次翻譯，現今卻只留存了三本《維摩詰經》的譯本，因此，七譯中有四譯是目前無法見到的，難以就文獻資料判定翻譯的內容，或者翻譯的品質，只能從經錄中略窺歷史上曾經存在的痕跡。

下節將從唐代玄奘譯的《說無垢稱經》進行探討。

〔註63〕亦有學者持肯定的觀點，認為雖現今無法從文獻學中考證，但費長房作《歷代三寶記》時，部份經錄或許仍可以取得，而這些佚失的經錄便記載祇多蜜四卷本《維摩詰經》，也許是被羅什本掩蓋，遂佚失於歷史之中。因此需有進一步的出土文獻或文獻考證，才能更確切地判定祇多蜜本的真偽。

〔註64〕〔梁〕僧祐：《出三藏記集》，大正藏第55冊，2145經，頁58c25-27。

〔註65〕〔北齊〕魏收：《魏書》，頁3031。

〔註66〕〔唐〕智昇：《開元釋教錄》，大正藏第55冊，2154經，頁629a15。

第二節 《說無垢稱經》的翻譯

　　《維摩詰經》在唐之前經過六次翻譯，第七次翻譯，亦即歷史上最後一次翻譯，是唐代玄奘所譯的《說無垢稱經》。本節將由玄奘的生平開始，簡述《說無垢稱經》的翻譯背景，及其與現存支謙本、羅什本和梵本對比後得出的《維摩詰經》「同本異譯」、《維摩詰經》底本的語言和玄奘是否使用唯識學術語譯經諸問題。

一、玄奘生平

　　玄奘（600～664），俗姓陳，名禕，河南偃師人，中國重要的譯經家。紀錄其生平的史料，依楊廷福《玄奘年譜》所記〔註67〕，可見於下表：

朝　代	作　者	書　名
唐	道宣	《續高僧傳》卷4《玄奘傳》〔註68〕 《大唐內典錄》卷5〔註69〕
	慧立著、彥悰箋	《大慈恩寺三藏法師傳》〔註70〕
	冥祥	《大唐故三藏玄奘法師行狀》〔註71〕
	靖邁	《古今譯經圖記》卷4〔註72〕
	道世	《法苑珠林》〔註73〕
	智昇	《開元釋教錄》〔註74〕
	圓照	《大唐貞元續開元釋教錄》〔註75〕
	明佺	《大周刊定眾經目錄》〔註76〕
後晉	劉昫等	《舊唐書》卷191〈方伎·僧玄奘〉〔註77〕
宋	志磬	《佛祖統紀》卷39〔註78〕

〔註67〕楊廷福：《玄奘年譜》，上海：古籍出版社。2011年12月，頁1。
〔註68〕大正藏第50冊，2060經，436b6-14。
〔註69〕〔唐〕靜泰：《眾經目錄》，大正藏第55冊，2148經。
〔註70〕〔唐〕慧立著、彥悰箋：《大慈恩寺三藏法師傳》大正藏50冊，2053經。
〔註71〕〔唐〕冥祥：《大唐故三藏玄奘法師行狀》大正藏50冊，2052經。
〔註72〕〔唐〕道宣：《大唐內典錄》，大正藏第55冊，2149經。
〔註73〕〔唐〕道世：《法苑珠林》大正藏53冊，2122經。
〔註74〕〔唐〕明佺：《大周刊定眾經目錄》，大正藏第55冊，2153經。
〔註75〕〔唐〕圓照：《貞元新定釋教目錄》，大正藏第55冊，2157經。
〔註76〕〔唐〕靖邁：《古今譯經圖紀》，大正藏第55冊，2151經。
〔註77〕〔後晉〕劉昫：《舊唐書》卷191，北京：中華書局，1975年，頁5108～5109。
〔註78〕〔宋〕志磬：《佛祖統紀》卷39，大正藏49冊，2035經。

元	念常	《佛祖歷代通載》〔註79〕
	覺岸	《釋氏稽古略》卷3〔註80〕
明	明成祖	《神僧傳》卷6〔註81〕

　　至於現代有關玄奘生平的專書，可見日本學者佐伯定胤、中野達慧共同編《集玄奘三藏師資傳叢書》〔註82〕和光中法師編《唐玄奘三藏傳史彙編》。〔註83〕相關論述則有岡部和雄、田中良昭在《中國佛教入門》所列：深浦正文〈玄奘の事蹟〉、結城令文〈玄奘とその學派の成立〉、宇井伯壽〈玄奘三藏翻譯歷〉、袴谷憲昭〈將來の原典翻譯とその概觀〉、鎌田茂雄〈玄奘の翻譯大事業〉等。〔註84〕以下簡述玄奘法師生平。

　　玄奘生於隋開皇二十年（600 A.C.E.），卒於唐麟德元年（664 A.C.E.）。十歲時父親過世，跟隨二哥長捷到洛陽淨土寺為少年行者。十三歲時由大理寺卿鄭善果錄取，正式在淨土寺出家，法名玄奘。自少年時期到西行前，學習《涅槃經》、《攝大乘論》、《成實論》、《俱舍論》等佛教大小乘經論和南北道地論師、攝論師諸家的學說，已然是相當出名的佛教學者。玄奘在二十八歲時毅然決定遠赴天竺，經過兩年，三十歲時抵達迦濕彌羅國闍那因陀羅寺學習梵文經藏，在前往那爛陀寺的途中四處遍學，遊覽佛教歷史遺跡。三十二歲始在那爛陀寺隨戒賢法師學《瑜伽論》，經五年學習《順正理論》、《因明學》、婆羅門教經典和印度語言學等。三十七歲離開那爛陀寺周遊印度求學，四十一歲時決意返回中原，一路受到諸國挽留，直至四十六歲行抵長安。是年開始譯經，直至逝世前一個月止，共譯出大小乘佛教經、律、論七十四部一千三百三十五卷，撰寫《大唐西域記》十二卷。他隨經宣說教法，並在譯場內培養出影響後世的學者，如延續唐代唯識學窺基、新羅僧侶圓測、日本法相宗開祖道昭，俱是出自玄奘的門下。玄奘的一生由西行劃分兩個時期：前期是個人的修業，後期是專注於翻譯、講學、著作等推廣佛法的事業。

〔註79〕〔元〕念常：《佛祖歷代通載》大正藏49冊，2036經。
〔註80〕〔元〕覺岸：《釋氏稽古略》卷3 大正藏49冊，2037經。
〔註81〕〔明〕明成祖：《神僧傳》卷6（大正藏50冊，2064經。
〔註82〕佐伯定胤、中野達慧編：《玄奘三藏師資傳叢書》，大正藏88冊，1651經。
〔註83〕光中法師：《唐玄奘三藏傳史彙編》，臺北：東大圖書，1989年9月。
〔註84〕岡部和雄、田中良昭著，辛如意譯：《中國佛教入門》，臺北：法鼓文化，2013年6月，頁307～308。

　　玄奘譯經可以說是最重要的貢獻。〔註85〕玄奘的譯場自唐太宗貞觀十九年（645 A.C.E.）四月開始組織，五月首譯《大菩薩藏經》，到高宗麟德（664 A.C.E.）元年正月初一翻譯《咒五首經》為止，共歷時十八年七個月。〔註86〕依玄奘所譯經論內容，其譯場翻譯的著重點可分為三個階段：第一階段（645-656 A.C.E.）譯法相唯識學，第二階段（656-659 A.C.E.）譯阿毗達磨諸類，第三階段（659-664 A.C.E.）譯《大般若經》系。〔註87〕唐代譯場改變了羅什譯場「譯講同施」的方式，改為專家小型譯場〔註88〕。玄奘嚴格執行譯經計畫，從《大慈恩寺三藏法師傳》可看出玄奘忙碌的日常生活：

> 自此（唐太宗過世）之後，專務翻譯，無棄寸陰。每日自立程課，若晝日有事不充，必兼夜以續之。過乙之後方乃停筆，攝經已復禮佛行道，至三更暫眠，五更復起，讀誦梵本，朱點次第，擬明旦所翻。每日齋訖，黃昏二時講新經論，及諸州聽學僧等恒來決疑請義。〔註89〕

　　在唐太宗過世後，玄奘返回慈恩寺專心譯經。玄奘十分忙碌，每日除翻譯外，還需「禮佛行道」、「講新經論」、「決疑請義」。然而，他自有譯經進度，若是白日過於繁忙，必定「兼夜以續之」。在此繁忙的生活中，能推行翻譯計畫，即是得力於小譯場的高效率。

　　玄奘是譯場中的核心人物。《續高僧傳》中提及玄奘主譯的重要性如下：

> 自前代已來所譯經教，初從梵語倒寫本文，次乃迴之，順同此俗，然後筆人亂理文句，中間增損，多墜全言。今所翻傳，都由奘旨，意思獨斷，出語成章，詞人隨寫，即可披翫。〔註90〕

〔註85〕關於玄奘所翻譯的經論與年代，可參考吉村誠在〈中国唯識思想の展開〉一文中所整理之圖表。（《唯識の瑜伽行》，東京：春秋社。2012 年 8 月，頁 272 ～273。）

〔註86〕王亞榮：《長安佛教史論》，北京：宗教文化出版社。2005 年 8 月，頁 86。

〔註87〕王亞榮：《長安佛教史論》，頁 87。

〔註88〕王文顏：《佛典漢譯之研究》，臺北：天華出版，1984 年 12 月，頁 154～160。說明小譯場的演進原因有五：1. 譯講同施失去時代效益 2. 漢譯佛典已能充分反應佛教思想 3. 朝廷掌握譯經工作 4. 成為專職專家小譯場提高工作效率 5. 小譯場避免干擾。皆反映了玄奘之所以能譯出大量佛經的背後因素。

〔註89〕〔唐〕慧立著、彥悰箋：《大慈恩寺三藏法師傳》大正藏 50 冊，2053 經，頁 260a17-23。

〔註90〕大正藏第 50 冊，2060 經，頁 455a24-28。

由於鳩摩羅什不甚精通漢文，羅什譯場是由僧肇等弟子筆受，再將譯好的漢文本重新翻回梵文，以檢查是否符合原意。然而此方法貌似準確，卻是同樣的團體操作，也就是說，翻譯者自行檢查譯作，難免有盲點。因而有「亂理文句，中間增損，多墜全言」的毛病。玄奘因精通梵漢，一切梵文的漢譯皆直接出自玄奘，筆受者只要依照說的書寫即可，如是降低主譯和筆受之間翻譯和書寫的落差。〔註91〕

玄奘譯本著重在照實翻譯，因其不受語言的限制而有較高的理解程度。但玄奘對於翻譯的態度，在比對經論的梵本及其所完成的漢譯後，可看出他並非完全直譯，有時他也會增加自身所體悟的意涵。如霍韜晦對於玄奘將梵文 *pariṇāma* 譯為「能變」，是「把識轉化之存有層理解為識自身，不合世親原意」，因此將 *pariṇāma* 改譯為「識轉化」。〔註92〕

針對玄奘翻譯的疑問，可從玄奘如何學習梵文的過程稍作探討。玄奘在天竺遊學十九年，最初又是怎麼習得梵文的呢？若是一開始玄奘學習的梵文不是全面的梵文文法，是否對翻譯造成語言上的問題？關於這典，慧立在《大唐大慈恩寺三藏法師傳》記錄了唐代可獲得的梵文教材：

> 昔成劫之初，梵王先說具百萬頌，後至住劫之初，帝釋又略為十萬頌，其後北印度健馱羅國婆羅門觀羅邑波膩尼仙又略為八千頌，即今印度現行者是。近又南印度婆羅門為南印度王復略為二千五百頌，邊鄙諸國多盛流行，印度博學之人所不遵習，此並西域音字之本。……法師皆洞達其詞，與彼人言清典逾妙。如是鑽研諸部及學梵書，凡經五歲。〔註93〕

簡略地說明玄奘學習梵文的教材，是北印度波膩尼（*Pāṇini*）自十萬頌刪略而成的八千頌，為當時印度所採用的《波膩尼經》（*Pāṇinisūtra*）略本。中國學

〔註91〕黃寶生：《梵漢對勘維摩詰所說經》，北京：中國社會科學出版社，2011 年，頁 23。「造成鳩摩羅什和玄奘翻譯風格的差異，其中重要的原因就是鳩摩羅什的翻譯，在轉換成漢語這個關節上，倚重筆受。那些筆受並不通曉梵語，而是經過與鳩摩羅什討論，領會意義後，直接用漢語表達，不怎麼受梵語原文的束縛。而玄奘的腦子裡始終裝著梵語原文，也就會力求完整無缺地譯出。」

〔註92〕霍韜晦：《安慧「三十唯識釋」原典譯註》，香港：中文大學出版社，1980 年，頁 36。

〔註93〕〔唐〕慧立著、彥悰箋：《大慈恩寺三藏法師傳》大正藏 50 冊，2053 經，頁 239a10-16～頁 239b28-29。

者李煒在《早期佛經的來源與翻譯方法初探》中考證此略本，主要是動詞語根與後綴的組合及名詞的格變化，並未包含全部的梵文文法。〔註94〕另外，尚有南印度婆羅門進一步刪略而成的二千五百頌，此本已非正統的梵文文法，故僅流行於印度邊境諸國，不為印度博學之人所接受。然而，此本卻是西域音字的創造依據，因此可推測，西域的文字和梵文有相當密切的關係。這或許可以說明：西域僧侶寫經所用的文法，乃是摻雜梵語和西域方言的「佛教混和梵語」。按引文所述，即便是玄奘所學習的梵文，也不盡然是完整的梵文文法，就連印度本土的梵文教材，亦有詳略之分。此外，慧立還記錄了《記論略經》一千頌、字體三百頌、《間擇迦》三千頌、《溫那地》二千五百頌和《八界論》八百頌，說明梵語除了文法之外，對於書寫的字體源流也使用偈頌以協助學習。這或許可以借證，在中國將佛典書面化之前，印度佛教主要倚靠口傳流通的歷史。〔註95〕從追究玄奘的梵文學習教材或許可以推測：精通梵漢的玄奘，所學僅在佛教梵文方面，並不是全然學習了梵文文法。加以譯場中並未有可和玄奘的梵文程度相比擬的人才，從上揭《續高僧傳》引文中的「今所翻傳，都由奘旨，意思獨斷，出語成章」，可知玄奘的翻譯主要借他個人之力達成。也許《說無垢稱經》可由現存的梵文寫本，進一步對照考察玄奘的翻譯是否完全從梵文直譯，一經譯出，即成文章，不必再修改。又或者如前述玄奘對唯識三性之翻譯為證，在部份佛教術語的解釋上，玄奘添加了他個人的意見，不完全符合梵文的原意。

　　唐永徽元年（650 A.C.E.）二月八日到八月一日，玄奘於大慈恩寺翻經院重譯《說無垢稱經》六卷，由沙門大乘光筆授。以下便探討為何六譯之後，玄奘要再從事《維摩詰經》的第七次翻譯。

二、重譯的原因

　　過去日本學者河口慧海、戶田宏文、中村元對照藏譯本《維摩詰經》，認為羅什本帶有濃烈的個人風格、且充滿強烈的入世性格，翻譯上明顯朝向漢

〔註94〕李煒：《早期佛經的來源與翻譯方法初探》北京：中華書局，2011 年 10 月，
　　　　頁 21。
〔註95〕辛嶋靜志〈誰創造了大乘經典——大眾部與方等經典〉一文，認為最早的大
　　　　乘佛經是口傳。且支謙所譯的《維摩詰經》即是紀錄混合犍陀羅語的口傳的
　　　　文本。（《維摩經與東亞文化國際學術研討會會議論文集》，宜蘭：佛光大學，
　　　　2015 年 10 月 3～4 日，頁 A1～A26。）

地文化，〔註96〕施予強烈的批評。然而，在 2004 年日本大正大學出版《梵漢藏对照「維摩詰經」》、2006 年出版《梵文維摩経——ポタラ宮所藏写本に基づく校訂》兩本現存最早的《維摩詰經》梵文校訂本後，〔註97〕這樣的論點是否依然強而有力，或許有更多層面可以對照。

羅什本最大的問題也許不是羅什對於《維摩詰經》原本的解讀，而是門人筆受刊定潤文，最後能否符合原意？萬金川〈梵本《維摩經》的發現與文本對勘研究的文化與思想轉向〉一文中，對於羅什本在「『譯講同施』的『口頭傳播』之下，經由其門弟『筆受』、『刊定』與『潤文』之類的『書面操作』，而後方告問世的一種後製作性極強的『書面文本』，而這種經過助譯人員加工的『書面文本』能否印合其原初的『口頭文本』，基本上是難以獲得任何確切保證的。」〔註98〕藉此可知，在羅什譯講同施的譯場，採取口述、弟子筆受的方式，往往可能因為弟子的知識不足或口音偏誤，發生經文錯解誤譯的問題。此外，萬氏也提到羅什對於梵文經本進行的「深度詮釋」，有可能是一種「過度詮釋」。〔註99〕

玄奘重譯《維摩詰經》的原因或許還包括了個人因素，《續高僧傳》記其十一歲（610 A.C.E.）時，曾在洛陽淨土寺誦《維摩》、《法華》。〔註100〕少年時期的誦讀所積累的問題和疑惑，可能使得玄奘有重新翻譯的企圖。當然，《維摩詰經》在中原的廣泛流行，或許是更為有力的因素。

大鹿實秋〈維摩經における玄奘譯の特質〉歸納玄奘的翻譯特質為：1. 增補前譯本之不足；2. 忠於原典。〔註101〕玄奘自身對於羅什本的批判不能從《說無垢稱經》中看出端倪，倒是可以從窺基的《說無垢稱經疏》略知羅什本的兩處缺失：其一是教名不同，其二是品名不同。以下便從這兩點比較羅什本和玄奘本的差異，輔之以支謙本及現存梵本，以理解窺基對於羅什的批評。須注意的是，本研究梵漢對比所使用的梵文版本是日本大正大學的《梵

〔註96〕　《維摩經與東亞文化國際學術研討會會議論文集》，頁 155～156。
〔註97〕　此梵文寫本約寫於 11～12 世紀。可參考〈緒章〉第二節「文獻探討」。
〔註98〕　萬金川：〈梵本《維摩經》的發現與文本對勘研究的文化與思想轉向〉，《正觀雜誌》，第 5 期，2009 年 12 月，頁 153。
〔註99〕　萬金川：〈梵本《維摩經》的發現與文本對勘研究的文化與思想轉向〉，頁 146。
〔註100〕　大正藏第 50 冊，2060 經，436b6-14。「年十一誦維摩法華。」
〔註101〕　大鹿實秋：〈維摩經における玄奘譯の特質〉，《佐藤博士古稀記念》，佐藤博士古稀記念論文集刊行會編，東京：山喜房，1972 年，頁 457～482。

漢藏対譯「維摩經」》（以下簡稱「梵文校訂本」），〔註102〕書寫年代約在 12 世紀，不能完全等同最初的梵本底本，只能在現階段的研究中，提供對照的依據。

（一）題名的錯誤

首先表列各個譯本的題名，於下：

	支謙本	羅什本	玄奘本	梵文校訂本	藏譯本〔註103〕
題名	是名為《維摩詰所說》，亦名為不可思議法門	是經名為《維摩詰所說》，亦名不可思議解脫法門	如是名為《說無垢稱不可思議自在神變解脫法門》	Vimalakīrtinirdeśa	འཕགས་པ་དྲི་མ་མེད་པར་གྲགས་པས་བསྟན་པ་ཞེས་བྱ་བ་ཐེག་པ་ཆེན་པོའི་མདོ

在支謙本和羅什本都定名為「維摩詰所說」，支謙本副標題是「不可思議法門」，羅什本是「不可思議解脫法門」。玄奘本將經題與副標題合而為一，譯為「說無垢稱不可思議自在神變法門」。

窺基認為羅什本把經題譯作《維摩詰所說經》，犯了嚴重錯誤。關於這點，可從《說無垢稱經疏》卷 1 略知窺基的論述：

> 除羅什外，或名維摩詰經，或云無垢稱經，或云說維摩詰經，或云說無垢稱經，或云毘摩羅詰經。唯羅什法師，獨云維摩詰所說經，仍云一名不可思議解脫。准依梵本，初首題云：阿費摩羅枳里底，阿之言無，摩羅云垢，如云阿摩羅識，此云無垢識。今既加費字，故是稱也，即云無垢稱。枳里底者，說也。梵音多倒，如云衣著飯喫，今云無垢稱邊說也。即此經中，無垢稱是所說，順唐音，正云說無垢稱經。〔註104〕

由於經名是玄奘翻譯在前，而後窺基解釋經名中各個梵字的意義，為玄奘說明所以那樣翻譯經名的原因所在。窺基認為羅什本「獨云《維摩詰所說經》，仍云一名不可思議解脫」，是不懂梵文文法的譯法。然而，依照窺基所說，「准依梵本，初首題云：阿費摩羅枳里底。阿之言無，摩羅云垢，如云阿摩羅識，

〔註102〕 大正大學梵語研究會：《梵漢藏対譯「維摩經」》，東京：大正大學出版會，2004 年。本書詳細說明可見〈緒論〉第三節「文獻探討」。

〔註103〕 此處以德格版題名為主。另外各種版本的藏文名可見林純瑜：《藏文本維摩詰經傳行考析》，臺北市：藏典出版社，2019 年 5 月，頁 23～24。

〔註104〕 〔唐〕窺基：《說無垢稱經疏》，大正藏 38 冊，1782 經，頁 1001c24～1002a4。

此云無垢識。今既加費字，故是稱也，即云無垢稱。」梵本標題Vimalakīrtinirdeśa，vi 音同窺基所說「費」字，作為梵文接頭詞有「離」之意，並非如窺基所說的「稱」。mala 音譯為「摩羅」，意譯為「垢」。Vimala 一字的意譯即是「離垢」，也有譯作「無垢」，音譯為「費（＝維）摩羅」。kīrti 音同「枳里底」，方是「名稱」之意。至此，如窺基所說的「初首題」是「阿費摩羅」，對此他解「阿……摩羅」〔註105〕為「無垢」，「阿費摩羅」為「無垢稱」。把「費」（稱）放在「摩羅」之前，窺基說是因為「梵音多倒，如云衣著飯喫，今云無垢稱邊說也」。「枳里底」一字，窺基解作「說」字，然而，nirdeśa 才是「所說」義，窺基卻對此梵字未作解釋。最後，窺基說：「正云說無垢稱經」，由此可知「所說（nirdeśa）」被省略。因此，在經題上，將 Vimalakīrtinirdeśa 或譯作「說無垢稱」，或譯作「維摩詰所說」，這部經就譯作《說無垢稱經》。至於羅什本作「維摩詰所說經」，大致分析如下：「維摩」是 Vimala 的音譯，但其中漏「la」此一音節。「詰」是 kīrti 的音譯，「所說」是 nirdeśa 的意謂。因此，此經全稱以音譯和意譯兩種方式翻譯為《維摩詰所說經》。羅什將 Vimalakīrti 此人視為所說的對象，窺基亦然，但他對「阿費摩羅枳里底」的詮釋解析雖然有問題，箇中原因無法在此段文字中得知。

　　除了窺基注意的語法順序，大鹿實秋認為羅什將梵本的「法門」譯作「經」、「經典」、「經法」，所以玄奘本才會出現「法門」一詞。〔註106〕對此，林純瑜提出藏譯本為證，認為藏譯的 ཆོས་ཀྱི་རྣམ་གྲངས 雖可對應玄奘本的「法門」，但羅什本卻譯作「經」。玄奘本和藏譯本兩者都未出現與「經」對應的詞，或許羅什本依循支謙本而來。〔註107〕藏譯本與漢譯本在題名上最大的不同是多出「大乘」二字，可能表示漢譯本與藏譯本所依據的底本並不相同，或者是底本譯名被翻譯者隨意取捨。〔註108〕

〔註105〕然而，梵文接頭詞 ā，有 to, hither 之義。*Monier-Williams Sanskrit-English Dictionary.*

〔註106〕《維摩經與東亞文化國際學術研討會會議論文集》，頁 A1～A26。同於大鹿實秋的看法，辛嶋靜志〈誰創造了大乘經典──大眾部與方等經典〉一文中，亦認為早期漢譯佛經常將 dharma（法）譯為「經」，甚至「dharmaparyāya」（法門、教）有時也被譯做「經」。

〔註107〕林純瑜：〈《維摩經》藏譯本周邊文獻考察〉，佛光學報 新一卷・第二期，2015年 7 月。

〔註108〕林純瑜：〈《維摩經》藏譯本周邊文獻考察〉，頁 487。

此外，藏譯本中除了三家漢譯本所譯「維摩詰所說 / 說無垢稱」、「不可思議 / 不可思議解脫法門」兩標題以外，尚有第三個標題「ཕྲུགས་སུ་སྦྱར་བ་སྙེལ་ཞིར་མངོན་པར་བསྒྲུབས་པ」。此標題在三家漢譯本中未曾出現，或許是在《維摩詰經》七次漢譯後才出現的標題。Lamotte 將之重譯為梵文「Yamakavyaty-astābhinirhāra」，長尾雅人作為「yamaka-vyatyastāhāra」，Boin 翻自 Lamotte 的英譯本為「Production of paireds and inverteds」（成就對偶及反轉音聲語言），郭忠生譯 Lamotte 之說為「成就對偶反轉」。林純瑜則在〈《維摩經》藏譯本周邊文獻考察〉一文中整理眾位學者的說法，認為梵文寫本中「yamaka-puṭavyatyastanihāra」與 Lamotte 和長尾雅人的翻譯不一致，而可推測藏譯本和梵文寫本有可能不是來自同一系統，或是藏文譯者的理解與其所依據的梵文傳本亦可能有甚大的差距。〔註 109〕至於此標題的正確解釋及出現年代，目前學界仍未達成共識。〔註 110〕

（二）品名的錯誤

《維摩詰所說經》歷經七次漢譯，但現今只留存三種漢譯本，其中如上述經題名不同外，在各品名上也有殊異之處。窺基也發現羅什本在品名的翻譯上與玄奘本不甚相合。《說無垢稱經疏》：

> 品名不同者。經十四品。頭數雖同。名或有異。〔註 111〕

〔註 109〕林純瑜：〈《維摩經》藏譯本周邊文獻考察〉，頁 509 簡表。

藏譯本	phrugs su sbyar ba snrel zhir mngon par bsgrubs pa
河口慧海 1928	自性に一致和合した寂靜明瞭成就
多田等觀 1936	自性柔和成就
Lamotte 1962	Production de（sons）couplés et inverses（*Yamakavyatyastābhinirhāra*）
大鹿實秋 1969	対句を用いた顯邪
1978	相対観念からの脱卻（＝解脱、の法門）
長尾雅人 1974	対句の結びつきと逆倒の完成
Lamotte（*Boin tr.*）	Production of paireds and inverteds/ Production of paireds and inverteds sounds.（*Yamakavyatyastābhinirhāra*）
Thurman 1976	The Reconciliation of Dichotomies
高崎直道	対句と逆説（あるいけ、対句の逆倒）の示現

〔註 110〕可參考越建東：〈《維摩經》的二元對顯觀〉，《維摩經與東亞文化國際學術研討會會議論文集》，宜蘭：佛光大學。2015 年 10 月 3～4 日，頁 E1～E19。認為 yamaka puṭavyatyasta nihāram 與《維摩詰經》「二元」觀密切相關，更可能闡發「二元對顯」的思想。

〔註 111〕〔唐〕窺基：《說無垢稱經疏》，大正藏 38 冊，1782 經，頁 1001c24～1002a4。

因此，下表羅列支謙本、羅什本、玄奘本和現存梵本《維摩詰經》的品名，以察其翻譯的同異。

支謙本	羅什本	玄奘本	梵文寫本
第一品 佛國品	第一品 佛國品	第一品 序品	Buddhakṣetrapariśuddhinidāna parivartaḥ prathamaḥ
第二品 善權品	第二品 方便品	第二品 顯不思議方便善巧品	Acintyopāyakauśalya parivarto nāma dvitīyaḥ
第三品 弟子品	第三品 弟子品	第三品 聲聞品	Śrāvakabodhisatvavisarjanapraśno nāma tṛtīyaḥ parivartaḥ
第四品 菩薩品	第四品 菩薩品	第四品 菩薩品	
第五品 諸法言品	第五品 文殊師利問疾品	第五品 問疾品	Glānapratisaṃmodanā parivartaś caturthaḥ
第六品 不思議品	第六品 不思議品	第六品 不思議品	Acintyavimokṣasaṃdarśana parivartaḥ pañcamaḥ
第七品 觀人物品	第七品 觀眾生品	第七品 觀有情品	Devatā parivartaḥ ṣaṣṭhaḥ
第八品 如來種品	第八品 佛道品	第八品 菩提分品	Tathāgatagotra parivartaḥ
第九品 不二入品	第九品 入不二法門品	第九品 不二法門品	Advayadharmamukhapraveśa parivarto 'ṣṭamaḥ
第十品 香積佛品	第十品 香積佛品	第十品 香臺品	Nirmitabhojanānayana parivarto nāma navamaḥ
第十一品 菩薩行品	第十一品 菩薩行品	第十一品 菩薩行品	Kṣayākṣayo nāma dharmaprabhṛta parivarto daśamaḥ
第十二品 見阿閦佛品	第十二品 見阿閦佛品	第十二品 觀如來品	Abhiratilokadhātvānayanākṣobhyatathāgatadarśana parivarta ekādaśaḥ
第十三品 法供養品	第十三品 法供養品	第十三品 法供養品	Nigamanaparīndanā parivarto nāma dvādaśaḥ
第十四品 囑累彌勒品	第十四品 囑累品	第十四品 囑累品	

因為梵文寫本的第三、四品和第十三、十四品，皆是合兩品為一品。
〔註112〕因此它的品數較漢譯本少兩品。以下依窺基《說無垢稱疏》中對於「品名」的疏解，可整理出他所認為的 9 項不同的品名：

1. 梵文校訂本：Buddhkaṣetrapariśuddhinidāna parivartaḥ prathamaḥ

　　支謙本：第一品　佛國品

　　羅什本：第一品　佛國品

　　玄奘本：第一品　序品

　　玄奘本第一品為〈序品〉，這和都作為〈佛國品〉的支謙本與羅什本，顯然有很大的差異。窺基因此提出說明，認為一經應有序論，即正宗分的〈序品〉，闡明經文的主旨，且有相當於結論的流通分的〈囑累品〉，前後相對，因此第一品應該翻為〈序品〉。羅什將第一品翻為〈佛國品〉，只是從寶積問佛國土一事，不能概述《維摩詰經》的緣由。〔註113〕然而，從梵文寫本看來，buddhakṣetra 指「佛國」，pariśuddha 是「清淨」，nidāna 是「因緣」，因而梵文寫本的第一品應是「佛國清淨因緣」，與支謙本和羅什本的翻譯較為接近。由此之故，依據梵文寫本不能得知窺基所說「序品」，是依照玄奘所攜回的梵本，或是依於佛經開頭應有「序品」的習慣。

2. 梵文校訂本：Acintyopāyakauśalya parivarto nāma dvitīyaḥ

　　支謙本：第二品　善權品

　　羅什本：第二品　方便品

　　玄奘本：第二品　顯不思議方便善巧品

　　第二品的名稱若依梵文寫本 acintya-upāya-kauśalya，是兩層的複合字，upāya-kauśalya 是依主釋，善巧（kauśalya）以方便（upāya）的方式出現。acintya

---

〔註112〕 李幸玲：《中國中古時期《法華經》注本研究——以授記主題為中心》，頁 37
　　　　　～48。《法華經》也有類似的現象，各梵本《法華經》的〈提婆達多品〉內
　　　　　容附錄於〈現寶塔品〉之末，並未獨立成一品。一直到陳代真諦才將單行的
　　　　　〈提婆達多〉品添入漢譯本《法華經》。因此，《維摩詰經》梵文寫本將兩品
　　　　　合一的現象，說也許明可能是漢譯之前，原始梵文底本的原貌。

〔註113〕 〔唐〕窺基：《說無垢稱經疏》，大正藏 38 冊，1782 經，頁 1002b1-7。〈序
　　　　　品〉：「第一，今名序品。什公云佛國品，契經正說維摩詰事，欲明其事，先
　　　　　談由序，何故不名序品，乃名佛國？若以寶性問佛，佛說嚴淨佛土，乃名佛
　　　　　國，直欲別明佛國之義，不是序述說淨名之由序也。如法花經序品，明說無
　　　　　量義等七種成熟事，應名成就品，何故名序品？又諸經皆有序品，此何獨無？
　　　　　又以後准前，後名囑累，何故初無序品？」

意謂「不可思議」與 upāya-kauśalya 的關係是持業釋，表示善巧方便即是不思議。在玄奘本中，譯名最接近梵文寫本。窺基認為：「大乘中，方便通權實，此顯權而不實，下位不知，妙用莫方，云不思議善巧，簡小簡實，不應但名方便品」，〔註114〕指出羅什譯〈方便品〉忽略了大乘佛教中方便法門的不可思議特點。

3. 梵文校訂本：Śrāvakabodhisatvavisarjana praśno nāma tṛtīyaḥ parivartaḥ

支謙本：第三品 弟子品

羅什本：第三品 弟子品

玄奘本：第三品 聲聞品

在梵文寫本中，śrāvaka 意譯為「聲聞」，指所聞（老師的聲音，亦即教導）者，亦即弟子。「菩薩」是 bodhisattva 之音譯「菩提薩埵」的略稱。visarjana 是「回答」之意，praśna 即是「問題」，指聲聞與菩薩提出的諸問題。窺基批評羅什的〈弟子品〉只將聲聞列為弟子，忽略菩薩也同為佛陀弟子。〔註115〕此外，三家漢譯本都將第三、第四品一分為二，不符合梵文寫本合併為一品的狀況，不知漢譯本所依據的底本是否將第三、第四品分為兩品，而有不同的品名？

4. 梵文校訂本：Glānapratisaṃmodanā parivartaś caturthaḥ

支謙本：第五品 諸法言品

羅什本：第五品 文殊師利問疾品

玄奘本：第五品 問疾品

窺基認為前往問疾者眾多，不應只舉文殊師利，且依梵本也無文殊師利一字，〔註116〕羅什譯〈文殊師利問疾品〉不符合梵本。依梵文校訂本，glāna 指「疾病」。pratisaṃmodanā，是接頭詞 pratisam- 共同，加上 modanā 激勵，指共同鼓勵生病的無垢稱居士的意思。

〔註114〕〔唐〕窺基：《說無垢稱經疏》，大正藏 38 冊，1782 經，頁 1002b9-15。〈序品〉：「第二，今名顯不可思議方便善巧品。什公但名方便品，方便之義，理通大小，今顯大故，應言顯不思議。何得但言方便？大乘中，方便通權實，此顯權而不實，下位不知，妙用莫方，云不思議善巧，簡小簡實，不應但名方便品。又梵本有顯不思議善巧，什公何以單名？」

〔註115〕〔唐〕窺基：《說無垢稱經疏》，大正藏 38 冊，1782 經，頁 1002b15-18。〈序品〉：「第三聲聞品。什公名弟子品，菩薩聲聞，二俱弟子，聲聞何故獨得弟子之名，以小對大，應名聲聞，不應名弟子。何況梵本無弟子之言。」

〔註116〕〔唐〕窺基：《說無垢稱經疏》，大正藏 38 冊，1782 經，頁 1002b18-21。〈序品〉：「第五，今名問疾品。什公名文殊師利問疾品。什公以吉祥稱首，標以為名，今者不唯一人，所以總言問疾。既依梵本，實亦無之。」

5. 梵文校訂本：Devatāparivartaḥ ṣaṣṭhaḥ

　　支謙本：第七品　觀人物品

　　羅什本：第七品　觀眾生品

　　玄奘本：第七品　觀有情品

　　此品之名，窺基說：「梵云摩呼繕那，可云眾生，既云薩埵，故言有情」，〔註117〕但「摩呼繕那」一字在梵文寫本中沒有相對應的讀音。「眾生」一字的梵文為「sattva」，音譯為「薩埵」，又可譯作「有情」。梵文寫本中，Devatā指「諸天」，parivarta意即「品」，均不見與「摩呼繕那」或「眾生」相關的字詞。此品是有關天女與舍利弗對話的情節。然而玄奘本依本品開頭所說、妙吉祥菩薩問無垢稱居士菩薩如何觀有情一事來定此品之名。與作〈諸天品〉的梵文寫本在品名上完全不同。

6. 梵文校訂本：Tathāgatagotra parivartaḥ

　　支謙本：第八品　如來種品

　　羅什本：第八品　佛道品

　　玄奘本：第八品　菩提分品

　　梵文寫本漢譯為「如來德性品」，與支謙本「如來種姓品」非常接近，其中的「種」相當於「種姓」。玄奘本作〈菩提分品〉，關於這點，窺基指出「菩提分」是妙慧的支分，或是眾生覺知之因，故而「正云菩提分品」。他說羅什本所譯〈佛道品〉中的「佛道」依梵文文法的六離合釋，可說是依主釋（屬格關係）。且他更認為其在僧肇的疏解中與老子之道同義。窺基評羅什本「梵音既違，義亦有濫」，〔註118〕但三家漢譯本中，羅什本和玄奘本都表示了「佛之道」的意思，而梵文寫本「tathāgata」意譯為「如來」，gotra意譯為「種性」。就這點而言，支謙本與梵文寫本卻是較羅什本和玄奘本更為接近。

〔註117〕〔唐〕窺基：《說無垢稱經疏》，大正藏38冊，1782經，頁1002b21-24。〈序品〉：「第七，今名觀有情品。什公名觀眾生品，卉木無識，亦名眾生，有識名情，不通草木。況梵云摩呼繕那，可云眾生，既云薩埵，故言有情。」

〔註118〕〔唐〕窺基：《說無垢稱經疏》，大正藏38冊，1782經，頁1002b24-c2。〈序品〉：「第八，今名菩提分品，什公名佛道品。菩提覺義，當來佛果，分是因義，此等眾行成覺之因。又菩提覺義。即是妙慧。分是支義，此是妙慧之支分也。言佛道者，佛是佛果，道是因名，道路之義，取佛之道，義雖可爾。然肇公意，欲以老子之道同佛之道而以為名，菩提覺義，未伽道義，梵音既違，義亦有濫，豈在佛位而無道也？故應正云菩提分品。」

7. 梵文校訂本：Advayadharmamukhapraveśa parivarto 'ṣṭamaḥ

　　支謙本：第九品 不二入品

　　羅什本：第九品 入不二法門品

　　玄奘本：第九品 不二法門品

　　在梵文寫本中，「advaya」意譯為「不二」，「dharmamukha」是「法門」之意。支謙本未譯出「法門」，玄奘本漏譯「入」，只有羅什本同於梵文寫本。窺基批評羅什本此品名「入不二法門」，〔註119〕說「什公以淨名不言，謂入不二，妙德等有言，應是入二，總彰不二義，故不須入言。」認為維摩詰入不二和妙德等入二，都是在彰顯不二，故不需添加「入」字。又，窺基說：「梵本經無『入』字」，但對照現今梵本，確實有 praveśa「入」字。依據此可推測：窺基所用的「梵本」和現今有「入」的梵文寫本可能分屬不同系統的梵文底本。

8. 梵文校訂本：Nirmitabhojanānayana parivarto nāma navamaḥ

　　支謙本：第十品 香積佛品

　　羅什本：第十品 香積佛品

　　玄奘本：第十品 香臺品

　　關於此品的名稱，梵文寫本與三種漢譯本不同，窺基認為「香臺」有「佛身香體高妙，類於香臺」之意，〔註120〕而「香積」意謂「積香所成」，則無「妙高」之義。在梵文寫本中，「nirmita」意謂「建立的、化生的」，bhojanā則是「食物」，而 nayana 是「帶來」，因此梵文題名是指無垢稱居士從香積佛所住的眾香國帶來化生的食物，請會眾享用的情節。

9. 梵文校訂本：Abhiratilokadhātvānayanākṣobhyatathāgatadarśana parivarta
　　　　　　　　ekādaśaḥ

　　支謙本：第十二品 見阿閦佛品

　　羅什本：第十二品 見阿閦佛品

　　玄奘本：第十二品 觀如來品

〔註119〕〔唐〕窺基：《說無垢稱經疏》，大正藏 38 冊，1782 經，頁 1002c2-6。〈序品〉：「第九，今名不二法門品，什公名入不二法門品。今明不二法門道理，何勞更置入言，什公以淨名不言，謂入不二，妙德等有言，應是入二，總彰不二義，故不須入言。梵本經無入字。」

〔註120〕〔唐〕窺基：《說無垢稱經疏》，大正藏 38 冊，1782 經，頁 1002c6-9。〈序品〉：「第十，今名香臺品，什公云香積品。佛身香體高妙，類於香臺，但言香積，積香所成，而無妙高之義，顯佛土體妙高大故，應名香臺。」

　　梵文寫本此品原意是「見妙喜國阿閦如來」，abhirati 意謂「妙喜」，
lokadhātu 則是「國土」，ānayana 是「接近」，akṣobhya 指「阿閦」，tathāgata
指「如來」，darśana 為「見」。窺基認為此品的重點是「觀法身如來」，而不僅
是觀阿閦佛，故羅什只提及阿閦佛，不能表達此品真正的本意，因此批評他
「何但違於梵音，但以方言隔正理廚，義既乖其本宗，名亦如何不謬也。」，
〔註 121〕指出他意錯品名的所在。然而，依梵文寫本，則「見阿閦佛」較「觀
如來」更貼近梵文之意。

　　以下兩例是窺基未提到的品名，三家梵譯本卻與梵文寫本不相同者：

　　1. 梵文校訂本：Kṣayākṣayo nāma dharmaprabhṛta parivarto daśamaḥ

　　　　支謙本：第十一品　菩薩行品

　　　　羅什本：第十一品　菩薩行品

　　　　玄奘本：第十一品　菩薩行品

　　漢譯本從此品核心所說的菩薩行立名。梵文卻是從相對的兩端講述中道
義，kṣayākṣaya 是複合詞（相違釋），意謂 kṣaya（滅）和 akṣaya（非滅），契
合中觀「法」的本性空義。

　　2. 梵文校訂本：Nigamanaparīndanā parivarto nāma dvādaśaḥ

　　　　語譯：總結囑累品第十二

　　　　支謙本：第十三品　法供養品

　　　　羅什本：第十三品　法供養品

　　　　玄奘本：第十三品　法供養品

　　梵文寫本將第十三、十四品合而為一，定名為 parīndanā「囑累」，意謂佛
將某經的流布付屬某人，視作為一經的總結。三家漢譯本均把此品分為兩品：
第十三法供養品和第十四囑累品。或許可以從分品的差異中，推測梵文寫本
與三家漢譯本非用同一種梵本為底本。

　　雖是自窺基的《說無垢稱經疏》舉例，不能全然代表玄奘本的意思，且
上文指出窺基在解釋經題時對梵文的理解有誤，但窺基的《疏》仍是目前可

〔註 121〕〔唐〕窺基：《說無垢稱經疏》，大正藏 38 冊，1782 經，頁 1002c9-15。〈序
　　　　品〉：「第十二，今名觀如來品，什公云阿閦佛品。彼品，佛問維摩詰：『云
　　　　何觀於如來？』說觀法身如來等品。後因鷲子請問，方說淨名從阿閦佛國來，
　　　　不唯明阿閦佛。今唯言阿閦佛，失彼品經宗之意，何但違於梵音，但以方言
　　　　隔正理廚，義既乖其本宗，名亦如何不謬也。」

獲得與玄奘譯《說無垢稱經》最有關聯性的文獻。依此《疏》可知：雖然窺基強調「准依梵本」，部份品名在三家漢譯本中不一致，和梵文寫本也有不同。由此可推測：玄奘所攜回的梵本或許與今日流通之梵文寫本不甚相同，且支謙本和羅什本所依的底本也與玄奘本以及現今的梵文寫本不一樣。對比題名和品名之外，經文內容上是否如經錄所說，三家漢譯本為「同本異譯」？有待進一步的分析。

第三節 《維摩詰經》最初傳入中國的可能版本

《維摩詰經》的翻譯過程，自支謙 220 年、羅什 405 年到玄奘 650 年，各約略相隔兩百年。這兩百年中，有可能使用同一種語言嗎？若《維摩詰經》的底本並不是使用梵文，而是使用西域方言，是否在傳入中國時即是經過轉譯的版本？皆是在《維摩詰經》翻譯歷程中需要討論的問題。須注意的是，現在已不可能追尋到真正的《維摩詰經》原始版本，只能從經錄、史料記載中推測其可能的版本流變。

中國歷史上，西域的意義隨著政治權力的改變而有所更動。漢代的西域指帕米爾高原以東；〔註 122〕唐代則是指帕米爾高原東西兩側範圍。〔註 123〕佛教經過西域諸國傳至中國，隨之而來的西域高僧，扮演最初漢譯佛典的譯經角色，他們的漢語程度或許不高，但能借重漢人筆受傳譯佛經。這些西域僧侶使用的語言和所帶來的經本，是否為梵文呢？

關於佛教傳布時所採用的語言，季羨林在〈原始佛教的語言問題〉引律藏（*Vinaya-Pitaka*）中，〔註 124〕一對比丘詢問佛陀能否使用梵文說法的故事，描寫佛陀反對用梵文傳教，並且說「用自己的語言學習佛所說的話」。

anujānāmi bhikkhave sakāya niruttiyā buddhavacanaṃ pariyāpuṇitum

〔註 125〕

〔註 122〕〔漢〕班固：《漢書》〈西域傳〉，北京：中華書局，1975 年，頁 3871～3901。

〔註 123〕〔宋〕歐陽脩、宋祁：《新唐書》〈西域傳〉，北京：中華書局，1975 年，頁 6213～6262。

〔註 124〕季羨林：〈原始佛教的語言問題〉，《季羨林學術論著自選集》，北京：師範學院出版，1991 年 5 月，頁 35～36。

〔註 125〕Vinaya-Pitaka, Vol. 2: Cullavagga. Based on the edition by Hermann Oldenberg, London : Pali Text Society 1880（*Reprinted 1930, 1964, 1977, 1995*）p.139, V. 33. 1-3.

「sakāya niruttiyā」究竟是指佛的語言還是比丘的語言，學者有許多爭議。上座部佛教如覺音（*Buddhaghosa*）即認為是指「佛的語言」。〔註126〕

佛陀所使用的語言並未被書面文字保留，因此佛的說法即以不斷地轉譯的面貌被保存在不同文化中。

因此，臺灣學者周伯戡在〈佛教初傳流佈中國考〉一文中，〔註127〕從翻譯者的姓氏所反映出的種族背景，考察 4 世紀以前的漢譯佛經翻譯者，如下所列：

1. 月支人：支婁迦讖、支曜、支謙、支敏度、支法度、法護（非竺法護）
2. 安息人：安世高、安玄、安文惠、安法欽
3. 龜茲人：帛延、帛元信、帛法祖
4. 康居人：康巨、康孟祥、康僧會、康僧鎧
5. 于闐人：無羅叉
6. 天竺人：竺佛朔、竺將炎、竺叔蘭、維祇難〔註128〕

周伯戡肯定美國學者 Richard Robinson 的學說，推測中國早期接觸的佛教是中亞佛教而非印度佛教，進而認為支謙所譯的《維摩詰經》的人名譯音是根據西域吐火羅文而來。季羨林也有同樣的看法，在〈浮屠與佛〉一文中，〔註129〕肯定法國學者 Sylvain Lévi 的發現：早期佛經應該來自西域，並且是由吐火羅文翻譯過來。季氏更進一步從早期佛教高僧來自西域一事，推論西域佛教對中國的影響，即是當時翻譯的經典應是源自西域諸國。

然而，中國學者李煒在《早期佛經的來源與翻譯方法初探》一書中，〔註130〕反對支謙《維摩詰經》的底本是西域本而非梵本的看法，並提出支敏

〔註126〕 'Sakāya could be either "my own", "your own", "his own", "their own", etc. In this particular case, it was interpreted by Buddhaghosa, the celebrated and greatest Theravada commentator of the Tipiṭaka, as "in the language of the Buddha". Visudh Busyakul, *The Buddhist Theravāda Councils, and the Preservation of the Buddha's Theachings*, Manusya: Journal of Humanities, Special Issue No.4, 2002, p.10. p.7-19.

〔註127〕 周伯戡：〈佛教初傳流佈中國考〉，《臺灣大學文史哲學報》，第 47 期，1998 年 12 月，頁 289～319。

〔註128〕 周伯戡：〈佛教初傳流佈中國考〉，頁 309。

〔註129〕 季羨林：〈浮屠與佛〉，《中央研究院歷史語言研究所集刊》，《本院成立第二十週年專號》，上冊，1948 年，頁 93～105。

〔註130〕 李煒：《早期佛經的來源與翻譯方法初探》，頁 21。

度的序文為茲證明。梁僧祐《出三藏記集》卷 8 中，記錄了支敏度所作的〈合維摩詰經序〉：

> 蓋《維摩詰經》者，先哲之格言，弘道之宏標也。其文微而婉，厥旨幽而遠，可謂唱高和寡，故舉世罕。然斯經梵本，出自維耶離。
> 〔註 131〕

《合維摩詰經》是集合支謙、竺法護、竺叔蘭的譯本而成的，可以推測，至少在支敏度的年代，還可以看見最初翻譯的支謙本，且對於它的翻譯過程有基本的認知。因而能說此經「梵本」出自「維耶離」。「維耶離」，梵文 vaiśalī，漢譯又翻作吠舍離、毗舍離、毗耶離，位於現今印度比哈爾邦首府巴特那的北面，同時是傳說中維摩詰居士的居處所在地。此外，梁代慧皎的《高僧傳》中也記載支謙譯經的事蹟。《高僧傳》卷 1：

> 謙以大教雖行，而經多梵文未盡翻譯。已妙善方言，乃收集眾本，譯為漢語。從吳黃武元年至建興中，所出《維摩》、《大般泥洹》、《法句》、《瑞應本起》等四十九經。〔註 132〕

慧皎肯定支謙攜帶來中國的經本皆為梵本，據此翻譯出《佛說維摩詰經》。除了支謙以外，梁代僧祐在《出三藏記集》中記載最早赴印度求取佛經的朱士行（203-282 A.C.E.）已然是求取梵本。《出三藏記集》卷 13〈朱士行傳〉：

> （朱士行）遂以魏甘露五年，發迹雍州西渡流沙。既至于闐，果寫得正品梵書、胡本九十章。〔註 133〕

雖然朱士行只抵達于闐，並未真的前往印度，可推測「正品梵書」可能是從印度傳往于闐的梵本，或者是于闐當地的寫本。然而，《出三藏記集》、《歷代三寶記》、《高僧傳》中屢屢區隔「胡」、「梵」兩字。李煒認為「胡」、「梵」兩字均指印度，只是「胡」指涉的範圍較廣，包含了西域地區等中國西北以外的領域，而「梵」則專指天竺，也就是印度一帶。不過，西域地區是否使用正規梵語尚不能確知。只能歸納周伯戡、季羨林和李煒的觀點，咸認為《維摩詰經》從一開始傳入中國即是採取「文本」的形式，只是語言可能是「吐火羅語」或「梵語」。

〔註 131〕〔梁〕僧祐：《出三藏記集》，大正藏第 55 冊，2145 經，頁 58b22-24。
〔註 132〕〔梁〕慧皎：《高僧傳》，大正藏第 50 冊，2059 經，頁 325a27-b2。
〔註 133〕〔梁〕僧祐：《出三藏記集》，大正藏第 55 冊，2145 經，頁 97a26-28。

日本學者辛嶋靜志在〈誰創造了大乘經典──大眾部與方等經典〉一文，
[註 134] 提出大乘佛典一開始是由「口說」而非「文本」流傳，並歸納出大乘
佛典的語言及其傳承的變遷過程：

1. 公元前一世紀：僅有口語（澴拉克里特語，Prakrit 口語語言，包括犍
陀羅語[註 135]）。

2. 公元一～三世紀：口語、口傳及口語書寫文字（佉盧瑟底文字）並行。

3. 公元二～三世紀：攙雜口語詞彙的不正規梵語時代。

4. 公元三～四世紀以後：佛教梵語和筆寫婆羅謎文字。[註 136]

大乘佛典直到公元三、四世紀以後才開始被翻譯為梵文，或是用梵文編纂，
使用婆羅謎文字書寫。據此可知：

1. 初期大乘佛典本來不是通過梵語，而是通過口語傳承的。

2. 最初的佛典不是寫成文字，而是口頭傳承的。

3. 大乘經典是不斷變化的。[註 137]

最初的大乘佛典使用「口傳」的歷史，也被記錄在東晉僧人法顯的西行傳記
中，見於《高僧法顯傳》：

　　　　法顯本求戒律。而北天竺諸國。皆師師口傳無本可寫。[註 138]

相對於法顯，上文所提及的朱士行卻反而帶回了正品梵書。有鑑於材料的限
制，只能推測或許戒律在印度本土仍以口頭傳承，而傳往西域的經典則是已
經書面化。辛嶋靜志進一步在〈試探《維摩詰經》的原語面貌〉中提出支謙譯
《維摩詰經》是「口傳」，[註 139] 且可能是「犍陀羅語」，或者是包含了「犍
陀羅語」成份的語言。萬金川在〈《維摩詰經》支謙譯本的點校──兼論該一

[註 134] 《維摩經與東亞文化國際學術研討會會議論文集》，頁 A1-A28。

[註 135] 《維摩經與東亞文化國際學術研討會會議論文集》，頁 A1～A26。prakrit
一語的範圍在西方學界頗有爭議，若是摩揭陀地區的 prakrit 語，指的是
巴利語系、東北印的地方俗語。但被當成西北印犍陀羅地區的 prakrit 語
時，指的是西北印的地方俗語。但在此文中，辛嶋靜志將 prakrit 視作為
口語語言，並非特指某一地區的語言。因此，包含犍陀羅語是可以被理解
的。

[註 136] 《維摩經與東亞文化國際學術研討會會議論文集》，頁 A1。

[註 137] 《維摩經與東亞文化國際學術研討會會議論文集》，頁 A1～A26。

[註 138] 〔東晉〕法顯：《高僧法顯傳》，大正藏 51 冊，2085 經。

[註 139] 辛嶋靜志：〈試探《維摩詰經》的原語面貌〉，《佛光學報》，新一卷，第二期，
2015 年 7 月，頁 73-100。

經本的譯者歸屬及其底本語言〉內肯定辛嶋靜志的研究，〔註140〕同意支謙本《維摩詰經》並非以「文本」的形式進行翻譯。也就是說，可能以口傳形式翻譯的支謙本，相對於羅什本和玄奘本來說，更能反應最初大乘佛典語言的歷史性，卻也與現今保存十二世紀的梵文寫本差距甚大。

另一方面，上文所述西域僧侶使用的「胡語」，可能是刪略後的梵語或佛教混合梵語。辛嶋靜志和美國學者 Nattier 對支婁迦讖和竺法護譯經的研究，都發現他們的底本不是純正的梵語。〔註141〕但，不能證明這些混合梵語（*Hybrid Sankrit；Mixed Sanskirt*）即是西域諸國所使用的「胡語」。「胡本」或許推測能為西域佛教對佛教傳入中國產生了一定的力量。但當佛教在中國逐漸盛行時，「正品梵書」便成為他們希求的目標。

綜合以上的論述，可知支謙所使用的語言不是純正的梵語，而是混和「犍陀羅語」的「混和梵語」。因此，支謙譯的《佛說維摩詰經》，雖然翻譯的文字不易閱讀、行文也不甚流暢，卻不可否認是最接近大乘佛教「口傳」的《維摩詰經》版本。或許可從比對現存梵文寫本、羅什本、玄奘本與支謙本的差異中，略窺得 3 世紀時《維摩詰經》的遺跡。〔註142〕

直至鳩摩羅什「時手執梵本，口自宣譯」，可見其雖是西域龜茲人，《維摩詰經》的底本卻是以梵文為本，不以西域本為底。至於玄奘所翻譯的《說無垢稱經》，則無庸置疑是來自梵本。《大慈恩寺三藏法師傳》：

> 法師於彼國所獲大、小二乘三藏梵本等，總有六百五十六部。〔註143〕

據上述材料，可推測羅什本《維摩詰經》的底本即是梵本，而非西域諸國僧侶所使用的「胡本」。自支謙「口譯」的《維摩詰經》，到羅什和玄奘所使用的梵本，是否有可能為同一個版本？以下即探討三種漢譯本是否為「同本異譯」。

〔註140〕 萬金川：〈《維摩詰經》支謙譯本的點校──兼論該一經本的譯者歸屬及其底本語言〉，頁 101-232。

〔註141〕 Nattier, Jan：*A Guide to the Earliest Chinese Buddhist Translations*, The International Research Institute for Advanced Buddhology, Soka University, Tokyo，2008 年，頁 140。

〔註142〕 Nattier, Jan 表示支謙譯本雖然在文句的理解上不容易，譯文也不能被視為譯自確實的梵本，但可能仍是最接近早期《維摩詰經》的版本。*The Teaching of Vimalakīrti（Vimalakīrtinirdeśa）: A Review of Four English Translations*, Buddhist Literature, Vol.2, 200, Bloomington: Department of Religious Studies, Indiana University, 2000, p.257.

〔註143〕 〔唐〕慧立著、彥悰箋：《大慈恩寺三藏法師傳》大正藏 50 冊，2053 經，頁 221a17-19。

第四節 《維摩詰經》諸漢譯本非同本異譯諸論證

　　前揭曾說明討論《維摩詰經》「同本異譯」對本研究的重要性，乃是希望從文獻上，探討玄奘翻譯《說無垢稱經》時，是否因為版本的差異而出現唯識思想的假設。

　　上節說明支謙譯本可能來自於「犍陀羅語混合梵語的口譯」。那麼，漫長的歷史歲月中，跨越 222～650 年，共 428 年的時間，《維摩詰經》的各種漢譯本可以被稱為「同本異譯」嗎？

　　關於「同本異譯」的記載，可見梁僧祐《出三藏記集》卷 8 支敏度作〈合維摩詰經序〉：

> 于時有優婆塞支恭明，逮及於晉，有法護、叔蘭。此三賢者並博綜
> 稽古，研機極玄，殊方異音，兼通關解。先後譯傳，別為三經，同
> 本人殊出異。〔註144〕

這裡的「同本人殊出異」指支謙、竺法護和竺叔蘭依同一底本先後翻譯《維摩詰經》，但未對此本的傳入地點或書寫語言有更多著墨。後世唐代的經錄一概接受了「同本異譯」的紀錄。例如，唐代道宣《大唐內典錄》卷 6：

> 《毘摩羅詰經》（二卷五十二紙）吳黃武年，支謙於武昌譯。《維摩
> 詰所說經》（三卷六十一紙）後秦弘始年，羅什於逍遙園譯。《說無
> 垢稱經》（六卷九十七紙）唐貞觀年，玄奘於大慈恩寺譯，右三經同
> 本異譯。〔註145〕

萬金川已在〈文本對勘與漢譯佛典的語言研究──以《維摩經》為例〉〔註146〕一文中指出：「在翻譯上，支謙本「眷屬圍繞」、什本「恭敬圍繞」、奘本「前後圍繞」，可以看出玄奘本和前二本的底本或許不同。」〔註147〕現代出版的梵本《梵藏漢対照『維摩経』》〔註148〕和《梵文維摩経──ポタラ宮所藏写本に基づく校訂》〔註149〕亦能協助研究者重新思考「同本異譯」的問題。

〔註144〕〔梁〕僧祐：《出三藏記集》，大正藏第 55 冊，2145 經，頁 58b25-28。

〔註145〕〔唐〕道宣：《大唐內典錄》，大正藏第 55 冊，2149 經，頁 288b6-12。

〔註146〕萬金川：〈文本對勘與漢譯佛典的語言研究──以《維摩經》為例〉，頁 38。

〔註147〕萬金川：〈文本對勘與漢譯佛典的語言研究──以《維摩經》為例〉，頁 46。

〔註148〕梵語佛典研究會：《梵藏漢対照『維摩経』》，東京：大正大學出版。2004 年 3 月。

〔註149〕梵語佛典研究會：《梵文維摩経──ポタラ宮所藏写本に基づく校訂》，東京：大正大學出版。2006 年。

先前已說明「同本異譯」在定義上為同一經文內容的不同翻譯，然而此說忽略了歷史發展上文本也不斷變動的可能，也就是說，將同樣內容的經籍歸為一類，卻無視於文獻學上的版本變化。如《宋高僧傳》所言：

> 諸師於同本異出舊目新名，多惑其文真偽相亂，或一經為兩本，或支品作別翻。〔註150〕

說明「同本」中可能參雜真偽，或將一經拆為兩本，將其中的品目獨立翻譯。顯見「同本異譯」只著重於內容與主題的相似。印順法師在《華雨集》中提到：「即使是同一經本，因時代先後而不同，如『華嚴經』的「入法界品」，在六十卷本、八十卷本中，及後出的四十卷本，就可以發現增益與變化的痕跡。」〔註151〕本研究認為：「同本異譯」應能指出文獻演變上不同底本所造成的翻譯差別，故而從四個層面：1. 字數不相同；2. 菩薩名不相同；3. 法數不相同；4.「默然無諍」情節的有無，展現支謙本、羅什本和玄奘本彼此之間的細節，進而推測它們所根據的底本或許不是同一個版本。

一、字數不相同

三家漢譯本若是依據同一個梵文底本，翻譯出來的卷數和字數應該只有些微的差異。然而將三種漢譯本相對比，可發現玄奘本的字數明顯超越前兩種漢譯本。如下表所示：

經　　名	《佛說維摩詰經》	《維摩詰所說經》	《說無垢稱經》
譯者	支謙	鳩摩羅什	玄奘
年代	220～229 年	406 年	650 年
卷數	二卷	三卷	六卷
品數	14 品	14 品	14 品
字數	28039 字	30430 字	43950 字

上一節討論「品名」時，曾將梵文寫本與三種漢譯本對照，而看出梵文寫本的品數為十二品，而漢譯本為十四品，但因梵本合併第三、四品和第十三、十四品，所以在「品名」上仍和漢譯本所譯的相同。卷數依譯者翻譯時所定，故也不能表示底本的差異，只能顯示出譯者在分卷上的取向。至於字數的多寡，奘譯本字數明顯較前兩個譯本多，或許能推測三種漢譯本所依據底

〔註150〕〔宋〕贊寧：《宋高僧傳》，大正藏第 50 冊，2061 經，頁 734a3-4。
〔註151〕釋印順：《華雨集》，第三冊，臺北：正聞出版社，1995 年。

本並非同一本。若是所本底本內容完全相同，為何總字數相差上千？也有可能是支謙「口譯」的版本較簡略，內容不若唐代梵本豐富；羅什本則可能是嫌經文重覆太多、逐行刪改的緣故。但囿於現存梵文寫本成立年代晚於這三種漢譯本的翻譯時間，無法判斷漢譯本所使用的梵文底本原貌。但即使「字數不同」無法確證三家漢譯本非「同本異譯」，但至少可看出漢譯本所據的底本經文篇幅不甚相同。

二、菩薩名不相同

佛經的序分中每每列出席法會者——或聲聞或菩薩——的名稱，及其人數，以資證信。以下參照附錄 1「〈佛國品〉菩薩名三種漢譯本及梵文寫本對照表」，對三家漢譯本和梵文寫本的〈佛國品〉所列菩薩名進行對比後，分成四類加以說明。此四類是：1. 譯名完全相同者；2. 譯名不相同者；3. 譯名被省略者；4. 譯名單獨出現者。

（一）譯名完全相同者

支謙本	羅什本	玄奘本	梵文寫本
1. 寶印手菩薩	1. 寶印手菩薩	1. 寶印手菩薩	1. ratna-mudrā-hasta（寶印手）
2. 常舉手菩薩	2. 常舉手菩薩	2. 常舉手菩薩	2. nityotkṣipta-hasta（常舉手）
3. 虛空藏菩薩	3. 虛空藏菩薩	3. 虛空藏菩薩	3. gagana-gaṃja（虛空藏）
4. 嚴土菩薩	4. 嚴土菩薩	4. 嚴土菩薩	4. kṣetra-alaṃkṛta（國土莊嚴）

在〈佛國品〉中，菩薩的名稱和人數：梵文寫本 55 人、支謙本 52 人、羅什本 52 人、奘本 56 人。其中以奘本為最多，其次是梵文寫本，最少是支謙本和羅什本，後二本人數相同。三種漢譯本與梵文寫本中，菩薩名完全相同者是上表四位：寶印手、常舉手、虛空藏、嚴土菩薩。其餘的菩薩名在譯音和譯意上多有些微的差異，如下所述。

（二）譯名不相同者

大部份的菩薩名在譯名約略有不同，但意思相同。例如：支謙本翻作濡首菩薩；羅什本翻為文殊師利法王子菩薩；玄奘本譯成妙吉祥菩薩；而梵文寫本為 mañjuśriyākumārabhūta，可半音譯半意譯為曼殊師利法王子，或者意譯成妙吉祥、濡首。羅什本和玄奘本中的菩薩譯名較多相同，但支謙本多和前兩者不相同，如梵文寫本作 suvarṇṇacūḍa，羅什本和玄奘本一樣，均意譯

為「金髻菩薩」，支謙本則為「金結菩薩」。兩相比對，只有「髻」與「結」的差異。其實梵文 suvarṇṇacūḍa 是一個複合詞（持業釋，形容詞關係），前語 suvarṇṇa 有「黃金」之意，而 cūḍa 有髻、結之義。因此，「金髻」和「金結」只是翻譯上選擇漢字的差別，無礙於理解。

此外，翻譯上選擇不同漢字，導致不同理解的，有：梵文寫本作 prajñākūṭa，支謙本作「智積菩薩」，羅什本作「慧積菩薩」，玄奘本作「慧峯菩薩」。窺基在《說無垢稱經疏》中解說這三種譯名：「智慧高峻，名為慧峯。先云慧積，與義便乖。」〔註152〕此「先本」指的是羅什本。玄奘針對羅什譯《維摩詰所說經》加以重譯，故窺基在《說無垢稱經疏》內所稱「先本」，俱是指羅什本。梵文 kūṭa 一字可意譯為「峯」，也可意譯為「積」，但窺基以「智慧高峻」解釋，認為「智峯」較「智積」為佳。然而，高峯是積累而成，比喻智慧積具，又有何不可呢？除翻譯上相同和不相同的菩薩名，亦有僅出現在各本的名字，如下述。

（三）譯名被省略者

玄奘本中有「蓮花勝藏菩薩」和「蓮花嚴菩薩」兩位菩薩，特別的是，支謙本只有「蓮華淨菩薩」，羅什本只有「華嚴菩薩」，但梵文寫本中卻有 padmaśrīgarbha「蓮花吉祥藏」和 padmavyūha「蓮花莊嚴」兩位菩薩。或許是支謙本和羅什本省略了其中一位，亦或許是傳鈔時將類似的菩薩名合而為一，造成兩人併為一人的情況。

（四）譯名單獨出現者

也有僅出現在單一漢譯本的菩薩，如下列：

（1）只出現在支謙本的菩薩共 19 位：見正邪菩薩、常笑菩薩、正願至菩薩、寶首菩薩、寶池菩薩、寶水菩薩、水光菩薩、捨無業菩薩、燈王菩薩、造化菩薩、明施菩薩、上審菩薩、眾香手菩薩、眾手菩薩、不置遠菩薩、善意諫菩薩、蓮華淨菩薩、梵水菩薩、漸水菩薩。

（2）只出在羅什本的菩薩共 5 位：辯音菩薩、寶見菩薩、寶勝菩薩、功德相嚴菩薩、電德菩薩。

（3）只出現在玄奘本的菩薩共 2 位：寶施菩薩、電天菩薩。

〔註152〕〔唐〕窺基：《說無垢稱經疏》，大正藏38冊，1782經，頁1017b2-3。

（4）只出現在梵文寫本的菩薩共 8 位：dharmeśvara（法音）、
nityotpalakṛtahasta（常施波羅手）、praṇidhiprayātaprāpta（願求勝樂
行）、ratnolkādhārin（寶光明陀羅）、ratnanandin（寶歡喜）、ratnajāha
（寶捨）、vidyuddeva（電光）、lakṣaṇakūṭasamatikrānta（超相峯）。

綜上所述，雖然菩薩名有完全相同的翻譯，但也有出現單獨存在各本的
名字。因而從相同與類似的譯名中，可推測《維摩詰經》或許有一個共同的
梵文底本，但此一底本隨著時代的改變而在內容上有所增添，故不能說三家
漢譯本是「同本異譯」。但或許可從菩薩名的差異初步推測，即：較其他二本
多出 19 位的支謙本，或許與其他兩種漢譯本及現今梵文寫本所依據的底本差
異最大。而僅多出兩位菩薩的玄奘本，則可能是最貼近現今梵文寫本的譯作。
但這個推測仍需要進一步的文獻資料方能佐證。

三、法數不相等

經文內由佛陀、說無垢稱居士或菩薩所宣說的教法，採用句型大致相同
的並列行式，稱之為「法數」。橋本芳契在《維摩經の思想的研究》中表示《維
摩詰經》其一特色便是隨機羅列「法數」。[註153] 漢譯本依漢文習慣，將「法
數」翻譯成排比句，正好能從中比對，找出不一樣的地方。然而，三種漢譯本
中的「法數」有很大的差異，舉〈問疾品〉「菩薩所行」為例，如附錄 2「〈問
疾品〉「菩薩所行」三種漢譯本法數對比表」。以下僅指出單獨出現於三種漢
譯本的「法數」。

支謙本	1. 菩薩住不高不卑，於其中無所處，是菩薩行
	2. 菩薩住不高不卑，於其中無所處，是菩薩行
	3. 受道之行，不興小道，是菩薩行

| 羅什本 | 1. 雖行無起，而起一切善行，是菩薩行 |
| | 2. 雖行禪定解脫三昧，而不隨禪生，是菩薩行 |

| 玄奘本 | 1. 若樂觀察非障所行而不希求雜染所行，是則名為菩薩所行 |
| | 2. 若樂觀察靜慮、解脫、等持等，至諸定所行，而能不隨諸定勢力受生所行，是則名為菩薩所行 |

〔註153〕橋本芳契：《維摩經の思想的研究》，頁 25。

| 3. 若樂建立諸法所行而不攀緣邪道所行，是則名為菩薩所行 |
| 4. 若樂觀察六念所行而不隨生諸漏所行，是則名為菩薩所行 |
| 5. 若樂觀察無願所行而能示現有趣所行，是則名為菩薩所行 |
| 6. 若行一切有情諸法相離所行而無煩惱隨眠所行，是則名為菩薩所行 |
| 7. 若正觀察無生所行而不墮聲聞正性所行，是則名為菩薩所行 |
| 8. 若正觀察內證所行而故攝受生死所行，是則名為菩薩所行 |

〈問疾品〉「菩薩所行」法數，支謙本 18 種，羅什本 32 種，玄奘本 38 種。單獨出現、不能與其他本相對應者，支謙本有 3 種，羅什本有 2 種，玄奘本有 8 種。然而，所敘述法數的內容均符合大乘菩薩道。依此發現，支謙本的「菩薩所行」最少，又多能與羅什本相對應，玄奘本反而與前二家差異較大。

本論文中不再詳細列出三家漢譯本的「法數」表格，以下僅舉出三者在「法數」上的差異：

（1）第六〈不思議品〉中維摩詰舉例何謂「非求法」，支謙本 9 種，羅什本 9 種，玄奘本 10 種。

（2）第七〈觀有情品〉形容菩薩如何觀察眾生，支謙本 18 種，羅什本 29 種，玄奘本 33 種。

（3）第七品問菩薩如何行慈，支謙本 29 種，羅什本 29 種，玄奘本 38 種。

（4）第八〈菩提分品〉說菩薩行於非趣，即是佛法到究竟趣的方式，支謙本 16 種，羅什本 26 種，玄奘本 33 種。

（5）第十〈香臺品〉說娑婆世間眾生倔強，必須教之以剛強語言，支謙本 3 種，羅什本 33 種，玄奘本 44 種。

綜合上揭法數的比對，支謙本最少，甚至和玄奘本差了幾十個法數。羅什本在有些項目下，時而和支謙本法數相等，但仍不及玄奘本法數之量。顯見在法數的比對上，三家漢譯本所依的底本不同，因而造成法數多寡的差異。

四、「默然無諍」情節的有無

除字數、菩薩名和法數外，在〈入不二法門品〉中可發現，支謙本沒有「默然無諍」的段落。支謙本《佛說維摩詰經》〈不二入品〉：

> 如是，諸菩薩各各說已，又問文殊師利：「何謂菩薩不二入法門者？」
>
> 文殊師利曰：「如彼所言，皆各建行，於一切法如，無所取、無度、無得、無思、無知、無見、無聞，是謂不二入。」〔註154〕

支謙本由文殊師利菩薩總結諸菩薩的不二法門，但在羅什本、玄奘本和現存梵文寫本，則是出現維摩詰居士「默然無諍」的場面。見羅什本《維摩詰所說經》〈入不二法門品〉：

> 於是文殊師利問維摩詰：「我等各自說已，仁者當說何等是菩薩入不二法門？」時維摩詰默然無言。文殊師利歎曰：「善哉！善哉！乃至無有文字、語言，是真入不二法門。」〔註155〕

又可見玄奘本《說無垢稱經》〈不二法門品〉：

> 時妙吉祥復問菩薩無垢稱言：「我等隨意各別說已，仁者當說，云何菩薩名為悟入不二法門？」時無垢稱默然無說。妙吉祥言：「善哉善哉！如是菩薩是真悟入不二法門，於中都無一切文字言說分別。」
> 〔註156〕

兩者皆是突顯維摩詰居士「默然」的離言詮表現，突顯《維摩詰經》超越文字、言語的中觀立場。

而梵文校訂本如下：

> atha khalu mañjuśrīḥ kumārabhūto vimalakīrtiṃ licchavim etad avocat: nirdiṣṭo 'smābhiḥ kulaputra svakasvako nirdeśaḥ | pratibhātu tavāpy advayadharmapraveśanirdeśaḥ |
>
> 此時，曼殊師利法王子對離車毗的維摩詰說：「善男子，各自已宣說，請說入不二法門。」
>
> atha vimalakīrtir licchavis tūṣṇīm abhūt |
>
> 離車毗的維摩詰保持沉默。
>
> atha mañjuśrīḥ kumārabhūto vimalakīrter licchaveḥ sādhukāram adāt:
>
> 此時，曼殊師利法王子稱讚離車毗的維摩詰：

〔註154〕 〔吳〕支謙：《佛說維摩詰經》，大正藏第 14 冊，474 經，頁 531c28-532a2。

〔註155〕 〔姚秦〕鳩摩羅什：《維摩詰所說經》，大正藏第 14 冊，475 經，頁 551c20-24。

〔註156〕 〔唐〕玄奘：《說無垢稱經》，大正藏第 14 冊，476 經，頁 578c20-25。

sādhu sādhu kulaputra ayaṃ bodhisatvānām advayadharmamukhapraveśo

yatra nākṣararutaravitavijñaptipracāraḥ| 〔註157〕

「善哉，善哉，善男子！此諸菩薩的入不二法門，此處無文字、聲
音和假名。」

亦是由維摩詰居士的沉默，歸結出《維摩詰經》的不二法門是「離文字性」。
由此四段引文可看出，支謙本缺少「默然無諍」的段落，將一切法的「無
所得」諸說等同於不二法門，但具有「默然無諍」的版本則是使維摩詰居
士勝過諸菩薩的宣說，提出善滅諸戲論的不二法門，並且藉文殊師利菩薩
之口，稱讚「默然無諍」為正法的實踐。故而推測支謙本所產出的時代較
早，雖其經義是中觀立場，但沒有後世版本具有維摩詰居士「默然無諍」
的情節。

　　比對支謙本、羅什本、玄奘本和梵文寫本得知，雖同樣是《維摩詰經》，
三者所根據的底本或許略有差異，以玄奘本字數最多，支謙本字數最少。在
內容方面，與現存的梵文寫本比較起來，三者皆有增減，其中以玄奘本增加
最多。諸經錄紀錄《維摩詰經》三家漢譯本是「同本異譯」，也許不能夠精確
地描述細節的差異。三家漢譯本在翻譯年代上，約略各相隔兩百年的距離，
從梵漢比對上，略知三家漢譯本所依據的梵文底本不盡相同，藉由「口譯」
的支謙本字數最少，菩薩名差異最大，法數最寡；最晚的玄奘本字數最多，
菩薩名差異最小，法數最豐。至於「默然無諍」情節的有無，支謙本或許是因
為底本的差異而未能譯出此段，但因為「默然無諍」做為《維摩詰經》的重要
情節，在羅什本和玄奘本都有翻譯。因此，大致上可以得到如下結論：三家
漢譯本之間，翻譯上的差異有可能來自底本的不同，而不一定是翻譯者對梵
文的理解問題。三種漢譯本的核心內容都一樣，僅是在細微處有差異，顯見
《維摩詰經》的梵本在流傳中也經過改變。

　　本節可得證：玄奘的《說無垢稱經》並非因為版本的差異而偏向唯識學
的理解。雖然玄奘本和其他兩家漢譯本在字數、菩薩名、法數上有所差異，
大致的內容仍是極為類似。下節即直接從玄奘《說無垢稱經》中所用的唯識
字探討其翻譯內容是否代入唯識思想？

〔註157〕梵語佛典研究會：《梵文維摩経——ポタラ宮所藏写本に基づく校訂》，頁
　　　　351。

第五節　玄奘譯本中所用的唯識術語

　　上節討論了《維摩詰經》三家漢譯本是否為「同本異譯」的問題。再從另一角度來看，玄奘是否將唯識思想攙入《說無垢稱經》的翻譯中？Lamotte認為「玄奘如他的先驅者鳩摩羅什一樣，忠實地反映出《維摩詰經》是為純粹的中觀思想」。〔註 158〕若《說無垢稱經》按照底本翻譯，並無添加唯識思想，那麼，窺基秉持唯識學立場所註的《說無垢稱經疏》，便有可能是基於他自身的理念，而非基於玄奘所譯的《說無垢稱經》。然而，玄奘譯經的同時也會對經文加以解說，《經疏》內的唯識思想也有可能來自於玄奘的說法，但限於文獻資料的不足，無法對《經疏》內的唯識思想來源下定論。

　　以下擬採用梵漢比對的方法，先找出玄奘譯《說無垢稱經》中的唯識術語，再與支謙本、羅什本和梵文寫本對照，以求其語詞內含所具有的唯識思想，之後找出窺基的《說無垢稱經疏》的解說，探討其中是否使用唯識學疏解。梵文寫本出現「vijñapti」、「vijñāna」、「ālaya」、「bīja」、「gotra」，唯識學的系統中將這幾組字做為術語使用。玄奘本將之譯為「識」、「阿賴耶」、「種子」、「種姓」。因此，搜尋整部梵文寫本，將這五個字所屬的段落抽出為附錄 3「玄奘《說無垢稱經》中所使用的唯識字詞」。整理簡要為以下表格所示：

梵文寫本	梵文意譯	玄奘本	梵文寫本出現次數
vijñapti	表識	識	3
vijñāna	識	識	13
bīja	種子	種子	3
gotra	種姓	種姓	15
ālaya	所藏、第八識	阿賴耶	9

　　若梵文寫本中有這些唯識術語的出現，是否代表《維摩詰經》的梵文寫本本身就帶有唯識思想？再者，玄奘是否依梵文寫本的字面意義，將經文以唯識術語翻譯？又，窺基是基於玄奘的翻譯而以唯識學疏解嗎？下文分為三個部份：1.「vijñapti / vijñāna」；2.「bīja / gotra」；3.「ālaya」，各舉數例為代

〔註 158〕 "In general Hsüan-tsang（*Xuanzang*）, like his predecessor Kumārajīva, faithfully reflects the philosophical thought of the Vkn which is pure Madhyamaka." Étienne Lamotte, Sara Boin trans., *The Teaching of Vimalakīrti*（*L'Enseignement de Vimalakīrti*）. p. XXXVI。

表，以玄奘本和梵文寫本的對照為主，加之以支謙本和羅什本的漢譯，探討玄奘在翻譯時，是否加入了唯識思想？

一、表識 vijñapti / 識 vijñāna

　　Vijñaptimātra 在世親著、玄奘譯的《唯識二十論》中，被漢譯為「唯識」。現代日本唯識學者則譯作「記識」或「表識」。vijñapti 在《俱舍論》被譯為「表」，如「無表色」的「表」。此梵字也被譯為「了別」。vijñapti 是由動詞語根 √jñā（意指「知」）加上接頭詞 vi-（意指「離」）的使役型形容詞 vijñapta。原本是 vi + √jñā + paya + ti = vijñapayati，第三人稱單數使役動詞，使…知道。形容詞 vijñapta 則使用陰性字尾形成名詞 vijñapti。《梵和大辭典》解作：「顯現、了別、表色、言教、假名、識、知、相、所取諸意」。〔註159〕而 vijñāna，則是 vi + √jñā 的陽性名詞，Monier-Williams 字典解為：「the act of distinguishing or discerning, understanding, comprehending, recognizing, intelligence, knowledge.」〔註160〕漢譯為「識」，《梵和大辭典》解作：「心、心法、識、意識」。〔註161〕依上列表格，vijñapti 在梵文寫本中只出現過 3 次，vijñāna 則使用了 13 次。vijñapti 和 vijñāna 各有其含意，但在玄奘本中，兩者都被譯為「識」。

1. 第三〈聲聞品〉

　　梵文校訂本：avijñaptiś cittamanovijñānavigataḥ〔註162〕
　　支謙本：以無識心為離識心。
　　羅什本：法無分別，離諸識故。
　　玄奘本：法無了別，離心識故。

支謙本譯為「無識心」，但 avijñapti 只表示了無分別之意，並未與心（*citta*）成為複合字。反之，複合字 cittamanovijñānavigataḥ 指「離心意識」。此句中，avijñapti 與 cittamanovijñānavigataḥ 皆是主格，因此是簡單判斷句，指無了別（*avijñapti*）即是離心意識（*cittamanovijñānavigataḥ*）。支謙本將 avijñapti 做

〔註159〕荻原雲來編纂：《梵和大辭典》，臺北：新文豐，1979 年，頁 1209。

〔註160〕Monier-Williams Sanskrit-English Dictionary, 2020 版. https://www.sanskrit-lexicon.uni-koeln.de/scans/MWScan/2020/web/webtc/indexcaller.php

〔註161〕Monier-Williams Sanskrit-English Dictionary, 2020 版. https://www.sanskrit-lexicon.uni-koeln.de/scans/MWScan/2020/web/webtc/indexcaller.php。

〔註162〕梵語佛典研究會：《梵文維摩経──ポタラ宮所藏写本に基づく校訂》，頁 82。

為「心」的解釋。羅什本和玄奘本則是補入梵文校訂本中沒有的「法」，將 avijñapti 做為對「法」的描述，因為「法」在唯識無境的根本立場下，不能離開識而獨存。

對於此句，窺基在《經疏》中，採取並列「空理義」與「應理義」的疏解方式，但以「應理義」為勝義諦：

> 贊曰：「空理義云：『俗執有我所，故法有我所；真中無執所，故法無我所。俗有心識，法成所了；真無心識，法無所了。』應理義云：「真如非我，所以離我所。」故諸論云：『無攝受真如，非我執等所依取故。真如非所了，離心識境故。心識分別，故真非境，或無能了，離心識故。』」〔註163〕

「空理義」是以般若中觀的角度立論，分真俗二諦。若從物相看，俗諦是執取我所，因此認為法也有我所；而真諦中不執取我所，因此法沒有我所。若從心識看，俗諦有心識的分別，故起種種色法；真諦滅除分別心識，則是空相。「應理義」則是以唯識的角度提出真如非有一個實際存在的我，所以「離我所」，但「離我所」不表示沒有我所，只是真如不執取而已。真如也不是了別，因為「離心識境」，指真如平等，不再起現分別。

在此所指的「心識」是「vijñāna」，了別即是「avijñapti」。窺基在「空理義」所說的「心識」與「應理義」的「心識」不同。前者是對世間法直觀、起執著的「心」；後者是唯識學所說可了別外境的「第八識」。因此，窺基採取「應理義」為勝義諦，是加入唯識學的心識作用，不僅僅是《說無垢稱經》的本意。

2. 第六〈不思議品〉

梵文校訂本：dharmo nirnimittaḥ | yeṣāṃ nimittānusārivijñānam, na te dharmārthikāḥ, nimittārthikās te | dharmo 'saṃvāsaḥ |

〔註164〕

支謙本：法無有想，在占想者則為堅識。斯求法者，無占想之求也。

羅什本：法名無相，若隨相識，則求相，非求法也。

玄奘本：法名無相，若隨相識，及是求相，非為求法。

〔註163〕〔唐〕窺基：《說無垢稱經疏》，大正藏38冊，1782經，頁1043a19-25。

〔註164〕梵語佛典研究會：《梵文維摩經──ポタラ宮所藏写本に基づく校訂》，頁224。

法是無相（nirnimitta），但識（vijñāna）是追隨相的（nimittānusāri）。此處的 nimitta 做為可被眼等識緣取的相，因而說追隨相不是真正的法。窺基在《經疏》〈不思議品〉持相同的看法：

> 真如正智，皆是無相。若隨法相而識遠者，是求法相，非求正法。
> 〔註165〕

窺基認為真如無相，若追隨法相而遠離識，則是追求法相，不是求正法。在此，玄奘譯 vijñāna 為「識」，但不是指唯識學中的「心識」，而是指五蘊中的「識蘊」。

3. 第十二〈觀如來藏品〉

梵文校訂本：vijñānatathatāsvabhāvam avijñānam〔註166〕
支謙本：無此句。
羅什本：不觀識如，不觀識性。
玄奘本：識真如性，其性非識。

因前句是維摩詰觀法（paśyāmi），此句以對格表示。羅什本保存了動詞「觀」，玄奘本只翻譯此句。識（vijñāna）真如（tathatā）性（svabhāva）不是識（avijñāna），表示真如的無自性，在識中沒有一個識的性，所有諸法的本性都是無自性的。窺基在《經疏》〈觀如來品〉中則是與羅什本的翻譯相對照：

> 舊經云：「不觀色，不觀色如。」不觀色性者，依空理義云：「聲謂有相，如謂空相；性謂因緣，色屬因緣，都無自性。」依應理義云：
> 「聲謂依他，如謂圓成，性謂所執，此三依詮，法身廢詮，故皆不觀。」〔註167〕

窺基一貫分為空理義與應理義解析。為何說「不觀色」？以空理義解釋為「聲」、「色」和「性」都無自性。應理義則更細部分析，「聲」是依他起的假有；「如」是圓成實的「無我」；「性」是遍計執的虛妄，然而，三者皆是表詮，法身超過一切言詮。窺基的「空理義」和「應理義」都顯示了佛法身的殊勝，只是「空理義」仍從中觀「一切法無自性」的觀點說佛法身的無我；「應理義」說明在三性之外，另立離言的佛法身。

〔註165〕〔唐〕窺基：《說無垢稱經疏》，大正藏 38 冊，1782 經，頁 1078a3-4。
〔註166〕梵語佛典研究會：《梵文維摩経──ポタラ宮所藏写本に基づく校訂》，頁 436。
〔註167〕〔唐〕窺基：《說無垢稱經疏》，大正藏 38 冊，1782 經，頁 1105b14-18。

　　依據陳一標〈「識」的詮釋——vijñāna 與 vijñapti〉〔註168〕一文中的引用:「玄奘將 vijñapti 譯為『了別』,變成是識的的取境活動,是一種誤導。霍韜晦極力主張 vijñāna 是識,vijñapti 只是境。」〔註169〕霍氏的說法是指玄奘所譯的有相唯識學經典,但在《說無垢稱經》中沒有深刻的唯識思想。稻津紀三在《世親唯識學的根本性研究》中分析:vijñāna 是在詞根上附加 ana 的形式,表示「具有進行意識的作用者」,「是一個將意識作用之意義包含在自身內的意識概念」;〔註170〕vijñapti 則表示「主觀的意識」的概念,「由意識之作用而引起的事件或狀態」。由於《維摩詰經》成立的年代尚無有相和無相唯識的分別,vijñāna 與 vijñapti 是唯識學所建立的認識活動術語。在《說無垢稱經》中,vijñapti 譯為「了別」,vijñāna 譯為「識」,但並未特別指出兩者的差異。在梵文寫本中,多使用 vijñāna,符合初期大乘思想五蘊說的立場。窺基在《經疏》中,採取「空理義」和「應理義」並列的兩種角度,認為 vijñāna 是「心識」,vijñapti 是「了別」,是立足於唯識學的角度。

〔註168〕陳一標:〈「識」的詮釋——vijñāna 與 vijñapti〉,《圓光佛學學報》,第 2 期,1997 年 10 月,頁 105～120。對於日本學者解釋 vijñāna 與 vijñapti。將其分為五類:

1. 將 vijñapti 視為「表象」之見解:長尾雅人在日譯的《攝大乘論》中,將 vijñapti 視為「表象」,屬於對象面,不含有主體的意味,「唯識」也就變成「一切只是表象」之意,是一種觀念論的形態.勝呂信靜從梵文的造詞規則中區分 vijñāna 和 vijñapti 的差別,認為 vijñāna 含有認識作用、認識主體和認識結果 vaijñapti 主要意思為認識的表象。

2. 將 vijñapti 視為「創造、統一境和識的認識主體」之見解:寺本婉雅將 vijñapti 是「能意識之作用的表顯」,有創造一切存在的意識之義。

3. 將 vijñapti 視為「表識」之見解:稻津紀三認為 vijñāna 和 vijñapti 兩者都是「意識概念」,只是 vijñāna 指「作為主觀的意識」vijñapti 則是「含有某種個別特殊的內容而具體生起的意識」。

4. 將 vijñapti 視為「純粹的識的作用」之見解:芳村博實主張 vijñapti 指「純粹的識的作用」,是「對象顯現」與「使對象顯現之能力」。

5. 將 vijñapti 解為「識見識自身」之見解:上田義文認為 vijñāna 是指「能識」的場合,vijñapti 是表示「識見識自身」之意。

然而,在《說無垢稱經》中,vijñapti 和 vijñāna 並未有詳細的分疏,僅是做為「識」一詞。

〔註169〕陳一標:〈「識」的詮釋——vijñāna 與 vijñapti〉,頁 111。

〔註170〕稻津紀三著,楊金萍、肖平譯:《世親唯識學的根本性研究》,北京:宗教文化出版社,2013 年 1 月,頁 7。

二、種子 bīja／種性 gotra

　　Bīja 漢譯為「種子」。種子學說做為唯識學重要的理論之一，乃是回應部派佛教業理論，且解釋阿賴耶識如何具有起現外境並認識外境的功能。gotra 漢譯為「種性」，於唐代唯識學的立場，並不同意《涅槃經》中眾生皆可成佛，而是提出「五性各別」，且有不能成佛的「一闡提」。因此，本研究將 bīja／gotra 做為一組詞，探討其中對成佛可能性的解釋。

　　在《說無垢稱經》的經文內，「如來種性」被妙吉祥菩薩說為成佛的可能，「種子」做為佛性生起的原因。

1. 菩提分品八

　　梵文校訂本 : tadyathāpi nāma nākāśe bījāni virohanti |
　　　　　　　　dharaṇitalapratiṣṭhitāni virohanti |〔註171〕

　　支謙本：無此句。

　　羅什本：又如植種於空，終不得生，糞壞之地乃能滋茂。

　　玄奘本：譬如植種，置於空中，終不生長，要植卑濕糞壞之地乃得
　　　　　　生長。

　　此處「bīja」只是一個譬喻，藉植物的種子無法生長於空中，必須種於泥土中，比喻不離世間覺的大乘思想。

2. 菩提分品八

　　梵文校訂本：etat kleśā gotraṃ tathāgatānām | kuto hy asmadvidhānāṃ
　　　　　　　　śaktir asti bodhicittam idānīm utpādayitum |
　　　　　　　　〔註172〕

　　支謙本：塵勞之疇為如來種，悉但身見能發無上正真道乎？

　　羅什本：塵勞之疇為如來種，我等今者不復堪任發阿耨多羅三藐三
　　　　　　菩提心。

　　玄奘本：一切生死煩惱種性，是如來種性，所以者何？我等今者，
　　　　　　心相續中，生死種子悉已燋敗，終不能發正等覺心。

〔註171〕梵語佛典研究會：《梵文維摩経——ポタラ宮所藏寫本に基づく校訂》，頁306。

〔註172〕梵語佛典研究會：《梵文維摩経——ポタラ宮所藏寫本に基づく校訂》，頁306。

此段梵文指煩惱種性（kleśā gotra）是如來種性（tathāgatā），從我（asmat）起現的（vidhā）能力（śakti）如何（kuta）生起（utpādayitum）菩提心（bodhicitta）？意指我等眾生只有煩惱種性，如何從此煩惱中生起解脫？然而，《說無垢稱經》中有「生死種子悉已燋敗，終不能發正等覺心」，此句梵文校訂本中沒有，支謙本和羅什本也沒有。但種子燋敗乃是唯識學中「一闡提種性」的特徵，因為種子燋敗，失去成佛的可能性，因此永遠不可能解脫。可見較晚翻譯的玄奘本中有「生死種子」之意，突顯了聲聞乘因斷除煩惱、無「生死種子」而不能成佛的情節。

此中，窺基將「生死種子」疏解為「煩惱種子」，如《經疏》〈菩提分品〉所說：

煩惱種子，已斷燋敗。厭心不切，行心不猛。故不能也。〔註173〕

聲聞乘滅除「煩惱種子」，不能發起厭離小乘，行大乘菩薩道之心，故而不能成佛，隱含了唯識學中「定性二乘無法成佛」的思想。窺基將「生死種子」疏解為「煩惱種子」，可能是將現今梵文寫本的「kleśā gotra」煩惱種性的「gotra」做為「bīja」解釋，也可能是玄奘所持的梵文底本有「生死種子」一字，生死法是世間法煩惱的根源，故而窺基將「生死種子」和「煩惱種子」相等同。

「bīja / gotra」本來為普通的梵文字，在唯識學脈絡中成為代指解脫可能的術語。然而，《說無垢稱經》中並未承載唯識學的意義。唯識學的種子學說中，「種子（bīja）」儲存於阿賴耶識中。在來源上，唯識宗分為三系：1. 有漏和無漏種子皆是「本有」；2. 有漏無漏種子皆是新熏「始有」；3. 同時具有「本有」和「始有」兩種種子。第 3 種是護法的立場，窺基在《經疏》內也承續了護法的說法。然而由「植種」一詞看來，「bīja」在《說無垢稱經》中單純做為「植物的種子」，譬喻佛性生起之因。「生死種子」和「煩惱種子」也僅是生起菩提心的可能，著重於「生滅法」和「煩惱法」。以上三類「種子」皆非阿賴耶識涵藏的「本有無漏種子」。唯識學也將「種性（gotra）」擴展成「五性各別說」（pañca gotra），認為「定性二乘」和「一分無性」不可成佛，迥異於中國佛教所秉持的《涅槃經》「眾生皆可成佛」和《法華經》「一乘義」的思想。此一佛性論的議題將在第五章詳細分梳。

〔註173〕〔唐〕窺基：《說無垢稱經疏》，大正藏 38 冊，1782 經，頁 1089a11-12。

三、阿賴耶識 ālayavijñāna

阿賴耶（ālaya）原意是「棲息處、鳥巢，亦即是住居、房屋」；水野弘元的《增補改訂パーリ語辭典》：「ālaya，阿賴耶、執著、愛著、所執處。」〔註174〕陳一標在〈有關阿賴耶識語義的變遷〉一文中指出阿賴耶隨著思想的發展而改變原本的意含：「這或許是佛教論師運用一個舊有語詞，以呈顯一個新的哲學意含時，刻意改變其語源的解釋所致，在這梵語化的語源解釋當中，或許我們可以發現該概念在被賦與一個新的意義之時，著重那一側面。這似乎是我們找尋阿賴耶識一開始成立時的問題意識以及其後來的發展傾向，一個很重要的起點。」〔註175〕就此論點，探討玄奘是否將梵文寫本中的 ālaya 一字帶入唯識思想。

1. 第三〈聲聞品〉

> 梵文校訂本：anālayaś cakṣuḥśrotraghrāṇajihvākāyamanaḥpathasamat
>
> ikrāntaḥ〔註176〕
>
> 支謙本：為離起分而無家，眼耳鼻口身心已過無所住。
>
> 羅什本：法無所歸。法過眼耳鼻舌身心。
>
> 玄奘本：法無執藏，超過一切眼耳鼻舌身意道故。

〈聲聞品〉的「anālaya」，支謙譯作「無家」，羅什譯「無所歸」，玄奘譯作「無執藏」，接頭詞 an-表否定之義，ālaya 意譯為「歸處」，anālaya 直譯為「無歸處」，指諸法無所憑依。窺基在《經疏》〈3 聲聞品〉疏解為：

> 空理義云：「俗有生故可取，有滅故可捨。真無生滅，何取何捨？道者，通生之義，根與境為道。俗有六根，為能執藏。故六境之法，成所執藏。真非六根之所藏，故法無所執藏，超六根道故。」
>
> 應理義云：「依他隨真，無取無捨，離生滅故，亦無能執藏，超過六根，非愛境故。非非所執藏。」古云：『法無生滅。』初句可成，法無所歸之者，所執藏義。」〔註177〕

〔註174〕水野弘元：《增補改訂パーリ語辭典》，東京：春秋社，2005 年 2 月，頁 63。

〔註175〕陳一標：〈有關阿賴耶識語義的變遷〉，《圓光佛學學報》，圓光佛學研究所，第 4 期，1999 年 12 月，頁 75～106。

〔註176〕梵語佛典研究會：《梵文維摩経——ポタラ宮所藏写本に基づく校訂》，頁 92。

〔註177〕〔唐〕窺基：《說無垢稱經疏》，大正藏 38 冊，1782 經，頁 1043c3-11。

ālaya 譯做「執藏」。依「空理義」，世俗諦執著於生滅法，誤以為法有依歸，滅除執著後，可知諸法空性，也不再認為法有所藏處。好比世俗諦以六根能執六境所執之法，但「空性」非六根所能執取，而是貫徹在諸法中，故見空相的同時也理解了法無所執藏。「應理義」則說執取依他起性為實有，誤以為諸法是真實，當虛妄的內境之境相被消除，也明白了法無所依，此「法無所歸」之義，即是勝義諦的「所執藏義」。窺基的「空理義」停留在「法無執藏」的空性，但「應理義」則將「法無執藏」做為勝義諦的「所執藏義」，顯示在《經疏》中雖將「空理義」和「應理義」並列說明，卻以「應理義」為主的傾向。

2. 第六〈不思議品〉

梵文校訂本：dharmo 'nālayaḥ | ya ālayārāmāḥ, na te dharmārthikāḥ, ālayārthikās te |〔註178〕

語譯：法無可歸之處，凡樂於歸處者，不求法，他們求歸處

支謙譯：法無巢窟，有法者則為有窟。斯求法者無窟倚之求也。

羅什譯：法無處所，若著處所，是則著處，非求法也。

玄奘譯：諸求法者，不求識藏。所以者何？法無攝藏，若樂攝藏，是求攝藏，非為求法。

〈不思議品〉的「anālaya」，支謙譯「巢窟」，羅什譯「處所」，玄奘譯「攝藏」，皆是表現諸法無常無我，是剎那生滅變化，若是執著法有固定的相，就不是真實地認知法。窺基在《經疏》〈不思議品〉同與玄奘所譯相同：

《贊》曰：此第六不求愛著法，能攝藏則愛。所攝藏者，此愛所緣，既不求貪愛，故法不可攝藏，非愛境故。〔註179〕

在此，說明法無自性，因愛著顯現的識，而執著於「攝藏」，不是真正地求法。窺基以「愛著」解釋執取「攝藏」的原因，點出唯識無境，沒有可執取的外境，即沒有愛著憑依的「攝藏」。Lamotte 指出玄奘刻意將 ālaya 翻譯為「攝藏」，即是為了避開任何與唯識學阿賴耶識混淆的可能性。〔註180〕

〔註178〕梵語佛典研究會：《梵文維摩経——ポタラ宮所藏写本に基づく校訂》，頁224。

〔註179〕〔唐〕窺基：《說無垢稱經疏》，大正藏 38 冊，1782 經，頁 1077c28～1078a1。

〔註180〕"As with the other Chinese and Tibetan translations, Hsüan-tsang renders the original text faithfully, and avoids any trace of a parallel between this Mādhyamika ālaya ——or rather, this absence of ālaya—— and the famous ālayavijñāna "store-

3. 第十一〈菩薩行品〉

梵文校訂本：anālayam iti ca pratyavekṣate, śukladharmālayaṃ ca na

vijahāti | anupādānam iti〔註181〕

語譯：無歸處，生起清白法歸處，不是離無所執

支謙譯：觀無處所為住生死以度斯漏。

羅什譯：觀無所歸而歸趣善法

玄奘譯：雖樂觀察無阿賴耶，而不棄捨清白法藏。

〈菩薩行品〉的「anālaya」，支謙譯「無處所」，羅什譯「無所歸」，玄奘譯「無阿賴耶」。同樣可將 ālaya 視為「歸處」。窺基的《經疏》〈菩薩行品〉說明阿賴耶：

> 阿賴耶者，雖具三藏，今取能執藏。無阿賴耶，是無能執藏義。
>
> 〔註182〕

ālaya 是能執藏，anālaya 是無能執藏。阿賴耶識有三藏：能儲藏業力的「能藏」；是業力儲藏地的「所藏」；被第七末那識執取為「我」的我愛執藏。窺基疏解「無阿賴耶」是「無能執藏」，「阿賴耶」是「能執藏」，將此段的「阿賴耶」視作有業力儲藏之義。雖「無阿賴耶」，無能執藏之體，卻仍有能執藏之法。

依上三例可知，可看出梵文寫本中的 ālaya 只是意謂「歸處」的普通梵字，其意涵完全不同於阿賴耶識（ālaya-vijñāna）此一唯識思想中的重要術語。直到唯識佛教興起，ālaya-vijñāna（阿賴耶識）為根本識，是包括個人在內的宇宙萬物的根源，於是賴耶緣起說也宣告成立。在此處梵文寫本的 ālaya，因為《維摩詰經》成立於大乘佛教初期，尚未有唯識思想，玄奘把 ālaya 音譯為「阿賴耶」，純粹是出於個人學思背景的習慣，而非真有唯識學在內。

窺基和玄奘在 ālaya 的翻譯上看法相同，都譯作「藏」。然而窺基使用了阿賴耶識的三藏，不僅僅是視為 ālaya 的梵文本意「處所」看待，而是加入「執藏」的意涵。在玄奘的譯本中，阿賴耶 ālaya 只是指「所藏」、「處所」的梵文字，直到被唯識學借用為種子的涵藏處，才成為「阿賴耶識」。

---

sciousness" of Vijñānavādin psychology." Étienne Lamotte, Sara Boin trans., *The Teaching of Vimalakīrti（L'Enseignement de Vimalakīrti）*. p.XXXV-XXXVI.

〔註181〕梵語佛典研究會：《梵文維摩経──ポタラ宮所藏写本に基づく校訂》，頁422。

〔註182〕〔唐〕窺基：《說無垢稱經疏》，大正藏38冊，1782經，頁1103c17～18。

此外，唐代慧琳在《一切經音義》中，記錄了唐代「阿賴耶」一字的翻譯狀況，見《一切經音義》：

> 阿賴耶，（小字注）梵語，第八識名也。唐云藏識、能含藏，執持諸
> 善惡種子，故名藏識。亦名染淨識，或曰阿陀那識。《密嚴經》云阿
> 陀那識，甚微細，一切種子如暴流。我於凡夫不開眼，恐彼分別執
> 為我也。〔註 183〕

唐代將「阿賴耶」譯為「藏識」、「能含藏」、「染淨識」或「阿陀那識」，做為執持諸善惡種子的容器解釋。窺基《成唯識論述記》中記載玄奘將「阿賴耶識」翻譯為「藏」，〔註 184〕可知當 ālaya 做為「阿賴耶識」時，以玄奘的翻譯習慣，將會翻成「藏識」。然而，《說無垢稱經》的 ālaya 原意並無唯識學的「阿賴耶識」思想，只是作為凡夫誤以為諸法生起的場所。因此，窺基疏解時將 ālaya 解為「阿賴耶識」三藏中的「能執藏」、「所執藏」和「我愛執藏」，便已溢出原本玄奘的譯文。

第六節　小　結

根據上揭「vijñapati / vijñāna」、「bīja / gotram」和「ālaya」三組唯識字的比較，可以推論玄奘並未在翻譯《說無垢稱經》時引渡唯識思想，僅僅是某些字詞上、基於個人的學思背景，採用了唯識學的術語，並未影響整體《維摩詰經》的思想。

同樣地，窺基在 vijñāna「識」和 vijñapti「了別」的判別上，和玄奘相同，並無納入唯識學的認識活動。然而窺基在此三處溢出了玄奘的譯文：

1. 對於「心識」的解釋上，窺基將「應理義」的「心識」說為可了別境相的「第八識」，不符合《說無垢稱經》將 vijñāna 視為五蘊的「識蘊」的立場。

2. 窺基在「如來種性」中，將「生死種子燋敗」視做為「定性二乘」不能成佛之因。納入唯識學的「本有無漏種子義」和「五性各別說」。然而，《說無垢稱經》只將 bīja 當作生起煩惱的比喻。

〔註 183〕　〔唐〕慧琳：《一切經音義》，大正藏第 54 冊，2128 經，頁 422a11～12。
〔註 184〕　〔唐〕窺基《成唯識論述記》：「阿賴耶者，此翻為藏。」（大正藏第 43 冊，1830 經，頁 301a11）。

3. 認為 ālaya 是有三種藏的「阿賴耶識」，不完全依梵文本意「所藏」之
   意解釋。

顯見梵文寫本的唯識術語，僅是做為普通用字，尚未延伸為唯識學的術語，
更不代表《維摩詰經》的梵文寫本本身就帶有唯識思想。玄奘雖然依梵文寫
本的字面意義，將經文以唯識術語翻譯，卻是基於自身的學識背景，而非刻
意融入唯識思想。但是窺基在《說無垢稱經疏》中使用唯識學疏解，已然是
超出了《維摩詰經》和《說無垢稱經》的範疇。橋本芳契認為，窺基的《說無
垢稱經疏》將《說無垢稱經》解釋為一部展現唯識學宗義的經典。至於其《經
疏》如何聯繫《說無垢稱經》和唯識思想，將於第三章詳細說明。

第三章 《說無垢稱經疏》的疏解架構

　　上一章藉由梵漢對照三家漢譯本，發現歷代經錄所持「同本異譯」的觀點僅是就《維摩詰經》的內容廣義而論非指同一底本。三家漢譯本與現存的梵文寫本也有差異，可推測三家漢譯本所依據的底本不全然是同一個底本。於是進一步以三組唯識譯詞為例進行梵漢對比，發現玄奘的翻譯雖然使用唯識詞語，現存寫本的經文段落卻並無涉及唯識義。由此可知，雖然三家漢譯本的梵文底本不同，但能從《維摩詰經》的成立時間、經文內容、梵文寫本的文義，得出此經並未具有唯識思想的答案。

　　唐以前的諸家《維摩詰經》疏皆是根據羅什譯本，除了僧肇等人被合集的《注維摩詰經》是中觀般若的立場，其他各家疏本各有自身的思想偏重。其後，依據玄奘本《說無垢稱經》的窺基疏本，認為此經是兼通中觀和唯識二者。既然在文獻上可證明玄奘本翻譯時不曾融入唯識思想，窺基的《說無垢稱經疏》又為何認為此經具有「唯識法門」，且多引用唯識學相關經典為疏解的論證？為了梳理整部《經疏》的詮釋進路，本章擬由外解析《經疏》的疏解架構，探討窺基從寫作原因、判教分科、經體和教體的層面上，如何代入唯識思想。

　　本章分為四小節：1. 唐以前的《維摩詰經》諸疏本；2.《經疏》的成立；3.《經疏》的判教與分品；4.《經疏》的經體與教體。

第一節　唐以前的《維摩詰經》諸疏本

　　《維摩詰經》被視為中國流傳最廣的漢譯佛典，相關的注疏很多，學界對於《維摩詰經》歷代疏本的研究也十分豐富。〔註1〕

　　本節採用大陸學者王新水在《維摩詰經思想新論》一書中所使用的分類，〔註2〕將《維摩詰經》歷代疏本依據作者的宗派，分為五大類：1. 關河舊注；2. 地論師；3. 三論宗；4. 天台宗；5. 唯識宗。作為本研究的主要論題，「唯識宗」獨立在第三節探討。以下先就上述四類《維摩詰經》疏本簡要說明。

一、鳩摩羅什關河舊注──《注維摩詰經》

　　《注維摩詰經》，又名《維摩詰所說經注》、《淨名集解》，現今傳世本有八卷本和十卷本兩種，是目前見於《大正藏》中最早的《維摩詰經》注疏。大正藏中寫明作者是僧肇（384-414 A.C.E.）在 弘始九年（407 A.C.E.）所作，然而日本注維摩詰經研究會則不認為《注維摩詰經》的作者是僧肇。〔註3〕江戶時代華嚴宗學僧鳳潭（1654-1738 A.C.E.）在《注維摩詰經會要發矇抄》的卷首引文指出《注維摩詰經》的纂輯者相傳是「唐關中液法師」，卻沒有相關的身分背景。〔註4〕因此，《注維摩詰經》真正的編纂者不明，僅是在傳世文獻中有一句「後秦釋僧肇選」。而敦煌的維摩經相關文獻中，目前僅有《維摩經僧肇單注本》被確認為僧肇的作品。因此，《注維摩詰經》的編纂者是誰？恐怕尚未有定論。

〔註1〕《大正藏》所收、自姚秦到唐代的《維摩詰經》疏本的宏觀探討，可參考大陸學者何劍平《中國中古維摩詰信仰研究》一書，對於諸家疏本有概略性的說明。（四川：巴蜀書社，2009 年 6 月，頁 172～175、266～319、468～499）。

〔註2〕王新水：《維摩詰經思想新論》，合肥：黃山書社，2009 年 10 月，頁 7～10。

〔註3〕大正大學綜合佛教研究所注維摩詰經研究會編著：《對譯注維摩詰經》，日本東京都：山喜房佛書林，2000，頁 10～11。

〔註4〕「唐關中液法師」並非唐代的道液。圓照《開元釋教錄》中列有道液之名，活動於唐代資聖寺與西明寺，其餘資料不明。在日本《常曉和尚請來目錄》中，提及「關中液法師造」《維摩經疏》一部四卷、《維摩經釋批》一部三卷，和《維摩經開中疏科文》一卷，顯然沒有《注維摩詰經》。直至江戶時代元祿五年（1692），知空的《注維摩詰經日講左券》中，在《注維摩詰經》末尾，附加「淨名經集解關中疏序　中京資聖寺沙門　道液集」，但知空自己的序文裡直指《注維摩詰經》的作者不明。而道液法師的作品，則在敦煌出土文獻中發現《淨名經集解關中疏》與《淨名經集解關中釋抄》。其中《淨名經集解關中疏》與《注維摩詰經》內容類似，可能是因此而將作者混淆了。（見大正大學綜合佛教研究所注維摩詰經研究會編著：《對譯注維摩詰經》，頁 11～13）

　　釋果樸的研究指出：《注維摩詰經》起初是以各家單注本流傳，隨後才有羅什、僧肇、道生、道融集結成八卷本。[註5]日本學者臼田淳三在〈注維摩經の研究〉一文中，根據七世紀後半到八世紀間出土的寫本資料，推測《注維摩詰經》應該是七世紀中葉到後半葉才形成的[註6]。

　　《注維摩詰經》採用隨文釋義的方式，先抄錄經文，再依照經文逐句加入諸家註解。此注具有老莊的思想特色，反應當時佛教傳入中國時受到玄學影響的時代因素，例如：

> 自經始已來，所明雖殊，然皆大乘無相之道。無相之道，即不可思議解脫法門，即第一義無二法門，此淨名現疾之所建，文殊問疾之所立也。[註7]

側重以「中觀性智」疏解此經要義，認為《維摩詰經》的核心思想是大乘無相，實踐方法是「不可思議解脫法門」。所提倡的「空相」是龍樹中觀一派的「緣起性空」，與竺道生以「理空」、「慧空」相結合、說涅槃空是「表無之法」，[註8]有顯著的差異。可見《注維摩詰經》雖是一部綜合羅什及其門下弟子的疏解，卻仍有思想上不一致的地方。

　　不可諱言，《注維摩詰經》開啟了鳩摩羅什譯本《維摩詰經》為中國佛教接受的源頭。涂豔秋在〈鳩摩羅什譯經方法的探討──以《註維摩詰經》為例〉的研究中，認為可從僧肇的註解中了解羅什的譯經風格，[註9]並同時肯定羅什譯本受到廣泛接納，是來自僧肇流暢的文字影響。此外，僧肇在《注維摩詰經》中提出的思想，也影響了後世佛教思想家。日本學者橋本芳契在《維摩経の思想的研究》一書中，即認為僧肇在《注維摩詰經》所闡述的「本跡思想」啟發了智顗在《法華玄義》、《法華文句》、《摩訶止觀》中的理解。[註10]顯示

[註5] 釋果樸：《敦煌寫卷 P3006「支謙」本《維摩詰經》注解考》，臺北：法鼓出版，1998 年，頁 30。

[註6] 臼田淳三：〈注維摩經の研究〉，《印度學佛教學研究》，第 26 期第 1 卷，1977年 12 月，頁 262～265。

[註7] 〔姚秦〕僧肇：《注維摩詰經》，大正藏第 38 冊，1775 經。

[註8] 龔雋：〈中國中古《維摩經》詮釋史略論──兼論《維摩經》"問疾品"疏之有關身體、疾病與治療觀念〉，維摩經與東亞文化國際學術研討會會議論文集，宜蘭：佛光大學。2015 年 10 月 3～4 日，頁 F1～F30。

[註9] 涂豔秋：〈鳩摩羅什譯經方法的探討──以《註維摩詰經》為例〉，《玄奘人文學報》，第 4 期，玄奘人文社會學院，2006 年，頁 121～155。

[註10] 橋本芳契《維摩経の思想的研究》，京都：法藏館，1966 年，頁 116。

僧肇的《注維摩詰經》在姚秦時期與羅什本的《維摩詰經》相得益彰。

承續鳩摩羅什的關河舊義，唐代道液著有《淨名經集解關中疏》二卷本或四卷本，又名《淨名經關中疏》、《淨名集解關中疏》、《關中集解》、《淨名經疏》，約寫定於唐代宗永泰初年（766 A.C.E.）。此《疏》是道液刪補僧肇的《注維摩詰經》而來。其中保留了羅什、僧肇、道生的一部分註解，又新添入僧叡和天台湛然的解釋。道液撰寫的疏解主要以天台宗五重玄義科判《維摩詰經》，於教理上多引用天台宗義，於名相上多借用於唯識學。

《淨名經集解關中疏》並未收錄於大藏經中。保存於 CBETA 的文獻是採用較完整的敦煌殘卷，其保存現況與校訂過程可參考 CEBTA 的經卷說明。〔註11〕

二、地論宗──淨影慧遠《維摩義記》

基於世親對《十地經論》兩種傳本中不同誦讀法的會釋，在中國形成北道地論師和南道地論師的法系。〔註12〕南道派自勒那摩提傳慧光，慧光傳法上，法上再傳淨影慧遠（523-592 A.C.E.）而形成。這一系熱衷於講疏《維摩詰經》，〔註13〕慧遠著有《維摩義記》八卷，又稱為《維摩詰所說經注》、《維摩義疏》、《維摩經疏》，系統性地闡釋《維摩詰經》。此疏曾被天台智顗的《維摩玄疏》、《維摩經文疏》與嘉祥吉藏的《維摩經義疏》引用。並且，〈刊維摩義記序〉中曾記載：「關中嘉祥不得抗衡也。」〔註14〕顯見此疏可以說是地論宗研究《維摩詰經》的集大成之作。

在分科上，慧遠依「三會八分」說，分《維摩詰經》有「二處」：菴羅樹園、維摩詰舍；「三會」：菴羅會、維摩室、重會菴羅。「三會」之中又各有序分和正分，加之《維摩詰經》最初的正信通序，與最末的流通分，共「八分」，建立《維摩義記》疏解的架構。慧遠認為《維摩詰經》以不可思議為宗旨，屬

〔註11〕〔唐〕道液：《淨名經集解關中疏卷上》卷1：「《淨名經集解關中疏》在敦煌出土後，僅被收入日本《大正藏》第85卷。江味濃居士曾以北京圖書館姜94號等30餘號和英法俄日等國所藏殘卷，挑選出五號卷子為底校本。整理為目前的電子檔。（大正藏，敦煌寫本部類，第19冊，頁175～176）。

〔註12〕呂澂：《中國佛學源流略講》，臺北：大千出版社，2010年3月二版一刷，頁217～218。

〔註13〕白田淳三：〈注維摩經の研究〉，《印度學佛教學研究》，第26期第1卷，頁F7。

〔註14〕附錄於〔隋〕慧遠：《維摩義記》，大正藏第38冊，1776經。

初解脫門，將之判為「菩薩藏中頓教法輪」，〔註 15〕又分「就處分別」、「就會分別」、「就義分別」、「就文分別」共四科疏解全文。

　　《維摩義記》側重於「淨土」與「佛性」兩者。由三心說明嚮往淨土的起因。1. 直心：「心無邪偽」為直心。因直心得以往生淨土，同時具有令眾生往生淨土的淨業之力，又因直心使眾生親近，可教導外道眾生回歸淨土。2. 深心：深信樂達初地以上。深心能生諸德，是其諸行之因，具有功德的眾生以此往生淨土。3. 大乘心：又分為所發起的求佛之心為「菩提心」和能發起求出世間動力的「發行心」。兩者令眾生修大乘而得淨土，故名大乘心。

　　「三心」做為眾生往生淨土的生因。慧遠又以「三身」對應《維摩詰經》的情節。1. 應身以「寶積受教」的故事呈現釋迦的如來不思議力，由染轉淨，展現淨土的體性。2. 報身以「香積國」為例，表現娑婆世界外另有願力起現的淨土，令眾生見淨土相。3. 法身則是「阿閦佛國」，觀阿閦佛前際不來，後際不去，是佛身實相，雖在染土，不離淨相，為淨土之用。在慧遠的《維摩義記》中，淨土做為真實存有的「報土」，並非化現的「化土」，令眾生起往生的動力。日本學者橋本芳契認為，《維摩義記》的寫作，正合乎慧遠教學中詳盡的淨土思想。〔註 16〕

　　此外，《維摩義記》內主張「阿梨耶識真識說」，表現在說明《維摩詰經》中的「如來種品」，玄奘本譯為「如來種性」，是文殊師利菩薩所說的成佛之因。慧遠則將此成佛的可能以如來藏解釋，其《維摩義記》中直接說明：「如來藏性是其真實，此佛正因，故佛從生。」〔註 17〕乃是站在地論宗的立場闡述的佛性思想。

　　雖然《維摩義記》被視為地論宗的維摩研究代表作，卻不曾收入中國歷代大藏經中，只能見於日本明治年間編纂的《卍字續藏》。日本《大正新脩大藏經》中的《維摩義記》是依敦煌本 S.2688 整理出的八卷本。〔註 18〕由此可見敦煌本對於《維摩義記》保存的重要性。鄭阿財在〈敦煌寫本《維摩義記》

〔註 15〕〔隋〕慧遠：《大乘義章》卷 1：「又維摩經。以不思議解脫為宗。斯乃十解脫中。初解脫門。當知。此是頓教法輪。云何言是不了義經。」大正藏第 44 冊，第 1851 經。

〔註 16〕橋本芳契《維摩経の思想的研究》，頁 122～123。

〔註 17〕〔隋〕慧遠：《維摩義記》，大正藏第 38 冊，1776 經，頁 444c6-7。

〔註 18〕方廣錩：〈敦煌遺書中的《維摩詰所說經》及其注疏〉，《敦煌研究》，第 4 期，1994 年，頁 145～151。

整理與研究〉一文中，[註19] 對《維摩義記》目前的出土文獻，敦煌、吐魯番做了詳細的對比研究。從敦煌文獻中，可知慧遠《維摩義記》原作為四卷，各卷不分本末。今所傳世的八卷本，其實是從四卷本中又各分本末二卷。因此四卷本與八卷本並無內容上的不同。此外，鄭氏研究成果顯示，S.2688 原本被日本《大正新脩大藏經》編入第 85 卷「古逸部」，編號 T.2770，題名為「維摩經疏」；黃永武、江素雲等均擬題為「維摩經疏」。或如 BD1032（辰 32，北 1305）寫於西魏大統三年（537），原被歸類於古逸佚名的《維摩經義記·卷第三》，李翊灼在《敦煌石室經卷中未入藏經論著目錄》卻將此卷時誤判為慧遠《維摩義記》。又如俄藏 φ.102（M.1286），《俄藏敦煌和文寫卷敘錄》著錄為《維摩經疏》；P.2218，《敦煌遺書總目》著錄為「殘《維摩經》注解」，然而經過鄭氏考核，確知其均屬慧遠《維摩義記》的部份抄錄。[註20]

因此，鄭氏認為：「敦煌文獻最具價值者，當是古佚的《維摩詰經》注疏，尤其是「義記」一類，寫本時代較早，且頗能顯示南北朝時期《維摩詰經》的風行、早期對維摩經義的闡發及佛教義疏學的發展。」[註21] 須留意的是敦煌殘卷在現今可見的敘錄、解題上可能有誤，因此應在研究前進一步詳細考證。

三、天台宗——天台智顗《維摩經玄疏》

天台宗對《維摩詰經》的推廣有極高的影響力，如智顗（538～597）「五時八教」之中「化法四教」的「別教」，代表經典就是《維摩詰經》。

《維摩經玄疏》六卷，又名《維摩經玄義》、《淨名經玄義》是唯一一部由智顗親筆寫作的《維摩詰經》疏作。內容以五重玄義為解經方法，可見於《維摩經玄疏》卷1：

> 五重玄義：第一釋名；第二出體；第三明宗；第四辨力用；第五判教相。釋此五義即為二：一通釋；二別釋。就通釋五重，略為六意：一通標五義名；二辨次第；三引證；四明總別；五約觀心；六對四悉檀。[註22]

[註19] 鄭阿財：〈敦煌寫本《維摩義記》整理與研究〉，《維摩經與東亞文化國際學術研討會會議論文集》，宜蘭：佛光大學。2015 年 10 月 3～4 日，頁 C1～C22。

[註20] 鄭阿財：〈敦煌寫本《維摩義記》整理與研究〉，《維摩經與東亞文化國際學術研討會會議論文集》，頁 C-16。

[註21] 鄭阿財：〈敦煌寫本《維摩義記》整理與研究〉，《維摩經與東亞文化國際學術研討會會議論文集》，頁 C-2。

[註22] 〔隋〕智顗：《維摩經玄疏》，大正藏第 38 冊，第 1777 經，頁 519a8-14。

大略說明《玄疏》的疏解架構，對「五重玄義」有基本的介紹。其《玄疏》多引用《法華經》、《涅槃經》、《華嚴經》、《般若經》、《中論》、《大智度論》、《攝大乘論》等諸多經論。並為了發揮自宗的見解，使用天台三觀、四教、四悉檀大篇幅地解釋經題。智顗原在五時教判中將《維摩詰經》判為方等教，但因「此經意不主明教相」，〔註23〕故而不能歸為任何一時，也不能歸為四教中的任何一個。智顗認為過去諸家《維摩詰經》疏本皆犯了以管窺天的錯誤，將《維摩詰經》歸類即失去它多元的可能性。〔註24〕因此，智顗從藏通別圓四個角度審視「維摩詰」之名。在藏教的觀點，維摩詰居士是一位六度成就的菩薩；通教則認為維摩詰居士是能顯神通，破夢幻諸法的菩薩；別教的維摩詰居士是證得法界平等的一生補處菩薩；圓教的維摩詰居士乃是隨境智的開展不斷轉換，對不同根器的眾生說不同的教法。此四種對維摩詰居士的理解，表現出智顗對此經的重視與認同。

其後，智顗的《維摩經文疏》僅寫到前二十五卷、〈佛道品〉時，便因病輟筆。待智顗過世後，其徒灌頂（561-632 A.C.E.）續寫六品，增加三卷。之後《文疏》與《玄疏》合本，重分為二十八卷。此本沿襲天台固有的「五重玄義」，大量應用天台的三觀和四教分別義闡析，具備一念三千、性善性惡等觀點。湛然另外著有《維摩經略疏》十卷，乃是刪略智顗的《維摩經文疏》而成，但《略疏》流行極廣。又有《維摩經疏記》六卷，另名《廣疏記》，闡明性具法門，但湛然因病未完成此作。唐代天台宗道暹有《維摩詰經疏記鈔》六卷本，今只存第四、五卷，主要解釋智顗的《略疏》和湛然的《疏記》，並未闡發新義。因此，亦可看出《維摩詰經》的重要性在天台宗內逐漸降低。關於天臺宗內《維摩詰經》諸疏本的詳細研究，可參考日本學者菅野博史的《南北朝・隋代の中国仏教思想研究》。〔註25〕

〔註23〕〔隋〕智顗：《維摩經玄疏》，大正藏第38冊，第1777經，卷6，頁562b13-18。「今判此經，非是頓教，乃至五味，漸教生蘇之味。若約不定教，即是置毒生蘇而殺人也。利根菩薩，於此教入不二法門，見佛性住不可思議解脫涅槃，即滿字之教。若祕密，即不可知也。此經意不主明教相，是故不須委曲也。」

〔註24〕〔隋〕智顗：《維摩經玄疏》，大正藏第38冊，第1777經，卷3，頁532b8-10。「是以古今諸師各為理釋。今所立義，意異前規，故無言之理悉檀，赴緣而巧說，略撰四教，以暢其宗，用通毘摩羅詰之名。」

〔註25〕菅野博史：《南北朝・隋代の中国仏教思想研究》，東京：大藏出版社，2012年2月，頁247～335。

　　郭朝順在〈《維摩詰經》的宗派詮釋差異：以羅什譯本為核心的隋唐佛教宗派詮釋的開展〉一文中，認為智顗以一心三觀、化法四教解《維摩詰經》，一方面能夠展現天台的核心思想，一方面再以四悉檀的教法，可開顯經中多重玄義。〔註26〕而一心三觀是對於諸法實相的體驗歷程，例如文殊的聖說法，如此方能圓悟三諦圓融之理，不斷斷解脫，開拓天台不斷性惡的立論基礎，將其視為圓教。郭氏歸結智顗的疏解是以「一經之經名貫穿佛法之整體與本經的特殊含義，呈現出一種通別相合的解讀特色」。〔註27〕因此，由佛教的總義解釋一經之別義，又再由一經的別義強化佛教的總義，形成一種交互詮釋的解經特點。在此之中，智顗使用天台三觀四教等義作為連結，顯示出明顯的宗派特徵。〔註28〕

四、三論宗——嘉祥吉藏《淨名玄論》

　　隋代嘉祥吉藏（549-623 A.C.E.）在開皇末年著有《淨名玄論》八卷；隋仁壽二年（602 A.C.E.）撰《維摩經略疏》五卷，又名《淨名經略疏》、《維摩經疏》；晚年又撰《維摩經義疏》六卷，又稱《維摩經廣疏》。另外，日本學者奧野光賢發現一卷署名吉藏的《維摩經遊意》寫本，〔註29〕詳細情形可參考其文〈吉藏撰《維摩經遊意》の注釈的研究〉。〔註30〕

　　基於同樣的中觀立場，吉藏是最早重視僧肇《註維摩詰經》的疏解者，並且大量引用僧肇的註解。吉藏的《淨名玄論》，以般若為宗，前三卷釋名題，四至六卷為宗旨，七至八卷論不可思議解脫法門。《維摩義疏》是逐句解讀經文，隨文註釋經義，列舉諸家師論說為教判。而《維摩略疏》則是《維摩義疏》的簡略本。吉藏發揮緣起性空的主張，最重視般若不二中道意，並將不二思想貫穿在他的維摩詰思想中。但是，《淨名玄論》和《維摩義疏》均是綜

〔註26〕郭朝順：〈《維摩詰經》的宗派詮釋差異：以羅什譯本為核心的隋唐佛教宗派詮釋的開展〉，《維摩經與東亞文化國際學術研討會會議論文集》，宜蘭：佛光大學。2015 年 10 月 3～4 日，頁 Q1～Q30。

〔註27〕郭朝順：〈《維摩詰經》的宗派詮釋差異：以羅什譯本為核心的隋唐佛教宗派詮釋的開展〉，《維摩經與東亞文化國際學術研討會會議論文集》，頁 Q1～Q30。

〔註28〕郭朝順：〈《維摩詰經》的宗派詮釋差異：以羅什譯本為核心的隋唐佛教宗派詮釋的開展〉，《維摩經與東亞文化國際學術研討會會議論文集》，頁 Q14。

〔註29〕日本學者奧野光賢：〈吉藏撰《維摩經遊意》について：その割注おめぐって〉，《駒澤短期大學佛教論集》，第 2 號，1996 年 10 月，頁 99～115。

〔註30〕日本學者奧野光賢：〈吉藏撰《維摩經遊意》の注釈的研究〉，《駒澤短期大學佛教論集》，第 29 號，2001 年，頁 257～313。

合諸說，未多加闡發自身的見解。吉藏結合關河舊義的疏解主張，且融合了自宗的立場和思想方式，可能具有標舉三論宗上承羅什一派的企圖。

　　對於《維摩詰經》，吉藏的論述重點主要有二：1. 淨土觀；2. 二諦說。其淨土觀注重差別，認為淨土有優劣之異，往生之眾生有種類之別。並指出修三種善生西方淨土的關鍵在於淨心。橋本芳契指出，吉藏在理論上明確地將維摩詰淨土與西方淨土相結合，為唐代淨土教門諸師融合大乘經論準備了理論條件。〔註31〕至於二諦說，吉藏以二智（權智、實智）為此經之宗，將二諦與二慧結合，提出二諦中道說為中心來觀照維摩詰教義。〔註32〕《淨名玄論》卷5：

> 是以二諦中道，還發生二智中觀。觀二智中觀，還照二諦中道。故境稱於智，智稱於境，境名智境，故智名境智也。二境既正，則二智義明。〔註33〕

教法在吉藏的解釋中，分為三部份：「境」是真俗二境不思議；「智」是權、實兩智不思議；「教」謂二諦教門。而二諦，是「俗雖可說則真不可說。真雖不可說則俗可說」。其中「二諦中道」與「二智中觀」一體兩面，表示般若智與中道義的關係。

　　上揭各家的《維摩詰經》注疏都立足於各宗派不同的思想特質，關河舊疏表達中觀空性的立場；淨影慧遠以地論宗的角度展現淨土觀和如來藏佛性論；天台智顗呈現「五重玄義」的判教思想和「一心三觀」等宗義；吉藏結合關河舊義，提出「二諦中道」觀，維持中觀學「文字性離」的見解，俱可視為《維摩詰經》因本身的開展性，被各宗持為表示宗派特色的經典的證據。

　　臺灣學者劉楚華在〈各種漢譯《維摩經》之比較研究〉一文中，也表達了相同的觀點：「此現象說明《維摩詰經》已在隋唐本土宗派之中佔重要席位，而且情況與晉世大不相同──佛教不再借莊玄揚佛，而是用隋唐佛教宗派理論去闡釋《維摩詰經》經義，藉此標示本宗理論特色，甚至借仗《維摩詰經》載信徒間的影響力，提高本宗在佛教界的地位。」〔註34〕

〔註31〕橋本芳契《維摩經の思想的研究》，頁320。
〔註32〕橋本芳契《維摩經の思想的研究》，頁303～320。
〔註33〕〔隋〕吉藏：《淨名玄論》，大正藏第38冊，1780經，頁883b15-19。
〔註34〕劉楚華：〈各種漢譯《維摩經》之比較研究〉，《內明》，第208期，1989年7月，頁31。

然而，從《維摩詰經》的注疏史可看出：六朝時注《維摩詰經》之風最勝，進入隋唐時期便走向衰退。唐代以後的注本，可參照黃繹勳的研究：〈《維摩詰經》論疏考辯——以宋明清時期相關著作為中心〉、〔註35〕〈《維摩詰經》論疏於宋元明清佛教的傳衍〉。〔註36〕黃氏的研究梳理了僧、俗，不同立場的論疏，彰顯《維摩詰經》不受宗派限制的寬闊性。

第二節　《說無垢稱經疏》的成立

唐代玄奘第七次重譯《維摩詰經》為《說無垢稱經》，而窺基的《說無垢稱經疏》以唐代唯識宗的判教方式科判，並納入了唯識義，展現與唐以前各家全然不同的疏解主張。

一、慈恩窺基生平

窺基（632-682 A.C.E.），生於唐太宗貞觀六年，俗姓尉遲氏，京兆長安人，唐開國將軍、鄂國公尉遲敬德的姪子，父親尉遲敬宗為唐左金吾將軍，封開國縣公。〔註37〕其生平的歷史紀錄可見於下表：〔註38〕

朝　代	作　者	書　名
唐	窺基	《成唯識論掌中樞要》〔註39〕（窺基親筆小傳）
	李宏慶	《大慈恩寺大法師基公塔銘并序》〔註40〕
	李乂	〈大唐大慈恩寺法師基公碑〉〔註41〕
	僧祥	《法華傳記》卷三〔註42〕

〔註35〕黃繹勳：〈《維摩詰經》論疏考辯——以宋明清時期相關著作為中心〉，《佛光學報》，新一卷，第二期，2015 年 7 月，頁 413～470。
〔註36〕黃繹勳：〈《維摩詰經》論疏於宋元明清佛教的傳衍〉，《維摩經與東亞文化國際學術研討會會議論文集》，宜蘭：佛光大學。2015 年 10 月 3～4 日，頁 R1～R29。
〔註37〕〔宋〕贊寧：《宋高僧傳》卷 4：「釋窺基，字洪道，姓尉遲氏，京兆長安人也。尉遲之先與後魏同起，號尉遲部，如中華之諸侯國，入華則以部為姓也。魏平東將軍說，六代孫孟都生羅迦，為隋州西鎮將，乃基祖焉。考諱宗，唐左金吾將軍松州都督、江由縣開國公。其鄂國公德則諸父也。」大正藏第 50 冊，第 2061 經。
〔註38〕楊廷福：《玄奘年譜》，上海：古籍出版社。2011 年 12 月，頁 173。
〔註39〕〔唐〕窺基《成唯識論掌中樞要》，大正藏第 43 冊，1831 經。
〔註40〕〔唐〕李宏慶：〈大慈恩寺大法師基公塔銘并序〉，大正藏第 88 冊，1651 經。
〔註41〕〔唐〕李乂：〈大唐大慈恩寺法師基公碑〉，大正藏第 88 冊，1651 經。
〔註42〕〔唐〕僧祥：《法華傳記》卷 3，大正藏第 51 冊，2068 經。

	贊寧	《高僧傳》卷四〔註43〕
宋	志磐	《佛祖統記》卷三十〔註44〕
	宗鑑	《釋門正統》卷三〔註45〕
	延一法師	《廣清涼傳》卷下〔註46〕
元	念常	《佛祖歷代通載》卷十二〔註47〕
	覺岸	《釋氏稽古略》卷三〔註48〕

現代有關窺基生平的專書，可見於日本學者佐伯定胤、中野達慧共同編纂的《玄奘三藏資傳叢書》下冊。〔註49〕相關論述可見於宇都宮清吉〈慈恩傳の成立について〉渡邊隆生〈慈恩大師の傳記資料と教學史的概要──「傳記」集の原文と訓讀、註記〉等。〔註50〕

貞觀二十二年（648 A.C.E.），窺基十七歲時，奉詔為玄奘弟子，同年十二月隨玄奘遷入大慈恩寺。高宗永徽五年（654 A.C.E.），窺基應選為大僧，學習五印語文。二十五歲時應詔參與譯經工作，二十八歲參譯《成唯識論》。〔註51〕麟德元年（664 A.C.E.），玄奘在玉華宮譯場逝世，譯經事業中止，窺基重新回到大慈恩寺，專事撰述，有「百部疏主」之稱。永淳元年（682 A.C.E.）十一月十三日，窺基在慈恩寺翻經院圓寂，時年五十一歲。

湯用彤在《隋唐佛教史稿》中，考證窺基的著作知名有四十八部，現存可見的有二十八部。〔註52〕其中《阿彌陀經通贊》三卷，經日本學者望月信亨研究為偽作；另外，境野黃洋從「彌陀淨土」的觀點認為《金剛般若贊述》

〔註43〕〔宋〕贊寧：《宋高僧傳》卷4，大正藏第50冊，2061經。
〔註44〕〔宋〕志磐：《佛祖統紀》卷39，大正藏第49冊，2035經。
〔註45〕〔宋〕宗鑑集：《釋門正統》卷8，大正藏第75冊，1513經。
〔註46〕〔宋〕延一法師：《廣清涼傳》卷3，大正藏第51冊，2099經。
〔註47〕〔元〕念常：《佛祖歷代通載》大正藏49冊，2036經。
〔註48〕〔元〕覺岸：《釋氏稽古略》卷3大正藏49冊，2037經。
〔註49〕佐伯定胤、中野達慧編：《玄奘三藏師資傳叢書》，大正藏88冊，1651經。
〔註50〕岡部和雄、田中良昭著，辛如意譯：《中國佛教入門》，臺北：法鼓文化，2013年6月，頁310。
〔註51〕佐伯定胤、中野達慧編：《玄奘三藏師資傳叢書》，大正藏88冊，1651經，卷4：「奘所譯《唯識論》，初與昉、尚、光四人同受，潤色、執筆、撿文、纂義。數朝之後，基求退焉。奘問之。對曰：『夕夢金容，晨趨白馬，雖得法門之糟粕，然失玄源之醇粹。某不願立功於參糅，若意成一本，受責則有所歸。』奘遂許之，以理遣三賢，獨委於基。此乃量材授任也。」（大正藏第50冊，第2061經，725c19-22。）
〔註52〕湯用彤：《隋唐佛教史稿》，臺北：貫雅出版，1988年，頁148～150。

二卷、《阿彌陀經疏》一卷、《西方要訣釋疑通規》一卷也非窺基之作，因為其立場與窺基其他著作並不統一。〔註53〕在注疏上，窺基主要以瑜伽唯識學為重點，疏解玄奘所譯的唯識學經論。窺基所承繼的唯識學以護法一系學說為核心，有《成唯識論述記》二十卷、《成唯識論別抄》十卷、《成唯識論掌中樞要》四卷、《成唯識論料簡》二卷等疏作。

二、《說無垢稱經疏》的寫作原因與綱目

《說無垢稱經疏》撰於唐高宗咸亨三年（672 A.C.E.）至五年（674 A.C.E.）。《經疏》最末有小記：

> 基以咸亨三年十二月二十七日，曾不披讀古德章疏，被并州大原縣
> 平等寺諸德迫講舊經，乃同講次，制作此文，以贊玄旨。夜制朝講，
> 隨時遂怠，曾未覆問。又以五年七月，遊至幽明蘇地，更講舊經，
> 方得重覽，文雖疏而義蜜，詞雖淺而理深，但以時序忽迫，不果周
> 委言。今經文不同之處，略并敘之，諸德幸留心而覽也。〔註54〕

可知《說無垢稱經疏》寫於此間，當時窺基受并州大原縣平等寺諸僧之託，宣講羅什本《維摩詰經》，寫此疏為講義。咸亨五年再度講羅什本《維摩詰經》，認為此經「文雖疏而義蜜，詞雖淺而理深」，並與玄奘本有部分經文不同，於是重新整理出《說無垢稱經疏》。即此小記的時間，日本學者橋本芳契認為此疏是窺基：「中年以後思想圓熟期的作品」。〔註55〕

《說無垢稱經疏》（以下簡稱《經疏》），全六卷，各卷又各分「本」、「末」，卷一「本」，採用隨文解釋的方式疏解。《經疏》中稱羅什本為「舊」、「舊經」、「古經」、「舊本」、「舊文」、「古」、「先」、「先本」，直接指明字是「羅什」、「什公」則有 278 回之多。〔註56〕藉由批判羅什本的譯語，明確地站在教理的立場宣說玄奘本的思想。然而，上揭引文記錄窺基兩次宣講《維摩詰經》，俱是以羅什本而非玄奘本，顯見玄奘譯《說無垢稱經》在當時並非主流。那麼，窺基作此《經疏》，或許存有提振玄奘譯本接受程度的可能性。

〔註53〕湯用彤：《隋唐佛教史稿》，頁 150。
〔註54〕〔唐〕窺基：《說無垢稱經疏》，大正藏第 38 冊，第 1782 經，p. 1114a20-27。
　　　　日本《新脩大正大藏經》中將「咸亨」誤植為「咸享」，經查窺基所處的唐代
　　　　年號，只有唐高宗李治「咸亨」（670-674 A.C.E.），不曾出現「咸享」，故而知
　　　　道大正藏誤植。
〔註55〕橋本芳契《維摩経の思想的研究》，頁 170。
〔註56〕橋本芳契《維摩経の思想的研究》，頁 170。

　　由於玄奘沒有留下專門闡述自身思想的作品，唐代唯識學的闡述有賴於窺基的疏作才得以保存。因此，很難分辨哪些是玄奘的思想，哪些是窺基自身的開展。故而不能將《經疏》中的唯識思想視作窺基對玄奘思想的延伸，也不能全然屏除玄奘隨經說法的可能，故而只能從中探討《經疏》對《說無垢稱經》在經文詮釋上的「溢出」之處，無法判定是何人主張的疏解進路。

　　窺基的《經疏》自立一個疏解架構，可整理其中的重點表列如下：

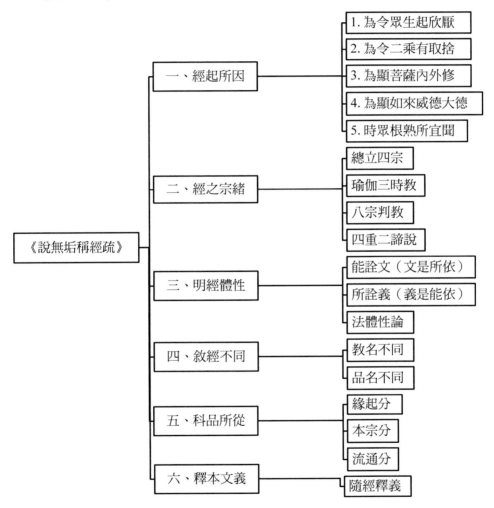

窺基將《經疏》概略分為六類：1. 經起所因；2. 經之宗緒；3. 明經體性；4. 敘經不同；5. 科品所從；6. 釋本文義。從此「六門判釋」中，可掌握窺基疏解的基礎認知，以及他所認定的《經疏》核心概念。其中，「敘經不同」指出玄奘本與羅什本的差異，但僅止於「經題不同」與「品名不同」，此二部份在

第二章已詳細說明，故不再贅述。「釋本文義」則是依經文隨文疏解，因而會在第四章闡述窺基「維摩詰經觀」時適時補充。

三、本經因緣——《說無垢稱經》的「經起所因」

《說無垢稱經》的經文中描述說法的起因：1. 寶性問「嚴淨佛土」，於是佛陀說明菩薩因種種修行證悟而體現的淨土；2. 無垢稱居士因為「不可思議無量善巧方便慧門」有益於眾生，故而以示疾的方式，使眾生皆往其家聽法。

而窺基在《經疏》中則是主張五個寫作動機，也就是「經起所因」：1. 為令眾生起欣厭；2. 為令二乘有取捨；3. 為顯菩薩內外修；4. 為顯如來威德大德；5. 時眾根熟所宜聞。此五點做為「動機」，不僅表示窺基對《說無垢稱經》的理解，更表示了窺基所重視的要點。換句話說，《經疏》認為說法的目的是令眾生起欣厭心、令二乘有取捨、彰顯菩薩修行和如來的威德；聽法的對象則是眾生和二乘；說法的時機乃是眾生根熟的恰當時間。

但值得注意的是，《說無垢稱經》並未明確寫出此經說法的因緣，只以故事情節的進行帶出許多議題，最後點明此經核心是「不可思議自在神變解脫法門」。因此，「經起所因」固然為《說無垢稱經》的說法原因和寫作原因，然都不離窺基自身的認知與理解，可視作為窺基在《經疏》中格外重視的主題，也是他對此經要旨的「前理解」。以下分五小節說明。

（一）對淨土的發心——「為令眾生起欣厭」

《說無垢稱經》以佛陀與無垢稱居士的說法為核心，而接受此教法教化的眾生，則是指一般凡夫，如《經疏》〈序品〉所說：

> 凡夫眾生，聞法修學，必以欣厭而為根本。〔註57〕

在《說無垢稱經》中，眾生聞法修學的根本是「欣厭」。分為兩種：內欣厭和外欣厭。「內欣厭」是令眾生生起厭離生死身，欣當佛身的動力；〔註58〕而「外欣厭」，即是從對淨土的嚮往和對穢土的厭離開始。由於口語傳達的法不一定對眾生產生同樣的效果，如《經疏》〈序品〉所云：

〔註57〕〔唐〕窺基：《說無垢稱經疏》，大正藏第 38 冊，第 1782 經，頁 994b28-29。

〔註58〕〔唐〕窺基：《說無垢稱經疏》，大正藏第 38 冊，第 1782 經，頁 994a15-16。
「示疾現不思議，欲令眾生起內欣厭」。

> 此經又云佛以一音演說法，或有恐畏，或歡喜，或生厭離，或斷疑，
> 斯則如來不共相。此亦理一，任緣通三。〔註59〕

雖是同一的佛理，卻對聽法的三乘起了不同的作用。舍利弗對於釋迦所在的娑婆穢土感到困惑，因而帶出佛足指按地，變穢土為淨土的情節，展現「心淨佛土淨」的要旨。有鑒於令眾生發起修習大乘法的動力，《經疏》指出一個方便的法門：淨土。經中舉出香臺國和阿閦佛國為例，顯現不思議的法力，藉此令眾生起外欣厭，能厭離雜穢土，欣喜清淨土。

　　《經疏》將《說無垢稱經》的淨土分為「此聖現」和「他聖現」，前者是由釋迦自變的淨土和無垢稱將來預變廣嚴城為淨的淨土；後者是他方佛所建立的香臺國和妙喜國。穢土也有二：釋迦雖是出於教化下劣有情的慈悲，示現無量過失雜穢土，令眾生發起厭離心，是「釋迦現穢土」；但眾生本身也只能看到下劣有情的穢土，無法見淨土，是為「眾生現穢土」。若說法不能完全令眾生起修行心，則起現淨土所引生的欣淨厭穢便是更為有力的方便。於是從兩種「欣厭」中，表達出眾生內心和外在世界的連結，呈現「心淨土淨」的含義。

（二）斥小歎大——「為令二乘有取捨」

　　此處的「二乘」指的是「聲聞乘」和「菩薩乘」。窺基在《經疏》〈序品〉中表示：

> 三乘無獨覺……獨覺多出無佛之世，時無機熟，所以不舉。〔註60〕

因為《說無垢稱經》的敘事情節處於佛在世之時，所以「二乘」不包括無佛之世的獨覺。此經主要的教化對象，並非已在修行大乘菩薩道的菩薩乘，乃是聲聞乘。

　　雖是以聲聞乘為主，但二乘都尚未解脫，在《經疏》中一併認為他們依然存有「分別心」，因此，「取捨」一語即是指取出離生死流轉輪迴的「出離心」，捨執著物相差異的「分別心」。見《經疏》〈序品〉：

> 故知示疾現不思議，欲令二乘起內欣厭。聲聞苦身，任運便滅，故
> 內欣厭，唯說智心，分別心滅，妄境乃空，正智既生，其理便現。
> 〔註61〕

〔註59〕〔唐〕窺基：《說無垢稱經疏》，大正藏第38冊，第1782經，頁993c12-14。
〔註60〕〔唐〕窺基：《說無垢稱經疏》，大正藏第38冊，第1782經，頁1007a6-8。
〔註61〕〔唐〕窺基：《說無垢稱經疏》，大正藏第38冊，第1782經，頁995a28-b2。

無垢稱居士藉由示疾使二乘起「內欣厭」，等同「內取捨」，向內厭離諸苦，尤其令聲聞乘滅除對外境的「分別心」，欣得大乘般若智的「智心」，捨去分別妄境的錯誤，見真實之理。「外取捨」和「外欣厭」一樣，皆是從欣淨土厭穢土立論。無論是「欣厭」還是「取捨」，都是以「心清淨故佛土亦淨，心有垢故佛土亦垢」說明眾生心轉變的過程。因此，窺基所強調的「心垢而罪生，心淨垢還滅」，是立於滅除「分別心」，除去妄境，進而生正智，就能證得真理。

然而，《說無垢稱經》的「心」只立於直觀的對世間法的執著，若能斷除對世間法的「分別心」，即能得「般若智」，是立於般若學見諸法實相是空的角度。但窺基將世間法視作為「外境」，認為「外境」是「心」尚有分別相才變現的虛妄，則是延伸至「唯識無境」的立場，將「心」視作為可變現「外境」的「識體」，並非《說無垢稱經》中的本意。

（三）彰顯菩薩功德──「為顯菩薩內外修」

菩薩乘做為此經的典範對象，窺基在《經疏》〈序品〉中標舉了他們的重要：

> 此經為顯此土菩薩修不可思議殊勝之行，勝餘佛土故。〔註62〕

娑婆世界的菩薩較其他淨土的菩薩更為可敬，因為他們所修的「不可思議殊勝之行」可以轉換穢土為嚴淨佛土──「隨諸菩薩自心嚴淨，即得如是嚴淨佛土」〔註63〕──合乎《說無垢稱經》的核心觀點「心淨土淨」。

至於菩薩修學的內容，可見於《經疏》〈序品〉：

> 世尊告曰：「有諸菩薩解脫法門，名為有盡無盡，汝當修學。」有盡
> 者，即是有為有生滅法；言無盡者，則是無為無生滅法。如是一切
> 自利功德，皆是菩薩內所應修，一切皆以智為主故。〔註64〕

大乘佛教中，重視「智」，菩薩的解脫法門有二：有為法的有盡，和無為法的無盡。兩者皆是內修己身成就所需的自利功德，同時也需外修利他功德。此間有四種菩薩行（波羅密、菩薩分、諸神通行、成熟有情行）和五種菩薩生（除災生、隨類生、大勢生、增上生、最勝生）。窺基並說明了無垢稱居士的修行功德，見《說無垢稱經疏》〈序品〉：

〔註62〕〔唐〕窺基：《說無垢稱經疏》，大正藏第 38 冊，第 1782 經，頁 996b28-29。
〔註63〕〔唐〕玄奘譯：《說無垢稱經》，大正藏第 14 冊，476 經，頁 559c24-25。
〔註64〕〔唐〕窺基：《說無垢稱經疏》，大正藏第 38 冊，第 1782 經，頁 995c8-12。

> 准無垢稱，此五生中，資財無量，攝受貧乏，得名除災生。若在長
> 者，長者中尊，為說法勝，得名隨類生。已曾供養無量諸佛，深植
> 德本，因既大故，果亦不小，得名大勢生。現身不受十王果，故非
> 增上生；相非后身之菩薩，故非最後生。或復唯是隨類生，攝於一
> 切類，皆為上首，化一切故。皆由菩薩內外修習自利利他故，能現
> 此為諸菩薩，有如是類，有如是生，行利益故。〔註65〕

顯見無垢稱居士此生所俱有的福報，來自於內外修習、自利利他的積累，方
能利益眾生。窺基以此標舉《說無垢稱經》中的菩薩行，已然有無垢稱居士
為範例，諸菩薩更應修行，諸聲聞應捨棄小乘，發願修大乘菩薩道。同時也
是呼應了《說無垢稱經》「斥小歎大」的傾向，抬升大乘菩薩的地位。

（四）神通力——「為顯如來威德大德」

「如來威德」在《說無垢稱經》中無處不展現，從釋迦按足指變穢土為
淨土，無垢稱居士變現獅子座、化菩薩取香積飯、取妙喜世界等奇幻情節中，
俱可體現「神通」在此經的重要地位。窺基將諸多「奇蹟」定為「如來威德」，
初步分為大威力和大神德，可表列如下：

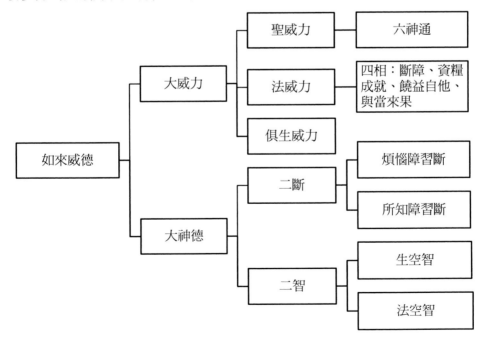

〔註65〕〔唐〕窺基：《說無垢稱經疏》，大正藏第 38 冊，第 1782 經，頁 996b10-18。

大威力有：1. 聖威力，佛過去時修習定力，延伸為六神通；2. 法威力，過去菩薩修六度等殊勝法，有四相呈現方式；3. 俱生威力，是佛過去所集的廣大福德資糧，可證得稀奇法。大神德則有斷煩惱和所知障的二斷，得空智與法空智的二智。對此，窺基說明《說無垢稱經》中佛的大神德，見《經疏》〈序品〉：

> 今此經中，顯佛有七種最勝，名大聖德：一所依勝，顯佛身有諸相好故；二正行勝，由佛二利，利益安樂，哀愍世間，令諸天人獲得義利；三圓滿勝，謂佛戒見軌則淨命四種皆滿；四智慧勝，由佛四無礙解皆成就故；五威力勝，具六通故；六斷勝，二障習氣皆永斷故；七住勝，多住無上等三住，謂聖天梵住。〔註66〕

藉由佛的七種大神德，賦予經文中諸多奇蹟合理的解釋，不落入俗世對於「神通」的驚奇，也可從此經末尾揭露的「不可思議自在神變解脫法門」中得知此經中佛「神通力」的殊勝。窺基在《經疏》內對於「大威力」和「大神德」的著墨，勝過歷代《維摩詰經》疏作。窺基格外重視《說無垢稱經》內有關「神通」的情節，引以為此經特殊的方便法，也顯示「神通」在整部經的敘事中有著重要的意義。關於《經疏》對於「神通」的描述，將於第四章討論。

（五）說法時機——「時眾根熟所宜聞」

前四項是說法的目的與說法的對象，「時眾根熟所宜聞」則是點明說法的時間，如《經疏》〈序品〉所述：

> 佛以大悲智眼，晝夜六時，觀察一切世間方便善利，無其四失：一無非處；二無非時；三無非法；四無非器。況此經云：「諸佛如來威儀進止，凡所施為，無非佛事。故說此經，時眾宜聞，非是虛施聽眾無益。」〔註67〕

《說無垢稱經》講述的時候正是佛觀察的因緣具足、有益眾生解脫的時刻，致使八萬四千人、三萬二千天子、十加那由他人等皆發無上正等覺心；菩薩得入方便善巧智、不可思議解脫境界、不二法門、得無生法忍。彰顯因此經而解脫的廣大眾生，顯示此經的時機巧妙和說法的必然性。

〔註66〕〔唐〕窺基：《說無垢稱經疏》，大正藏第 38 冊，第 1782 經，頁 998a5-14。
〔註67〕〔唐〕窺基：《說無垢稱經疏》，大正藏第 38 冊，第 1782 經，頁 998a18-22。

從「經之所因」的敘述看來，窺基顯然認為自己能明瞭《說無垢稱經》作者的原意，因而能標明「寫作動機」。作為解脫動力的「為令眾生起欣厭」；「為令二乘有取捨」破除分別心；因破小乘而彰顯大乘菩薩功德的「為顯菩薩內外修」；宣揚佛威神力的「為顯如來威德大德」；時間成熟，說此經因緣具足的「時眾根熟所宜聞」，反應了窺基所認為的說法起因，可視為《經疏》替《說無垢稱經》立下的標的。

第三節 《說無垢稱經疏》的判教與分品

窺基的判教主要記錄在《成唯識論述記》、《大乘法苑義林章》、《法華玄贊》、《說無垢稱經疏》。《經疏》對過去的分類表達不滿、進而重新擬定新的判教標準，不僅是為了《說無垢稱經》的特殊性，也是逐步建立唐代唯識宗的判教模式。因此，《經疏》可以說是唐代唯識宗判教模式的實際演示範本，並且是以一部較接近中觀的經典為例，試圖導向唯識學的科判主張。

在《經疏》〈序品〉中，窺基指出過去曾將所有經典分類為「四宗」：
〔註68〕

1. 立性宗：認為諸法皆有體，如小乘薩婆多部、《大毘婆沙論》之類的經論。

2. 破性宗：諸法有相，都無實性。破斥「立性宗」所說「諸法皆有體」如《成實論》。

3. 破相宗：不只性空，諸法相狀也非實有，如《般若經》、《中論》、《百論》。

4. 顯實宗：說一切法真實道理，是「有空」和「有有」，如《涅槃》、《花嚴》、《楞伽》等經。

然而，窺基認為「四宗」分類無法涵蓋所有經典，如上座部、大眾部等經，於是依玄奘「新翻經論」，分為「三教」和「八宗」，而在《經疏》又將「三教」分為「三時」和「三時教」。

〔註68〕〔唐〕窺基：《說無垢稱經疏》，大正藏第 38 冊，第 1782 經，頁 998b15-22。

一、「三時」與「三時教」──為說法空過渡至並說空有

《經疏》所述的「三時」，乃是依《解深密經》〈無自性相品〉的說法：[註69]

1. 第一時：教說四諦、十二行相、三乘，聽法者為聲聞乘。

2. 第二時：破對「有」的執著，說大乘獨行空理之教，一切法無自性、無生無滅、本來寂靜、自性涅槃，聽法者為大乘行者。

3. 第三時：說遣所執空，但存「有有」和「有無」，聽法者為一切眾生。

在時間上，此「三時」可為佛教的發展簡史；在教法上，可等同瑜伽「三時教」。因此窺基在《經疏》〈序品〉中，又說「三時教」為：

1. 初時之教，唯說法有：《阿含》等經，轉四諦法輪，破我執，說無有情我，但說法有，明人空法有。

2. 第二時教，唯說法空：指《般若》等經，破法執，說一切法本性空。

3. 第三時教，並說有空：以《花嚴》、《深密》、《涅槃》、《法花》、《楞伽》、《厚嚴》、《勝鬘》等經為要，將過去執、所執、我、法俱有，有為、無為視為一切皆空。代表唯識教義，明三性三無性，識有境無等亦有亦空的中道義。

窺基將諸經論分別歸入「三時教」中，顯示出此種判教的正統性，也彰顯唯識宗義理為「三時教」中最高地位。

《經疏》依三時教的模式，將《說無垢稱經》判為：

> 今說所執、我、法俱無，有為、無為二種皆有。故有空雙遮，而空有並說。准理配經，二師別引，即第二第三時教也。[註70]

因為《說無垢稱經》著重說「空」，破斥小乘佛教，可以被歸入第二時教破法執。窺基更進一步認為《說無垢稱經》其實同時說「有為」「無為」兩種有，被認為其「有空雙遮」、「並說空有」。若依「三時」，乃是處於「第二時」到「第三時」之間；若說「三時教」，則是從「唯說法空」到「並說有空」之間，也就是般若到唯識的階段。

顯見窺基從判教的立場上，認為此經既說「諸法空相」，又說「淨土實有」，即屬於般若到唯識的延伸，亦是表露大乘經典終將是唯識經典的宗門意識。

〔註69〕〔唐〕玄奘譯：《解深密經》，大正藏第16冊，676經。

〔註70〕〔唐〕窺基：《說無垢稱經疏》，大正藏第38冊，第1782經，頁999a13-15。

二、「八宗」判教──般若到唯識的過渡

《經疏》的「三時」和「三時教」以佛教發展史判定,若「以理據宗」由各宗宗義判斷,則可分為「八宗」。日本學者水野弘元在《佛教的真髓》〔註71〕一書中,整理窺基的「八宗說」:

1. 我法俱有宗:「犢子部」主張「有我」,認為「我法實有」。
2. 法有我無宗:「說一切有部」主張否定「我」的存在,但主張「法」遍三世而實有。
3. 法無去來宗:「大眾部」主張「過未無體」,法只存在於現在。
4. 現通假實宗:「經量部」「說假部」主張過去法、未來法、現在法不是實法,其中有假法。
5. 俗妄真實宗:「大眾部-說出世部」凡夫的世俗法是虛妄,聖者的真諦是實法。
6. 諸法但名宗:「大眾部-一說部」凡聖一切法皆非實有,只是言說的名句而已。

以上為小乘佛教,大乘佛教為第七和第八宗:

7. 勝義皆空宗:推崇《般若》、龍樹《中論》。
8. 應理圓實宗:側重《法華經》與護法等所說的中道教法。認為妙有的真實之德並非空無,不應予以否定。

第八宗被認為是最殊勝的教法,即是窺基所主張的法相唯識宗一派。《經疏》〈序品〉將《說無垢稱經》判為:

> 此經雖具談二諦,勝義深故,以為義主,故以空為宗,依後大乘護法等義。〔註72〕

雖然《說無垢稱經》以「空」為核心,窺基仍認為它具有真實妙有之義,判為「第七宗」到「第八宗」的過渡時期。

廖明活在〈窺基的判教思想〉一文中,〔註73〕認為窺基依《大乘法苑義林章》「四宗說」,將唯識學判做「中主」,〔註74〕又依《說無垢稱經》的「八

〔註71〕水野弘元著,香光書鄉編譯組譯:《佛教的真髓》,嘉義:香光書鄉,2002 年,頁 330~333。
〔註72〕〔唐〕窺基:《說無垢稱經疏》,大正藏第 38 冊,第 1782 經,頁 999b16-18。
〔註73〕廖明活:〈窺基的判教思想〉,《佛學研究中心學報》,第 3 期,國立臺灣大學文學院佛學研究中心,1998 年,頁 217~241。
〔註74〕《大乘法苑義林章》中,又分為外道、小乘、般若、唯識四宗。

宗說」把為識學歸為「應理圓實宗」，皆是全盤點出佛教小、大二乘、以至諸非佛教教派的教學主旨後，表明佛教諸學派在宗義判別上的差異，最終是意圖確立瑜伽行學派為獨尊。黃國清也肯定窺基有此傾向，他在〈窺基判教思想的重新審視〉一文中說：「八宗教判展現了窺基對部派學說的熟稔，也顯示出他想在判教體系中廣攝主要佛教經論的企圖。」〔註75〕「八宗」教判展現了窺基對印度部派學說的觀點，並顯示出窺基對佛教經論的理解，與彰顯唯識宗理論高度的理念。

然而，歷代的《維摩詰經》疏本與窺基的《經疏》在判教上有很大的出入。智顗在《維摩經玄疏》中判為：

> 今此經抑揚褒貶，赴機說不思議解脫者，猶是方等之教。〔註76〕

天台五時中，《維摩詰經》被認為著重於不可思議解脫，只是「第三時」大乘方等經，尚未進入「第四般若時」、遑論「第五涅槃時」。吉藏的教判則見於《維摩經義疏》：

> 吉藏案：成實論師、開善智藏，執於五時，謂此經為第三時抑揚教也。招提慧琰，用四時教，謂此經是第二時三乘通教攝也。雖執三、二階差別，同謂此經明果猶是無常，無常辨因，未得盡理，故義非極滿，教為半字耳也。〔註77〕

---

1. 外道異宗：「執因中有果顯了，有去來、我、常、宿作因、自在等害法。邊、無邊、憍亂、見無因、斷、空、計勝、淨、吉祥，名十六異論」，共有十六家外道。
2. 小乘異宗：依新翻《異部宗輪論》，共十一類，總數為二十，分大眾部和上座部。
3. 邊主：《般若經》系，說諸法空，認為一切法不可言，本性空無，不可說為空或為有。在勝義諦法體雖是空，但世俗諦可有。此說勝義諦中皆唯空，且不立三性唯識，名為邊主。
4. 中主：指慈氏菩薩、天親等，以《解深密經》為核心。依真、俗諦說一切法有空不空。世俗諦是遍計所執性，情有理無；勝義諦是一切法體或有或無，但言語不能表達非空非有，因而體空之義不能以言語傳達。此說建立了三性唯識，以我法境空為中道義，認為真俗識是非空非有的「有」。（〔唐〕窺基：《大乘法苑義林章》，大正藏第45冊，1861經。）

〔註75〕黃國清：〈窺基判教思想的重新審視〉，《圓光佛學學報》第8期，圓光佛學研究所，1999年12月，頁16。
〔註76〕日本學者奧野光賢：〈吉藏撰《維摩經遊意》について：その割注おめぐって〉，《駒澤短期大學佛教論集》，頁561c4-5。
〔註77〕〔隋〕吉藏：《維摩經義疏》，大正藏第38冊，1781經，頁908c26-909a2。

指出開善智藏將《維摩詰經》判做「第三時」抑揚教，招提慧琰判為「第二時」三乘通教，俱是說明此經仍在「無常」上破斥眾生對「常」的誤解，還未得更高深的義理，評價不高。

　　吉藏自身則認為：「若是般若淨名，毀小乘為劣，讚大乘為勝，故大乘真實也。」〔註78〕因為迴小向大的立場，吉藏將《維摩詰經》判為大乘教法。同樣的觀點見於淨影慧遠的《維摩義記》：

　　　　今此經者二藏之中菩薩藏，收為根熟人頓教法輪。〔註79〕

　　因經中讚揚菩薩乘，抑挫聲聞乘，為使二乘證得空理，屬於不立言句，直說大乘教法的頓教，卻能顯示出真實義。由上述可知在諸家《維摩詰經》疏解中，雖然都將《維摩詰經》視為大乘經，卻有地位高低差別，顯見《維摩詰經》歷來的疏本也各執立場。

　　有鑒於先前的疏解者，窺基將《說無垢稱經》判為「三時」和「三時教」中的「第二時」「為說法空」與「第三時」「並說有空」；又判為「八宗說」的「第七宗勝義皆空宗」到「第八宗應理圓實宗」，認為此經具有般若「空」性，又說「唯識」義，是歷來將《維摩詰經》判得最高的疏本。這可能和《維摩詰經》廣受唐代社會歡迎有關。敦煌變文、壁畫都顯示了這部經典的受歡迎程度。因此，窺基可能出自於個人信仰的愛好，也可能出自於弘揚唯識學的意圖，將《說無垢稱經》判做兩方思想兼具。

三、「分品」——三科分經

　　窺基將《說無垢稱經》科分為三，〈序品〉說經緣起分；〈方便品〉到〈香台品〉屬正宗分；最末的〈供養品〉和〈囑累品〉，歸為流通分，並判此經的宗旨為：

　　　　此經明菩薩權實二益，因果二位，真俗兩諦，空有兩理。〔註80〕

窺基將《說無垢稱經》視作為菩薩修行為主的經典。其中，「權實二益」、「因果二位」是從「菩薩地」修行來說。「真俗兩諦」即是由窺基的「四重二諦說」詮釋。「空有兩理」則指窺基疏解時所並列的中觀學「空理義」與唯識學「應理義」。

〔註78〕〔隋〕吉藏：《維摩經義疏》，大正藏第 38 冊，1781 經，頁 909c25-26。

〔註79〕〔隋〕慧遠：《維摩義記》，大正藏第 38 冊，1776 經，頁 421b27-28。

〔註80〕〔唐〕窺基：《說無垢稱經疏》，大正藏第 38 冊，第 1782 經，頁 1002c18-19。

　　《瑜伽師地論》展開了瑜伽行派的修行論，據考證，最古老的部份即是「聲聞地」與「菩薩地」，反映出部派時期的瑜伽行者的修行體系與教義，並被後來大乘佛教的唯識學所接納。在 Deleanu Florin 的〈瑜伽行の実践〉一文中，將「聲聞地」歸為典型的部派思想；而「菩薩地」是大乘菩薩修行者救度一切眾生的菩薩道。但在大乘思想興起後，「聲聞地」與「菩薩地」合流，形成《瑜伽師地論》的修行次第。〔註81〕窺基在《經疏》〈第二品顯不思議方便善巧品〉中，將十四品依修行方法排列：

> 此經正宗：明大乘理，故從〈方便〉，終至〈香臺〉，此九品是菩薩境。次〈菩薩行〉一品，是菩薩行。後〈觀如來〉一品，是菩薩果。菩薩地中，所學處有五：一所化處，此〈觀有情品〉，是一切眾生為所化故；二利行處，〈方便品〉、〈聲聞品〉、〈菩薩品〉、〈問疾品〉，是利他行故；三真實義處，〈菩提品〉、〈不二法門品〉，是盡所有性，如所有情等道理故；四威力處，〈不思議品〉是神通威力等故；五菩提處，〈香臺品〉是明佛所有殊勝德故。〔註82〕

此經正宗是大乘佛教，修菩薩道。「境」為修行時所觀的諸法境界，所以從〈方便品〉到〈香臺品〉，是菩薩境。「行」是對菩薩境修行，斷煩惱習氣，因此是無垢稱說眾多菩薩行的〈菩薩行品〉。「果」為修行所得之果報，是以無垢稱曾住的阿閦佛國、〈觀如來品〉為說無垢稱所得果報。在菩薩地中，所學處有五：

　　1. 所化處，以菩薩觀眾生如何渡化的〈觀有情品〉；2. 利行處，〈方便品〉、〈聲聞品〉、〈菩薩品〉、〈問疾品〉，從問答中表示利他行；3. 真實義處，〈菩提分品〉、〈不二法門品〉，說明成佛的可能、成佛的解脫法門和不二法門；4. 威力處，以〈不思議品〉的神通使眾生發心；5. 菩提處，〈香臺品〉中的眾香國，表現佛國的清淨。窺基詳細地將其他各品與菩薩地修行次第相配合，顯現瑜伽唯識學重視修行實踐的特徵。

　　窺基的《經疏》疏解時分為空理義和應理義，例如《說無垢稱經》〈問疾品〉中無垢稱言：「一切佛土亦復皆空。」〔註83〕《經疏》〈問疾品〉疏為：

〔註81〕Deleanu Florin：〈瑜伽行の実践〉，《唯識と瑜伽行》，東京：春秋社，2012 年 8 月，頁 161～162。

〔註82〕〔唐〕窺基：《說無垢稱經疏》，大正藏第 38 冊，第 1782 經，頁 1033b22-c2。

〔註83〕〔唐〕玄奘譯：《說無垢稱經》，大正藏第 14 冊，476 經，頁 568a17。

《贊》曰:「空理義云:『一切佛土,皆本空寂。故今我室真性故空。』
應理義云:『法身佛土,因空所顯,空理故空。報化佛土,空無所
執,空事故空,體皆非無。『我今此室』,表佛土空,是故空也。』」
〔註84〕

空理義認為一切佛土本性空寂,因而無垢稱斗室的本性亦是一切空。應理義
中,與表現空義的法身佛相應的佛土是空;報土與化土,其本性雖是無所執
的空相,但所顯現的色法是「假有」,其體仍然是空性,展現唯識學觀點中,
只認為識有,反對外境的「假必依實」觀點。如是,無垢稱的斗室雖可放下千
張獅子座,仍不離空義。看出窺基從中觀學的空理義疏解時,乃是從般若學
只破不立的角度素樸地說空,但其所使用唯識學的應理義,則是細部地解說
空的層次,顯示他試圖以唯識思想疏解《說無垢稱經》的企圖。

第四節 《經疏》的經體與教體

窺基判《說無垢稱經》為中觀與唯識並重,在「經體」和「教體」上,則
是採用中觀學派的清辨和唯識學的護法兩種見解,顯示中觀與唯識交涉的觀
點。

討論窺基的「經體」和「教體」之前,需理解《瑜伽師地論》中名身、句
身、文身三者。引文如下:

復次,云何名身?謂依諸法,自性施設,自相施設,由遍分別為隨
言說,唯建立想,是謂名身。云何句身?謂即依彼自相施設,所有
諸法差別施設,建立功德、過失、雜染、清淨戲論,是謂句身。云
何文身?謂名身、句身所依止性所有字身,是謂文身。〔註85〕

名身是從諸法的分別建立言說,這樣的分別即是「想」。句身是名身與名身之
間的假施設,因為種種差別相,建立各種戲論。文身是名身與句身所構成的。
藉由這三者,將諸法以語言文字的方式討論。

在《經疏》中,窺基認為《說無垢稱經》的「經體」可依清辨和護法兩種
不同的見解;「教體」則是依護法的勝義諦,展現窺基的疏解傾向是將此經之
教法歸為唯識學,並且認為「經體」可有兩種方式表達,但「教體」做為此經

〔註84〕〔唐〕窺基:《說無垢稱經疏》,大正藏第38冊,第1782經,頁1070b25-c1。
〔註85〕〔唐〕玄奘譯:《瑜伽師地論》,大正藏第30冊,1579經,587c11-16。

的核心思想，必須依唯識的勝義諦。對於《經疏》所展現的清辨中觀學與護法唯識學的比較，將留待第四章詳細討論，以下僅就《經疏》〈序品〉中的「經體」與「教體」分析之。

一、經體——記錄佛法的名相

窺基依照《說無垢稱經》兼容中觀和唯識的立場，將「經體」分為清辨和護法兩者的見解，並借用了清辨《般若燈論釋》對「經體」的理解做為說明。

《經疏》〈序品〉：

> 若依清辨，釋此二體，依世俗諦，所詮經體，以一切有為、無為諸法，或空或有，諸法為體，通以一切為所詮故。〔註86〕

「經體」分為兩種：能詮文和所詮義，藉文字的能詮，彰顯義理。在能詮文之中，比《瑜伽師地論》的「名身、句身、文身」更細微地區分為：「聲句言章論」。「聲」做為法的體性，只顯法體，其中的義由「句言章論」展現。「句」又分為「集法滿足句」和「顯義周圓句」。前者最初因為記錄「聲」而能顯法，可以被當做教法之「跡」，藉此認識法義。此「跡」不立字名，法義不完善，只是依「聲」寫下的「句」。另外，後者經過詳細地推敲，也就是透過顯義周圓的「言」，來呈現法義俱足的「句」。其後，眾多「句」需要辨明，出現分別段落的「章」。最後總立一部「論」，定以名字。在「句言章論」的衍生下，均是以「聲」為根本體性，起初顯現法體，再來透過「句」顯義，「言」更加廣明。成「章」結「論」後意義周備。在清辨的《般若燈論釋》〈觀涅槃品〉中提到「聲句言章論」的重要：

> 如來身者……此化身有文字章句，次第出聲，不共一切外道、聲聞、辟支佛故，而為開演二種無我，為欲成就第一義波羅蜜故，為欲成就乘最上乘者故，名為大乘。〔註87〕

展現說法的殊勝，而說法的介質是「聲音」，透過「文字章句」開示人無我和法無我，成就第一義諦。

〔註86〕〔唐〕窺基：《說無垢稱經疏》，大正藏第 38 冊，第 1782 經，頁 1000b24-26。
〔註87〕〔唐〕龍樹菩薩說偈，清辨釋，波羅頗蜜多羅譯：《般若燈論釋》，大正藏第 30 冊，1566 經，頁 130c23-29。

然而，「聲句言章論」的「經體」仍被視作為「世俗諦」。為解消此「世俗諦」，清辨提出「經體」的「勝義諦」，則是「能詮所詮，一切皆空」，[註88] 乃是不得以言語詮釋，文字性離的法性體空。此「勝義諦」為破「世俗諦」對於「聲句言章論」的執著，以為教法就是「聲句言章論」，而不見法的實相。清辨的「經體」在「世俗諦」上，可以藉由「聲句言章論」等假名說明教義，「聲句言章論」即在此「世俗諦經體」上可被視為「教體」；但若依「勝義諦經體」，則「教體」是一切皆空，「經體」自然也無一物可執著。清辯在「經體」上分為「世俗諦」和「勝義諦」，表現出中觀派連語言文字都不可執取的絕對空的立場。

從唯識學的立場，窺基則引用護法對「經體」的見解，見《經疏》〈序品〉：

> 若依護法等，菩薩勝義世俗，皆以能詮、所詮二法而為教體。且世俗諦所詮，通以有為無為，若空若有諸法為體，即以三性為所詮體。[註89]

窺基所說的護法「經體」，是把「經體勝義諦」和「經體世俗諦」要說的「能詮」和「所詮」兩者皆歸為「教體」。換句話說，則是無論「經體」的「勝義諦」或「世俗諦」所要詮釋的對象或能詮釋的方法，都被窺基視為本經的核心思想，即是「教體」。以「經體世俗諦」的「所詮」為例，說「有為無為」、「空若空若有」諸法，都是為了詮釋「三性說」。因此，可知窺基視清辨的「經體」只有一層，即是做為「能詮」，將「教體」做為「所詮」。然而護法的「經體」卻開展出兩重涵義：「經體勝義諦」和「經體世俗諦」的「能詮」和「所詮」都是「教體」。也就是說，無論是「經體勝義諦」或「經體世俗諦」的「能詮」和「所詮」，都可被認定為《說無垢稱經》的核心意義，例如引文所說「有為無為」、「若空若有」雖是「能詮」，仍可和「所詮」的「三性說」同樣為「教體」。

但窺基在《經疏》中不取護法的「經體世俗諦」，而是依護法的「經體勝義諦」，分為四項：1. 攝相歸性體；2. 攝餘歸識體；3. 攝假隨實體；4. 假實別論體，表格對照如下：

〔註88〕〔唐〕窺基：《說無垢稱經疏》，大正藏第38冊，第1782經，頁1000c16。

〔註89〕〔唐〕窺基：《說無垢稱經疏》，大正藏第38冊，第1782經，頁1000c25-28。

勝　義	經　體	教　體
一、攝相歸性體	一切有為無為等法，體即「真如」，等同《勝鬘經》的「如來藏」、《說無垢稱經》的「無住」。	〈聲聞品〉的「文字性離」、〈不思議品〉的「法無戲論」、〈觀眾生品〉的「無住」，都說明「真如」才是一切法之本性。
二、攝餘歸識體	一切法體，皆不離造作一切的心識，如《說無垢稱經》：「以心垢故眾生亦垢」。	根本上以能說者的識心為能詮，如無垢稱居士的心；反之，則是以能聞者心識為能詮，如舍利弗的心識。
三、攝假隨實體	一切假法都無自性，因緣聚合而成，以空為實相。	本經所詮有四：1. 心；2. 心所；3. 色；4. 無為。能詮只有「音聲」，是教體。
四、假實別論體／相用別論	假實別論體，聲是實法，句言章論是假法。	相用別論，所詮有五：1. 心；2. 心所；3. 色；4. 不相應；5. 無為。「不相應」指不以生滅心說實法，而是以語言文字，是假。其餘為實。能詮有四：1. 聲；2. 文；3. 名；4. 句。

　　勝義諦自身即可具足「能詮」和「所詮」兩者。在表格中，攝相歸性體的「經體」以「如來藏」和「無住」為「能詮」，「所詮」則是體性真如的有為無為法。「教體」則是以「文字性離」、「法無戲論」為「能詮」，「所詮」是一切法之本性的「真如」。可見「經體」和「教體」皆是說明「真如」，窺基的「經體勝義諦」在「所詮」的意義下，以「教體」表示《經疏》主要的法說。

　　上述對比可知《經疏》的「經體」若從清辨的角度看，「經體」的世俗諦上，是聲和句言章論所描述的「義」，「聲句言章論」即是「教體」，此是閱讀整部《說無垢稱經》就能得到的。但若依勝義諦，則是「經體」和「教體」都是言語斷、無名字的空相，符合默然無諍的離言詮立場。若依護法的「經體勝義諦」，則「經體」和「教體」同時具有「能詮」、「所詮」二法。世俗諦的「所詮」是三性說，「能詮」是有為無為諸法；而勝義諦則是以四體為「經體」和「教體」，各具有「能詮」和「所詮」來詮釋真如、心識、實相和假法的問題，也合乎唯識學中以假名說諸法實相的進路。同時，可看出窺基對「聲」和「句言章論」的重視，讓他認為在世俗諦的層面上，清辨和護法都無法離開「聲」和「句言章論」傳達法義，只有在勝義諦的層次上，因為中觀的空性和唯識學對事物認知的種種分別而有差異。

　　關於窺基在《經疏》中展現的「聲句言章論」的語言觀，將留待第六章詳細解釋。

二、教體——此經的核心思想

針對《說無垢稱經》的「教體」，則只由護法的角度分析，依上表可看出護法的「教體」勝義諦同樣分為四種：1. 攝相歸性體；2. 攝餘歸識體；3. 攝假隨實體；4. 相用別論體。其中「能詮」、「所詮」的項目，表列如下：

教　體	能　詮	所　詮
1. 攝相歸性體	真如	真如
2. 攝餘歸識體	能說者識心、能聞者心識	法教
3. 攝假隨實體	音聲	心、心所、色、無為
4. 相用別論體	聲、文、名、句	心、心所、色、不相應、無為

此「教體」的分類，與其後《大乘法苑義林章》的「四重出體」基本類似，〔註90〕顯見窺基的唯識思想發展脈絡一致。《經疏》中「教體」的「攝相歸性」與「經體」相同，強調「真如」為一切法之本性，是此經的體性，並舉出「文字性離」、「法無戲論」和「性非見聞覺知」等例子，說明法性「真如」，不能由他物體現。「攝餘歸識」，將諸識所緣之境歸於心識的變現。《經疏》的「能詮」以能說者，如釋迦、無垢稱居士的「識心」為體；或以能聞者——舍利弗、寶性等——的「心識」為體。前者的「識心」是無分別的超越的心，故而能詮解「法教」；後者的「心識」作用，即是對一切法的思維，因此也能對有疑惑處提問、詮釋。「攝假隨實」是使假法歸於實法。能詮的「音聲」是假法，說「心」、「心所」、「色」、「無為」才是所詮的實法。此經言娑婆世界眾生剛強難化，故而說剛強之語，顯見經文所說的淨土、往生淨土的修行法門、淨土眾生及無為法等，俱需透過「音聲」傳達。但若執取「音聲」為實有，則是取假法，不見真正所詮的實法。「相用別論」內，所詮同於唯識學的「五位百法」——心、心所、色、不相應和無為。其中「不相應」，

〔註90〕〔唐〕窺基：《大乘法苑義林章》，大正藏第45冊，1861經，頁252c9-26。

　　1. 性用別論體：一切事物依事體作用的差別為體，例如問樹之體，是根、幹、葉。

　　2. 攝假從實體：使假法歸於實法。例如樹之體，是根、幹、葉，但都是因緣起的假法，空性才是實體。

　　3. 攝境從識體：使一切所緣之境，歸於能緣之心識，因為萬法唯識，心識乃是事物之本。

　　4. 攝相歸性體：使一切有為法的事相，歸於真如，以真如為實體，且真如無所依。

是假立於其他四種實法上、非物質非心的法，被窺基等同於「語言文字」，是唯一的假法。「聲文名句」做為能詮，傳達佛事佛法，卻不可視作實法或有自性的存在。

　　窺基重視「句、言、章、論」對「經體」的闡發。「聲」是傳達法的體性的依據，是「句言章論」的根本，沒有「聲」即沒有「句言章論」，更沒有「文」，不能詮「義」，佛法無法傳達。然而，它們只限於世俗諦的層次，勝義諦時仍不可執取語言文字。

　　從上一小節的表格可看出：清辨的「經體」和「教體」的世俗諦為承載法的「聲句言章論」；勝義諦則是言語道斷的「空」。護法的「經體」世俗諦是三性說，勝義諦是說明真如與心識的作用；「教體」的勝義諦分能詮和所詮，以五位百法的分類說明《說無垢稱經》中對於實法的詮解和心識的變現。窺基所展現的護法「經體勝義諦」，已然包含了「經體」與「教體」兩者，此「教體」表格是更進一步呈現「能詮」和「所詮」的對應關係。且在護法「經體」和「教體」的「攝相歸性」上，窺基皆舉了《說無垢稱經》的「一切法皆如」做為「一切有情皆如來藏」的例子。顯見窺基的思想脈絡中，《說無垢稱經》不僅內含唯識學，更能做為唯識學的引證。

第五節　小　結

　　本章解析《經疏》的疏解架構，可知窺基將《說無垢稱經》分為五門判釋，從寫作原因、判教與分品、經體與教體三層面探討其中的思想意義。

　　在寫作原因上，窺基標明「寫作動機」，分為說法的目的、聽法的眾生和說法的時間三個部份。顯示此法訴說於恰當的時間，能有益二乘眾生內欣佛身、外欣淨土，斷除分別心的目標，並且藉由穢土轉淨彰顯菩薩修行的功德，展現如來的神力廣大。

　　判教方面，雖然淨影慧遠、智顗、吉藏都以自宗的立場判釋《維摩詰經》，但大抵不離「中觀」。然而窺基則採用法相唯識宗的立場，認為在「中觀」之外，《說無垢稱經》還帶有「唯識思想」。在三時教中，《說無垢稱經》被判為「第二第三時」，從說法空過渡到並說空有。八宗義則判其雖依大乘，以第七宗勝義皆空為主，卻也具有真實妙有之義，可依唯識學、第八宗應理圓實宗，判為第七宗到第八宗的過渡時期。

　　窺基以「經體」和「教體」分為清辨和護法的說法，對《經疏》的義理有兩重（勝義諦、世俗諦）兩種（能詮、所詮）的分析。然而在勝義諦上不取清辨的中觀「空義」，而是取護法的主張，從四體詮釋真如、心識、實相和假法在《說無垢稱經》中的作用。可見窺基對《說無垢稱經》的認知是具有中觀和唯識兩種思想，但仍以唯識為究竟的立場。

　　《經疏》的疏解架構已詳述，下一章即從內容方面，探討窺基的「維摩詰經觀」。

第四章　窺基《說無垢稱經疏》的「維摩詰經觀」

　　上節自《經疏》的架構分析，可知窺基以無垢稱居士說法的對象和目的為經，說法的時間為緯，交織成疏解架構。本章將從《經疏》內部探討窺基建立的「維摩詰經觀」。《說無垢稱經》以大乘義理為主，使用方便法門。窺基在《經疏》中認為《說無垢稱經》是為了顯揚菩薩道「權實二益」、「因果二位」、「真俗兩諦」、「空有兩理」。〔註1〕據日本學者橋本芳契的研究，《維摩詰經》的要旨有三：〔註2〕

　　1. 教理上是說明「抑小揚大」的經。

　　2. 本旨是說明「方便應用」。

　　3. 大迦葉的嘆息開啟了實質的淨土教。

　　前二項要旨符合《維摩詰經》的特色。在〈聲聞品〉和〈菩薩品〉中描述維摩詰居士一一駁斥聲聞菩薩的行為言論中，表露了明顯的「斥小彈偏」、「嘆大褒圓」的立場。而維摩詰居士隨順眾生說法，表現各種法門，則是方便。此外，橋本芳契所說的「淨土教」，是《維摩詰經》不能忽視的特色。在窺基的判教中，淨土被視作「唯識法門」；疏解「方便解脫」時，窺基多使用唯識學的論點，以下可觀察之。

〔註1〕〔唐〕窺基：《說無垢稱經疏》，大正藏第 38 冊，1768 經。

〔註2〕橋本芳契：《維摩経のよる佛教》，大阪：東方出版，1988 年 10 月，頁 176～177。

橋本芳契在〈法相宗と維摩経〉一文中，〔註3〕認為窺基的《說無垢稱經疏》所提出的「維摩詰經觀」，乃是從唯識學的立場顯揚《維摩詰經》中有關「應理圓實」的新義。同時，橋本氏指出窺基歸納《說無垢稱經》和淨土實修的相關段落為「唯識法門」，呈現了唯識學的淨土觀。〔註4〕

因此，本章承續橋本氏的研究，將窺基的「維摩詰經觀」分為：解脫觀和佛土觀。另外，窺基在《經疏》中以「四重二諦」分別《說無垢稱經》為「初世俗諦」，並依判教所說、第七宗到第八宗的過渡，引用中觀派清辨與唯識宗護法對「空」的解釋，呈現唯識學的「維摩詰經觀」。

在此之前，先說明窺基所學的唯識學流派。其師玄奘所弘揚的唯識學，在印度佛教的發展史上，可分為「有相唯識」和「無相唯識」兩派，但對於此二派有許多解釋，台灣學者曹志成根據日本學者和西藏宗義書整理成簡要的定義：〔註5〕

1. 有相唯識：玄奘、窺基所主張，依據護法的「相分、見分、自證分和證自證分皆是依他起」四分說，認為形象是「依他起性」。

2. 無相唯識：安慧的立場，提出只有心是真實的，形象是虛偽的「遍計所執性」。

桂紹隆在〈瑜伽と唯識行〉一文中，總結有相唯識為「心識的本質是自我認識，實我和實法都不存在，所直觀的內容是心識的形象，此為真實」；無相唯識「心識的本質像水晶一樣清淨，所認識的形象都是虛偽」。〔註6〕玄奘傳入中國的是有相唯識，其「三界唯心觀」是「識」見聞覺知到「識轉變所變現出的事物（相分）」，三界一切法唯有識時，表示由識所見聞覺知到的是識的所變。心看見自己所變現者，結果是心把心看作境，不能實現「心不見心」。總是無法不見一切境，認為心「性相永別」，識是因緣生（依他起），以真如為所依，識與真如（圓成實）區別。據此，窺基傳承了玄奘的有相唯識，在《經疏》內也是以有相唯識解析。

〔註3〕橋本芳契：《維摩経のよる佛教》，頁167～191。

〔註4〕橋本芳契：《維摩経のよる佛教》，頁190～191。

〔註5〕曹志成：〈寂護對有部「實在論」以及「有相唯識」與「無相唯識」的「形象」（行相）說之批判的探討〉，《圓光佛學學報》，第5期，2000年12月，頁227～240，頁235～236。

〔註6〕桂紹隆：〈瑜伽と唯識行〉，《唯識と瑜伽行》，東京：春秋社，2012年8月，頁5。

　　窺基隨玄奘學習和翻譯，對於唯識學的經典相當熟稔。在《經疏》中大量引用瑜伽行學重視的經典和論典，由此鞏固他的疏解的權威性。另一方面，亦可從窺基所引用的經典和論典中，探討其如何以唯識學疏解《說無垢稱經》。以下，便就窺基在《經疏》中引述過的唯識學經論次數，作為其疏思想傾向的前導。

　　然而，唯識學的經論繁多，不能確知窺基曾經讀過的哪些唯識經典。在此，以玄奘譯《成唯識論》時所參照的六經十一論為準。〔註7〕《成唯識論》疏解《唯識三十頌》，是唯識思想的集大成之作；窺基亦參與此論的翻譯，並作了《成唯識論述記》等疏解之作，是研究唐代唯識學的主要經典之一。雖然《成唯識論》所引用的經典，不能做為印度唯識宗依據的主要經典，但因窺基曾參與翻譯工作又加以疏解，故而能確知他必然對六經十一論有一定程度的理解。有鑑於此，查考《經疏》中對《成唯識論》中六經十一論的引用程度，應可以作為窺基操作唯識學方法的旁證。

　　六經為：《華嚴經》、《解深密經》、《如來出現功德莊嚴經》、《大乘阿毗達磨經》、《楞伽經》、《厚嚴經》（又名《密嚴經》）。十一論論為：《瑜伽師地論》、《顯揚聖教論》、《大乘莊嚴經論》、《集量論》、《攝大乘論》、《十地經論》、《分別瑜伽論》、《唯識二十論》、《辨中邊論》、《阿毘達磨集論》。窺基在《經疏》內引用的經論及引用次數可參考下表：

六經十一論	《經疏》引用次數
《華嚴經》（《疏》中作「花嚴」）	12
《十地經》	4次
《解深密經》	4次
《大乘阿毗達磨經》	1次
《楞伽經》	5次
《厚嚴經》	1次
《瑜伽師地論》	50次
《顯揚聖教論》	4次
《攝大乘論》（《疏》中亦作《攝論》）	8次
《分別瑜伽論》（《疏》中作《瑜伽論》）	7次
《辨中邊論》	1次

〔註7〕韓廷傑：〈唯識宗哲理略論〉，《圓光佛學學報》，創刊號，1993年12月，頁89。

非六經十一論的唯識經論	《經疏》引用次數
《成唯識論》	18 次
《佛地經》	23 次
《佛地經論》	1 次
《唯識二十論》(《疏》中作《二十論》)	1 次
《唯識二十頌》(《疏》中作《唯識二十》)	1 次

　　《十地經》後來被併入《華嚴經》〈十地品〉中，故同樣視作為六經之一。窺基引用最多次的經典是《瑜伽師地論》和《佛地經》，兩部皆是說明菩薩修行次第的經典，顯見窺基將《說無垢稱經》視作一部講述菩薩修行的作品。此外，窺基還引用了 18 次《勝鬘經》，對於說明佛性論的部份有很大的影響，與第二節「攝相歸識」時以如來藏等同真如的傾向一致，表露了窺基的如來藏思想。至於窺基如何融合如來藏與唯識，這部份將在第四節詳細討論。

　　從窺基大量引用唯識經典可以看出：1. 窺基試圖納入唯識思想；2. 窺基對唯識經典的掌握相當熟悉，因此能運用在一部非唯識的佛典上。再者，《密嚴經》是護法主張的依據之一，其中曾提到密嚴淨土。在護法主持下的那爛陀寺有中觀，瑜伽，密教等不同佛教思想，表現出調和的可能。玄奘學於戒賢，主要的研究以《佛地經》為主，探討佛地之後的唯識問題，反應了唯識學對於實踐的要求。

　　因此，在窺基引用的眾多唯識經典中，可分為四個層面探討《經疏》內、具有唯識色彩的「維摩詰經觀」。

第一節　解脫觀──不可思議自在神變法門

　　做為《說無垢稱經》的主軸，「解脫」在〈囑累品〉被定為「說無垢稱不可思議自在神變解脫法門」，而窺基認為羅什在此標題上不甚忠於梵文原本，如下引文：

　　　　梵文校訂本：bhagavān āha / tasmāt tarhi tvam ānanda imaṃ dhar
　　　　　　　maparyāyaṃ vimalakīrtinirdeśaṃ yamakapuṭavyatyasta
　　　　　　　nihāram acintyadharmavimokṣaparivartam ity api dhā
　　　　　　　rayemaṃ dharmaparyāyam// 〔註8〕

〔註8〕〔日〕梵語佛典研究會：《梵藏漢対照『維摩経』》，東京：大正大學出版。
　　　2004 年，頁 508。

支謙本：佛告阿難，是名為維摩詰所說，亦名為不可思議法門之稱。

羅什本：佛言：「阿難，是經名為維摩詰所說，亦名為不可思議解脫法門。」

玄奘本：世尊告曰：「如是名為說無垢稱不可思議自在神變解脫法門。」

關於「維摩詰所說」和「yamakaputavyatyastanihāra」已在第二章討論，於此不再贅述。對於副標題，支謙譯為「不可思議法門」，羅什則譯為「不可思議解脫法門」，玄奘翻譯為「不可思議自在神變解脫法門」。羅什本和玄奘本皆有 vimokṣa——梵文意譯為「解脫」——此一法門。支謙本卻只有 acintya，意指「不可思議」的法門，再次證明三者所依據的梵文底本不同。但梵文校訂本 vimokṣa 和 acintya 皆有。或許可以推測：最初支謙翻譯的《維摩詰經》底本只有 acintya，並沒有 vimokṣa 一字，後世的梵文本才加入 vimokṣa 一字，形成羅什本的「不可思議解脫法門」；其後更增加了 parivarta「轉變」，成為玄奘本的「說無垢稱不可思議自在神變解脫法門」。

窺基批評羅什譯本並不是在梵文字詞的翻譯上，而是在經題的主從上，見《經疏》〈序品〉：

一名不可思議解脫者，准依梵本，題在卷末，卷末佛言：『此經名為說無垢稱不可思議自在神變解脫法門』。若唯談人，但云阿費摩羅枳里底；若唯談法，脚注云亦名不可思議解脫。舊經，佛告有二名，此乃譯經之人別開，非梵本如此。若以如有二故，並悉題之。《勝鬘》有十五名，《無量義經》有十七名，並應具載，何故都題，不並題也？俱以什公見注之號，遂即經首題之，無本脚注。後人連題麁寫，遂令萬代連唱釋之，理不然也。依此注中，詮不可思議解脫之事，是故名之。〔註9〕

關於「阿費摩羅枳里底」的討論請見第二章。窺基認為在經題上，羅什本不應將「無垢稱」和「不可思議自在神變解脫法門」分開，因為前者是談「人」，後者是談「法」，若從窺基「准依梵本」的觀點，「說無垢稱」和「不可思議自在神變法門」，梵文校訂本中可能是依主釋中的所有格關係。兩者皆是《說無垢稱經》的經題，只是面向不同，不可分為兩個經題，應該合而為一。且就窺基推測，羅什見經文中的注，就以為是經題，卻不按照脚注說明，直接將經

〔註9〕〔唐〕窺基：《說無垢稱經疏》，大正藏第 38 冊，1768 經，頁 1002a19-29。

名寫在一起，造成後世混淆。其實經名不應分開，即是「說無垢稱不可思議自在神變解脫法門」。

基於上揭所說，此法門被認為是本經主軸。窺基在《經疏》〈囑累品〉詳細說明：

> 不可思議者，超言情之量也。自在者，任運也。神變者，通果妙用，
> 轉換無方，無而欻有也。解脫者，無漏定果，解脫定障，故名解脫。
> 或復定果，名自在神變；真如離繫，名為解脫。法門者，能詮教也。
> 教法，能顯所詮義也。〔註10〕

不可思議即是超越言語認知範圍的力量；自在是解脫後不受輪迴之苦；神變指通達佛果後，所得到的通無化有之力；解脫是本有無漏種子的果，能使眾生解脫於煩惱障和所知障，是「真如」境界。「神變」是從無到有的力量。法門做為能教導眾生的方式，此教法即能顯示所詮解的法義。因此，「不可思議自在神變解脫法門」可做為窺基對《說無垢稱經》的「解脫觀」。

「不可思議」是《維摩詰經》第二品，羅什譯為〈不思議品〉，玄奘則譯為〈顯不思議善巧品〉，又在經題為「不可思議解法門」。經文中多次提到「神通」、「佛威神力」，俱是彰顯「不可思議」的超越力量。以此貫穿整部《維摩詰經》，橋本芳契認為「不可思議解脫」是解經的根本命題。〔註11〕

窺基將「不可思議」等同於「解脫」，如《經疏》〈序品〉所說：

> 諸佛如來住解脫，名不可思議。〔註12〕

「不可思議法門」分為：修不可思議殊勝之行、住解脫不可思議、入不可思議解脫境界。窺基認為「不可思議」：「不能以算而數，不能以思而思。惟亦思也不能以言而稱，以心而量」，〔註13〕以此解脫者，得無漏定果，解脫定障。

此外，「不可思議」與《說無垢稱經》中「默然」相同，皆是超越言語、認知的境界。橋本芳契指出：「文字解脫，無文字解脫是維摩經的根本精神，不可思議法門也確實在佛法上攝受魔界、外道，貫通理解的原理，得到真實大乘菩薩道的普遍性和真理性」可見「不可思議」在《說無垢稱經》中的重要性。〔註14〕

〔註10〕〔唐〕窺基：《說無垢稱經疏》，大正藏第 38 冊，1768 經，頁 1114a8-13。
〔註11〕橋本芳契：《維摩経のよる佛教》，頁 39。
〔註12〕〔唐〕窺基：《說無垢稱經疏》，大正藏第 38 冊，1768 經，頁 997a29-b1。
〔註13〕〔唐〕窺基：《說無垢稱經疏》，大正藏第 38 冊，1768 經，頁 1099a23-25。
〔註14〕橋本芳契：《維摩経のよる佛教》，頁 41。

顯實相的自在法門，在《華嚴經》中說十種自在，窺基則引《攝論》的十種，分別為：1. 壽自在；2. 心自在；3. 財自在；4. 業自在；5. 生自在；6. 勝解自在；7. 願自在；8. 神力自在；9. 智自在；10. 法自在。〔註15〕在《說無垢稱經》中，突顯佛內具二智，可得自在。

然而在《經疏》〈法供養品〉所說的「自在」，與「神變」有密切關係：

　　舊云自在，神通事勝也，決定實相理勝也，利他、自利二為勝故。

〔註16〕

利他者，如布施的財自在，或為善的業自在。自利者，如忍欲的隨願自在或延壽的壽自在。但「自在」若要顯現「實相」，仍須借助「神通」。

窺基所說為眾生解脫助緣的「神變」，在漢譯佛典中有相似的名詞為「神通」和「神異」，梵文為 abhijñā。「神變」在現存《維摩詰經》的梵文校訂本則是用 parivarta 一字，字根為 √vṛt，意即「轉動、變動」，parivarta 被漢譯為「神變」。根據臺灣學者丁敏的研究指出：「神異」指道術術伎的神奇異能，「神通」專指佛教的法力，通過高僧的「神異」，使得佛教信仰在中土生根。〔註17〕在唐朝武后時期（690-705 A.C.E.）的南天竺僧人菩提流志所譯的《大寶積經》內有三種神變：〔註18〕佛能為一切眾生說法使得解脫的「說法神變」、教導正確佛法修行的「教誡神變」，和現異象以調伏眾生的「神通神變」。在菩提流志以前有後魏菩提流支（508年抵達洛陽）曾譯《大寶積經論》，但此論中並無「神通」、「神變」的譯詞。因為《大寶積經》的翻譯年代不詳，且玄奘曾攜回《大寶積經》的梵本，但在譯完《大般若經》後便無力繼續。因此，窺基同時使用「神變」和「神通」兩詞，或許可推測是依據玄奘《說無垢稱經》的譯詞而做，也可能是來自《大寶積經經》的「神通神變」一詞。然而，在《說無垢稱經疏》中，「神變」和「神通」都被視作為佛令眾生解脫的威神力。

〔註15〕〔唐〕窺基：《說無垢稱經疏》，大正藏第38冊，1768經，頁1020c10-17。
〔註16〕〔唐〕窺基：《說無垢稱經疏》，大正藏第38冊，1768經，頁1108c23-25。
〔註17〕丁敏：〈從漢譯佛典僧人「神通」到《高僧傳》僧人「神異」：佛教中土化過程的考察面向〉，《政大中文學報》，第14期，2010年12月，頁113，頁85～122。
〔註18〕〔唐〕菩提流志譯：《大寶積經》，大正藏第11冊，310經，頁492c1-29。

在第三章架構中的「為顯如來威德大德」，曾建立窺基使用的「大神力」和「大威德」，以彰顯「神通」在《說無垢稱經》的重要性。而「解脫觀」中，《經疏》〈不思議品〉將「神通」視作為貫徹解脫法門的要義：

> 有神通名解脫，證真解脫方能起故；亦解脫定障名，故名解脫，神用難測，名不思議。〔註19〕

「解脫」也被窺基視為一種「神通」，必須在證得真如實才能起現。同樣地，《說無垢稱經》藉由「神通」表現「不可思議」，如《經疏》〈不思議品〉：

> 此之一品，現大神通，明顯迹利他，顯權也。神通妙用，上位能知，故非下心之所思慮，亦非下言之所議度。今此廣明，名〈不思議品〉，此以無漏慧根為性，不思議體即神通故。其通之境，妙用亦難測，亦名不思議。〔註20〕

〈不思議品〉以「神通」為體，以無漏慧根為性。「神通」只能為上位所知，下心不可思慮、不可議度，因此名為「不思議」。在《說無垢稱經》中使用「神通」者，為《經疏》〈序品〉中五位：

> 此經具陳：「香臺、燈王、無動、藥王、釋迦五佛，神通威力，餘隨所應，有無准說，不能一一預顯其事。」〔註21〕

表現香臺、燈王、無動、藥王、釋迦五佛的神通力隨應眾生顯現，不能預測。諸佛藉由「神通」展現「不可思議」，目的是教化眾生。中國學者何劍平的研究指出：窺基是唐代以來最重視維摩詰「神通」的人。他在《經疏》第一卷「本」中已提到「六神通」〔註22〕和「十八變」〔註23〕。「神通」有「引諸眾

〔註19〕〔唐〕窺基：《說無垢稱經疏》，大正藏第38冊，1768經，頁1079b7-9。
〔註20〕〔唐〕窺基：《說無垢稱經疏》，大正藏第38冊，1768經，頁1077a29-b4。
〔註21〕〔唐〕窺基：《說無垢稱經疏》，大正藏第38冊，1768經，頁997c20-22。
〔註22〕〔唐〕窺基：《說無垢稱經疏》，大正藏第38冊，1768經，頁996c9-12。「六神通」：一、神境智作證通；二、隨念宿住智作證通；三、天耳智作證通；四、見死生智作證通；五、知心差別智作證通；六、漏盡智作證通。
〔註23〕〔唐〕窺基：《說無垢稱經疏》，大正藏第38冊，1768經，頁996c13-18。「十八變」：一振動；二熾然；三流布；四示現；五轉變；六往來；七卷；八舒；九眾像入身；十同類往趣；十一顯；十二隱；十三所作自在；十四制他神通；十五能施辯才；十六能施憶念；十七能施安樂；十八放大光明。「十八變」源自《瑜伽師地論》卷37〈本地分中菩薩地第十五初持瑜伽處威力品第五〉，此品原為北涼曇無讖所譯《菩薩地持經》八卷本卷二〈菩薩地持方便處力品第五〉，和南朝宋求那跋摩《菩薩善戒經》十卷本卷二〈菩薩地不可思議品第六〉，均談到佛神力中的「十八變」，但一直到《瑜伽師地論》譯出後才出現

生入佛聖教」和「惠施無量受苦眾生」的作用。〔註 24〕此外，窺基將「十八
變」與《說無垢稱經》中的情節相搭配，例如〈問疾品〉中無垢稱令其室空，
唯置一床，屬於「第十二隱攝」；〈香臺品〉的化菩薩對應於「第六往來」等。
何劍平認為在佛教史上，窺基是首次從教理上用佛教的「神通」對《維摩詰
經》中的故事進行細緻的分類解說。而窺基也認為《維摩詰經》中的各種神
變故事能與「六神通」、「十八變」找到逐一相配的情節。〔註 25〕窺基的疏解
暗示了維摩詰信仰的轉向，出現利用神變令異教徒皈依的方式，例如敦煌變
文、變相、轉變，也和佛教神通有很大的關連性。〔註 26〕

「不可思議」做為佛威神力的法門，相對於此，「方便解脫」即是維摩詰
度眾生的法門。在《說無垢稱經》〈顯不思議方便善巧品〉中，便說無垢稱居
士是「善方便」：

> 為欲成熟諸有情故，以善方便居廣嚴城。〔註 27〕

十波羅蜜中第七為「方便善巧」，以智善巧。因此，除「不可思議」外，《說無
垢稱經》也重視「方便解脫」，而窺基對於解脫法門的解釋，大量運用了唯識
學的思想。首先在《經疏》〈顯不思議方便善巧品〉將八種「方便解脫」以十
門解釋：

> 八解脫，以十門分別：一列名字；二顯行相；三出體；四釋名；五
> 所緣境；六凡聖得；七離障別；八依身起；九二得異；十有無漏。
> 〔註 28〕

窺基引用了《瑜伽師地論》、《攝事分》、《顯揚論》、《菩薩藏經》等唯識經典，
列出八種解脫為：一有色觀諸色解脫；二內無色想觀外諸色解脫；三淨解脫
身作證具足住；四空無邊處解脫；五識無邊處解脫；六無所有處解脫；七非
想非非想處解脫；八想受滅解脫身作證具足住。〔註 29〕在十門中，第二、六
門明顯以唯識學思想闡發義理。

完整的十八變理論。窺基在其他經論中所引用的「十八變」，可分別見於《妙
法蓮華經玄贊》卷二、卷十、《觀彌勒上生兜率天經贊》卷下、《大乘法苑義
林章》卷六、《三輪義林》、《瑜伽師地論略纂》卷十一。

〔註 24〕〔唐〕窺基：《說無垢稱經疏》，大正藏第 38 冊，1768 經，頁 996c20-21。

〔註 25〕何劍平：《中國中古維摩詰信仰研究》，四川：巴蜀書社，2009 年，頁 499。

〔註 26〕何劍平：《中國中古維摩詰信仰研究》，頁 500。

〔註 27〕〔唐〕玄奘譯：《說無垢稱經》，大正藏 14 冊，476 經，頁 560b14-15。

〔註 28〕〔唐〕窺基：《說無垢稱經疏》，大正藏第 38 冊，1768 經，頁 1035b27-c1。

〔註 29〕〔唐〕窺基：《說無垢稱經疏》，大正藏第 38 冊，1768 經，頁 1035c4-9。

　　第二門「顯行相」，窺基分為空、識、非空非識三種。〔註30〕空處解脫行相是在空處離欲，於虛空中獲得勝解；識處解脫行相則是在識處離欲，於識獲得勝解。無所有處解脫行相乃是在無所有處離欲，並在識無邊處悟得勝解。從中可看出，解脫的行相以非空非識的「無所有處」最高，但「無所有」並非斷滅空，而是「識無邊」。《瑜伽師地論》中說：「若有欲入識無邊處，先捨虛空無邊處想」，〔註31〕此說又與《解深密經》相同，〔註32〕都是必須捨空無邊處，才能進入識無邊處，而離於識外「更求餘境，都無所得」表達了「唯識無境」的思想。

　　第六「凡聖得」，雖說凡聖殊異，但心實無別。《經疏》中，應理義引用《成唯識論》解心性淨，略有二義：一即真如法性之心，《勝鬘經》說自性清淨心，而有染污，難可了知。二因緣心，《瑜伽師地論》依他性心雖是依他起，但本性非煩惱，本性清淨。對「心」的解釋，可見《經疏》〈聲聞品〉：

　　　　今彼心非煩惱故，言本性淨；與染相應，名為染心。非心體染名為

　　　　染心，此心非但未得解脫，性本來淨，得解脫時，亦曾無染。〔註33〕

窺基認為《說無垢稱經》中所說本性清淨之「心」，雖與染相應而名為「染心」，但本性不會被染汙。此心在解脫之前就是淨，解脫時也未曾受汙染。可推測窺基所言的「心」，較可能是無覆無記的「阿賴耶識」。

　　綜上所述，窺基的「解脫觀」中，以「神通」貫徹「不可思議」、「自在」、「解脫」等法門，並以「不可思議」為諸法門的體性，展現相互涵攝的

〔註30〕〔唐〕窺基：《說無垢稱經疏》，大正藏第 38 冊，1768 經，頁 1036b8-12。

〔註31〕〔唐〕玄奘譯：《瑜伽師地論》卷 33：「是故，說言空無邊處具足安住，當知此中依於近分，乃至未入上根本定，唯緣虛空。若已得入上根本定，亦緣虛空，亦緣自地所有諸蘊。又，近分中亦緣下地所有諸蘊。復次，若由此識於無邊空發起勝解，當知此識無邊空相勝解相應。若有欲入識無邊處，先捨虛空無邊處想，即於彼識次起無邊行相勝解。」（大正藏第 30 冊，1579 經，頁 468b26-c4）。

〔註32〕〔唐〕窺基：《解深密經疏》卷 6：「由此識於無邊空發起勝解，當知此識無邊空相勝解。若有欲入識無邊處，先捨虛空無邊處想，即於彼說次起無邊行相勝解。爾時，超過近分根本空無邊處，由彼超過識無邊處所有近分，乃至加行究竟作意，入上根本加行、究竟果、作意定。復次，從識無邊處求上進時，離其識外，更求餘境，都無所得，謂諸所有，或色、非色相應境性。彼求境界，無所得時，超過近分及以根本識無邊處。」（大正藏第 21 冊，369 經，頁 468c1-5）。

〔註33〕〔唐〕窺基：《說無垢稱經疏》，大正藏第 38 冊，1768 經，頁 1053b3-6。

觀點。換句話說，窺基《經疏》的「解脫法門」同時是「神變」的發生，具有「不可思議」的體性，是自利利他的「自在」。且窺基在「解脫八門」的「行相」和「凡聖心」中，引用了唯識經典。他以空、識、非空解釋「方便解脫」的行相；以如來藏說解脫的「凡聖心」。可見在「方便解脫」中，窺基雜揉了般若和唯識的思想，雖說空也說有，符合他對《說無垢稱經》的判釋立場。

第二節　佛土觀──勝義諦唯識法門

　　「淨土」為《說無垢稱經》的核心議題，由寶積子發問，佛陀按足指變穢土為淨土，展現「心淨眾生淨」的主旨。對於「佛土」的觀點，《經疏》〈序品〉分作三類：

> 佛土有三：一法性土，法身所居，真如之理；二受用土，報身所居，
> 眾寶嚴飾；三變化土，化身所居，淨穢不定。〔註34〕

佛土分為法身的法性土，報身的受用土和化身的變化土，前二者是淨土，後一者淨穢不定。「淨土／穢土」做為〈序品〉「經起所因」的「欣厭」和「取捨」所使用的例子，可知佛土是窺基的《經疏》中重要的一環。關於窺基淨土觀的來由，可見於日本學者望月信亨在《中国淨土教理史》一書中的說明，〔註35〕認為窺基承繼了玄奘譯《稱讚淨土佛攝受經》所說的淨土。玄奘提出彌陀淨土屬「他受用土」，乃是「報土」。原本舊有經典中說「他受用土」是七地以上菩薩所證，但在玄奘所譯的《瑜伽師地論》中，說三地菩薩即可得生「他受用土」，並且下品凡夫不得往生此土。然而，大小乘眾生皆可修彌勒的唯識法門，因兜率天宮尚在欲界，較易於修行。窺基雖然為彌勒思想的學者，卻專弘彌陀信仰，著有《西方要決釋疑通規》、《阿彌陀經疏》、《阿彌陀經通贊疏》等與淨土相關的作品。但，望月信亨在《淨土教之研究》一書中的研究認為，根據窺基的寫作風格、行文筆法、思想立場等因素考證，《阿彌陀經疏》和《阿彌陀經通贊疏》可能不是窺基之作。〔註36〕

〔註34〕〔唐〕窺基：《說無垢稱經疏》，大正藏第38冊，1768經，頁995b5-8。

〔註35〕望月信亨：《中国淨土教理史》，高雄：佛光，1974年，頁101～107。

〔註36〕望月信亨：《中国淨土教理史》，頁102。然而，此說仍需進一步證明，目前學界仍多將《阿彌陀經疏》和《阿彌陀經通贊疏》歸為窺基的作品。

　　窺基的彌陀淨土觀在中國學者陳揚炯的《中國淨土宗通史》中，〔註37〕
概略分為五類：1. 彌陀淨土中的二土說；2. 漸漸不退轉；3. 淨土中無聲聞眾；
4. 彌陀淨土優於彌勒淨土；5. 不需向地藏請教；6. 十念願行具足。然而，《經
疏》受限於《說無垢稱經》，並未從彌陀信仰出發，而是說明《經》中的佛土，
如《經疏》〈序品〉：

　　　　佛土義以八門分別：一顯差別；二出體性；三顯因行；四彰果相；

　　　　五釋分量；六解處所；七共不；八諸門辨。〔註38〕

藉由「八門」對佛土有詳細的解說。引用《成唯識論》第十卷，說佛身有四
種，相對應的佛土也有四種，〔註39〕分別為：a. 自性身，依法性土；b. 自受
用身，依自受用土；c. 他受用身，依他受用土；d. 變化身，依變化土。《說無
垢稱經》的廣嚴城就是變化土。前三種是淨佛土，第四變化土，可為淨或穢。
若是十地菩薩、二分別障盡和已證二空者現身，即是淨土；十地前菩薩、二
乘、分別煩惱及所知障未盡和未證二空真如者，則是通淨穢兩種。

　　《說無垢稱經》內，釋迦牟尼所現佛土是「真如理」的「自性身土」，其
體性在《經疏》〈序品〉中是：

　　　　此佛身土，俱非色攝，非心、心所，但依一如差別義說自受用身，

　　　　還依自土，謂圓鏡智、相應淨識。〔註40〕

〔註37〕陳揚炯：《中國淨土宗通史》南京：江蘇古籍，2000 年 01 月，頁 222〜232。
　　　　窺基的淨土觀：
　　　1. 彌陀淨土中的二土說：彌陀淨土雖異於三界，卻仍在欲界中，分為報土和
　　　　　化土。地前、凡夫、二乘三種不能往生報土。
　　　2. 漸漸不退轉：由於淨土的勝境、強緣、時常、無間而得不退轉位，但必須
　　　　　在淨土慢慢修行，才會漸漸得到初地菩薩的不退之位。
　　　3. 淨土中無聲聞眾：聲聞分為應化、增上慢、定性、發菩提心四種，彌陀淨
　　　　　土中沒有未得謂得、未悟謂悟的增上慢聲聞。
　　　4. 彌陀淨土優於彌勒淨土：由《阿彌陀經通贊疏》中說十種淨土好和十種兜
　　　　　率劣。
　　　5. 不需向地藏請教：針對三階教的彌陀淨土五疑一一反駁，認為發願往生不
　　　　　需經過地藏菩薩認可。
　　　6. 十念願行具足：受到善導的影響，認為《攝大乘論》中唯願無行的「別時
　　　　　意」不是說十念。十念是有願有行，故而足以往生淨土。雖說十念俱足，
　　　　　但平常仍須修善導在《往生禮讚偈》中所歸納的「四修」。可見窺基受到善
　　　　　導的影響。
〔註38〕〔唐〕窺基：《說無垢稱經疏》，大正藏第 38 冊，1768 經，頁 1027c13-15。
〔註39〕〔唐〕窺基：《說無垢稱經疏》，大正藏第 38 冊，1768 經，頁 1028a3-8。
〔註40〕〔唐〕窺基：《說無垢稱經疏》，大正藏第 38 冊，1768 經，頁 1028c7-9。

釋迦牟尼所現的淨土非色攝、非心、非心所可認知，是自受用身所依自性土，體性真如，是大圓鏡智、清淨識。表示釋迦牟尼基於自身修行已達清淨，所顯現的淨土是報身所居的「報土」。然而廣嚴城中尚有十地前菩薩、聲聞和凡夫，故而有淨有穢。

佛土生因有兩類八種：一為菩薩所行，例如修六波羅蜜、四無量、四攝事等；另一為凡夫所行，例如信解增上、調伏自心、恒無放逸等。可見窺基對於修行實踐的重視。受到種姓各別的影響，而有不同的修行方式。若是要修行嚴淨佛土，其果相在《經疏》〈序品〉為：

> 若欲勤修嚴淨佛土，先應方便嚴淨自心。隨諸菩薩自心嚴淨，即得
> 如是嚴淨佛土。〔註41〕

《說無垢稱經》僅是簡單地說明佛土隨心轉變，並未細分。窺基則引用《佛地經》，說明佛土以佛的無漏心為體相，有識。法性土是法性心，不離於無分別智相應淨識。自受用土是第八識，他受用土是第七識，變化土是前五識。十地菩薩修行之後的果位能見到法性土及他受用土，但十地前三乘的果只能見到變化土。變化土又分為共或不共。共者同處同時，隨應諸佛，自識變現為土，一土只有一佛身說法。不共者，則是一佛變現的佛土，諸眾生依無始時來的種性化生。

中國學者何劍平在《中國中古維摩詰信仰研究》一書中，區分出窺基《經疏》所說的二點《說無垢稱經》的佛土觀：〔註42〕

1. 淨土與穢土之分別

在《經疏》〈1 序品〉中可見：

> 此經淨土有二：一此聖現；二他聖現。穢土亦二：一眾生現；一釋
> 迦現。〔註43〕

「聖」指的是釋迦牟尼和無垢稱居士，他聖指得是「妙香國」和「妙喜國」，穢土是「眾生」和「釋迦」所變，呼應〈序品〉中，舍利弗的疑問，因眾生心不嚴淨而見穢土，佛足指一按，則見佛土嚴淨。聖心和凡心的差異，表現出「心淨土淨」的思想。然而，此「淨土」在《說無垢稱經》中被視為菩薩攝受的「真實報土」，在《經疏》中，窺基卻認為「淨土」非實土，是是四塵積聚

〔註41〕〔唐〕窺基：《說無垢稱經疏》，大正藏第 38 冊，1768 經，1030a24-26。
〔註42〕何劍平：《中國中古維摩詰信仰研究》，頁 491-500。
〔註43〕〔唐〕窺基：《說無垢稱經疏》，大正藏第 38 冊，1768 經，頁 994a18-20。

的假名。顯見窺基認為《說無垢稱經》中「淨土」可分為釋迦佛顯現的真實
「報土」,以及無垢稱居士所變現的「化土」兩種。

2. 彰顯穢土菩薩的修行功德

顯示《說無垢稱經》中大乘菩薩行的慈悲,相對於淨土莊嚴,強調穢土
菩薩的難得。

《經疏》〈序品〉總結窺基的佛土觀為:

> 是故,淨者本聖者土,神力令餘下劣有情亦得變淨。由此,穢者本
> 是下劣有情之土,聖者隨之,亦為穢。此諸身土,有漏無漏、或真
> 或似、准果准因、准凡准聖、自識異識,所變淨穢,如《唯識論》,
> 並應分別。〔註44〕

窺基徵引《成唯識論》、《佛地經》說明《說無垢稱經》內的「淨土」,將「淨
土」劃分出八門,立論詳細。然而,其中將自受用土認為是圓鏡智相應淨識、
他受用土是第七識、變化土是前五識。並與菩薩修行次第相對,所能見的佛
土與修行次第相關,皆可視為窺基以「唯識法門」看待淨土,並呼應於實修
的作法。此外,窺基在《經疏》中所說的淨 / 穢土的分別、穢土的菩薩功德
和淨土的生因,在《大乘法苑義林章》第七〈佛土章〉有極為類似的說法,
〔註45〕同樣將佛土分為八門,並引用《說無垢稱經》的經文為例證。可見窺
基的佛土觀已然發展完整,用於《經疏》中是為了提供更有力的證據,做為
其思想論述的基礎。

然而,《說無垢稱經》內的淨土尚未發展出縝密的系統,僅是直觀地展現
佛陀與無垢稱居士顯現的淨土。可分為「往生淨土的三心」和「心淨土淨」兩
項,說明窺基《說無垢稱經疏》所著重的淨土「唯識法門」。

一、往生淨土的三心──直心、深心、菩提心

做為前往淨土的發心,《說無垢稱經》〈聲聞品〉第三的原文如下:

> 梵文校訂本:bodhimaṇḍa iti kulaputra āśayamaṇḍa eṣo 'kṛtrimatayā
> prayogamaṇḍa eṣa ārambhottāraṇatayā / adhyāśayam

〔註44〕〔唐〕窺基:《說無垢稱經疏》,大正藏第 38 冊,1768 經,頁 994c7-12。
〔註45〕〔唐〕窺基:《大乘法苑義林章》,大正藏第 45 冊,1861 經,頁 370b21-24。
　　　　「《無垢稱經》第一卷說:『諸有情土,是為菩薩嚴淨佛土。一切菩薩,隨諸
　　　　有情增長饒益,即便攝受嚴淨佛土,乃至廣說。』」

aṇḍa eṣa viśeṣādhigamatayā bodhicittamaṇḍa eṣo 'sa

ṃpramoṣaṇatayā〔註46〕

支謙本：道場者無生之心是，檢一惡意故。淳淑之心是，習增上故。

聖賢之心是，往殊勝故。道意之心是，不忘捨故。

羅什本：直心是道場無虛假故，發行是道場能辦事故；深心是道場

增益功德故，菩提心是道場無錯謬故。

玄奘本：淳直意樂是妙菩提，由此意樂不虛假故。發起加行是妙菩

提，諸所施為能辦故。增上意樂是妙菩提，究竟證會殊勝

法故。大菩提心是妙菩提，於一切法無忘失故。

梵文校訂本「āśayamaṇḍa」，āśaya，意譯為直心、意樂；maṇḍa 為妙之意。支謙本譯為「無生之心」，可能是延伸了 āśaya 具有的「休息」之義，將之視作為「無生」。羅什本譯作「直心」；玄奘本譯作「淳直意樂」，可見玄奘本除了意譯之外，還加入了「淳直」為額外的說明。

梵文校訂本「adhyāśayamaṇḍa」，意譯為深心、增上意樂。支謙本譯作「淳淑之心」，與梵文校訂本的關聯較小。羅什本譯為「深心」；玄奘本譯作「增上意樂」，是將接頭詞 adhi- 翻譯出來。

梵文校訂本「bodhicittamaṇḍa」， bodhi 音譯為菩提，citta 意譯為心，梵文直譯為「妙菩提心」。支謙本譯作「道意之心」、羅什本譯為「菩提心」、玄奘本譯持成「大菩提心」。

顯見往生淨土必要的三心，在《維摩詰經》三家漢譯本中各自有不同的翻譯。王開府在〈《維摩詰經》中直心、深心及其相關概念的探討〉一文中，〔註47〕歸納「直心」是指「不生一切惡意，順此純淨的發心一往直前」；「深心」是「趨向無上菩提之心性」；大乘心則是求佛之心。玄奘的《說無垢稱經》則譯為「意樂」，然而窺基捨去「意樂」一詞，使用了羅什譯本的「直心」、「深心」為「心淨土淨」中的「心」的疏解，〔註48〕另一方面，也可能是受到隋

〔註46〕〔日〕梵語佛典研究會：《梵藏漢対照『維摩経』》，東京：大正大學出版。2004年，頁 148。

〔註47〕王開府：〈《維摩詰經》中直心、深心及其相關概念的探討〉，《佛學研究中心學報》，第 1 期，1996 年，頁 89～109。

〔註48〕淨土宗的「三心」有五種不同的說法：

1. 曹魏康僧鎧所譯的《佛說無量壽經》中說：至心、信樂心、欲生心。

2. 劉宋良耶舍所譯的《佛說觀無量壽佛經》：至誠心、深心、迴向發願心。

代淨影慧遠《維摩義記》的影響，其中提出往生淨土所需的「三心」為：直心、深心、大乘心。

窺基在《經疏》〈序品〉說明玄奘的「意樂」：

《經》：「純意樂土（至）來生其國。」《贊》曰：「此第二番，梵云何世耶，名為意樂。不雜惡名，純淨意樂，意樂內純淨故。有不諂曲、不虛誑瑕悟眾生來生其國，內純善直修故。舊云直心，直心之體，雖純意樂，無有癡直故。」〔註49〕

梵文 āśaya，意譯為「直心」、「意樂」，窺基認為「直心」帶有「癡直」之意，不若「意樂」具有「內純淨」之意因此「淳直意樂」可能比「直心」更能表現「質直」的特性。直心的定義為「不諂曲，不虛誑」，在淨影慧遠的《維摩義記》中，指出直心「自行直」和「化他行直」的特性，並具有四種使眾生來生淨土的含義。〔註50〕

羅什本所譯「深心」，指「增益功德」；玄奘本譯「增上意樂」指心理上正增強意念，表示「增上猛利威勢」。這兩者在窺基的《經疏》中，視作同一個意思。深心目的，在玄奘是「究竟證會佛果菩提涅槃」，在羅什是「增益功德當，證佛果」，皆是以證佛果為目標。《維摩義記》以「信樂愨至」為「深心」〔註51〕特質，以此為諸行之因，能具德往生淨土。在《經疏》中，窺基認為發「深心」將往生「菩薩淨土」。〔註52〕

羅什本的「菩提心」與玄奘本的「大菩提心」均是指對諸法的不錯謬、不忘失，在《維摩義記》等同於「大乘心」，乃是修大乘十善業而得往生。由此，窺基提出淨土修行法門：「發起『直心、深心、菩提心』三心、布施六度、四無量心、四攝法、方便、三十七道品、迴向心、除八難、守戒行、十善」，

---

3. 北魏曇鸞在《無量壽經優婆提舍願生偈註》：「信心」是淳心、一心、相續心。

4. 隋代慧遠在《維摩義記》：直心、深心、大乘心。

5. 唐代善導在《觀無量壽佛經疏》：「安心」是至誠心、深心、迴向發願心。

〔註49〕〔唐〕窺基：《說無垢稱經疏》，大正藏第 38 冊，1768 經，頁 1024b12-16。

〔註50〕〔隋〕慧遠：《維摩義記》，大正藏第 38 冊，1776 經，頁 436a10-17。共分四項：「一以直心淨業之力，自然還感，彼不諂眾生，來生其國」「二由自直心，令他直心眾生樂見愛好親近，故令不諂眾生來生」「三自直教他所教眾生還來歸從，故令不諂眾生來生其國」「四由直心得好淨土，以土好故物皆樂住，故令不諂眾生來」。

〔註51〕〔隋〕慧遠：《維摩義記》，大正藏第 38 冊，1776 經，頁 436a17-18。

〔註52〕〔唐〕窺基：《說無垢稱經疏》，大正藏第 38 冊，1768 經，頁 1000a3-4。

〔註53〕方能達到「心淨國土淨」。窺基的淨土修行法門，顯示了唐代唯識學重視修行實踐的宗義。

從翻譯字詞的對比中，可見《維摩詰經》中無論是羅什本所譯的「直心」、「深心」和「菩提心」，或是玄奘本所譯的「淳直意樂」、「增上意樂」與「大菩提心」，皆沒有字義或思想上的區別，僅是在既有的翻譯上，以習慣為主。窺基在《經疏》中對三心的定義也與淨影慧遠在《維摩義記》中的定義一致，顯見淨土信仰深入中國，三心在當時已有確切的字詞意涵。窺基之所以採用羅什本的翻譯，可能是玄奘新翻譯的名詞不能令人快速理解之故，亦可能是窺基疏作之時正宣講羅什本《維摩詰經》，就以羅什本譯名為解。

二、淨土的唯識法門──心淨則土淨

窺基在《經疏》並未展現出彌陀淨土的信仰，只將《說無垢稱經》所說「心清淨故佛土亦淨，心有垢故佛土亦垢」，此一重要的核心思想，緊扣菩薩修佛土相。窺基《經疏》中的淨土分為釋迦佛按足指而現的「報土」，和無垢稱居士以神通力化現「化土」。在《經疏》「四重二諦」的勝義諦中的「唯識法門」中，諸菩薩發願建立的嚴淨佛土，將隨眾生增長而被眾生攝受，見《經疏》〈1 序品〉：

> 唯識法門者，〈序品〉中云：「直心是菩薩淨土，深心、大乘心是菩薩淨土。」乃至廣說：「隨其心淨，即佛土淨。所以心垢，故佛土垢；心淨，故佛土淨。」〈聲聞品〉中如佛所說：「心垢故眾生垢，心淨故眾生淨。」此等諸文，並說唯識之法。〔註54〕

窺基的唯識法門以「心淨土淨」一語說明依他起性的兩種可能性，染依他與遍計所執性產生種種煩惱，淨依他則是和圓成實性一起體現真如。因此，《說無垢稱經》的與菩薩心相應的「直心」、「深心」、「大乘心」不再是凡夫充滿煩惱的心，乃是可以見到佛國淨土的清淨心。

杜繼文在《漢譯佛教經典哲學》一書中主張《維摩詰經》提出最早的唯心淨土，〔註55〕此「心淨土淨」改變眾生對現實世界的認識，使他們重新發

〔註53〕橋本芳契：《維摩経のよる佛教》，頁12。
〔註54〕〔唐〕窺基：《說無垢稱經疏》，大正藏第38冊，1768經，頁1000a2-7。
〔註55〕杜繼文：《漢譯佛教經典哲學》，江蘇：人民出版社，2008年11月，頁34～35。

現佛土的美好，乃是「化土」。《說無垢稱經》中，說明佛土的轉變是隨心。窺基引《佛地經》說明，如《經疏》〈序品〉：

> 《佛地經》云：「諸大菩薩眾所雲集，謂此淨土常有無量大菩薩僧常來輔翼，故無怨敵能為違害。諸佛慈悲，於自識上，隨菩薩宜現麁妙土。菩薩隨自善根願力，於自識上，似佛所生淨土相現。雖是自心各別變現，而同一處，形相相似，謂為一土共集其中。」
> 〔註56〕

諸佛所顯現是淨土是真實的「報土」，而菩薩在「識」上現淨土相，此轉變是「心識」變現的「化土」。雖然眾生心各自依過去業力起現，但因為佛與菩薩具有相同的善根願力，可共集於淨土中。

因淨土的轉變是「自心各別變現」，則可與唯識「轉染成淨」相應。《經疏》〈序品〉：

> 諸修行者，自心嚴淨，外感有情，器土亦淨。自心不淨，何得淨地？所以菩薩自心清淨，五蘊假者有情亦淨，內心既淨，外感有情及器亦淨。《佛地經》言：「最極自在，淨識為相」。故識淨時，佛土便淨。上來但說有情為土，本所化故，不說器界。有情土淨，器界自淨，不說自成。〔註57〕

窺基引用《佛地經》：「淨識為相」，認為修行者因自心嚴淨，外感有情，所處器土亦淨。因此，菩薩自心清淨，使眾生亦淨，一切清淨後，即見淨土。在「心淨則土淨」中，識淨時佛土便淨的解說，與轉識成智、轉染成淨的唯識學說法一致。

對於《維摩詰經》所說的淨土，淨影慧遠在《大乘義章》中引用此段故事，並與窺基持相同的看法，認為釋迦佛所變現的是「報土」：

> 如此釋迦雖久成佛，而於過去無量世中，身居穢國，示為凡俗，不取正覺。如是一切，或身異土。如今釋迦身居穢國而現成佛，土現為報，報定難改，故始終恒穢。如佛色身，現為報故，始終恒定。智行功德，方便非報，所以後轉故。初現凡後轉為聖，身土相對分別麁爾。〔註58〕

〔註56〕〔唐〕窺基：《說無垢稱經疏》，頁 1031a21-27。
〔註57〕〔唐〕窺基：《說無垢稱經疏》，頁 1027a15-20。
〔註58〕〔隋〕慧遠：《大乘義章》，大正藏第 44 冊，1851 經，837a9-13。

釋迦雖久遠之時便已成佛，但此身生在穢國，雖示現成佛，但因為「土現為報，報定難改」，因而所報之土不能改變，仍是呈現穢土相。直到釋迦成佛後，方能顯示佛土。為何在《維摩詰經》中可以按足指變現淨土？乃是「初現凡後轉為聖」，維摩詰居士已經位於與佛相等的階次，只是顯現凡人相。他使用智行功德等方便法門，化現與佛身相對的淨土。即是相較於釋迦淨土，維摩詰居士所顯示的淨土乃是「化土」，如《大乘義章》所說：

> 維摩亦云：「我此國土常淨，若此為欲度斯下劣人故，示是眾惡不淨
> 土耳。」〔註59〕

慧遠所說維摩詰居士的「化土」與窺基所說的「化土」略有出入，前者是因教化之故，顯淨土為穢土的；後者是因菩薩願力而現淨土。然而，淨影慧遠並非從心識變現的角度理解「化土」，而是從如來藏的立場。廖明活指出慧遠在《大乘義章》羅列的各種佛土之因，〔註60〕以「法性」最為重要，因「法性土」、「實報土」和「圓應土」三種佛土俱是依於法性而有。此「法性」，是清淨的實性，乃是眾生的實體，可等同於《勝鬘經》眾生本具的如來藏，因此淨影慧遠所立論的「心淨土淨」之心，是本有的「如來藏」，因「如來藏」的作用而有法性隱顯。〔註61〕

　　綜上所述，「心淨土淨」一說，在窺基是「心識」變現的「唯識法門」，與唯識學轉染成淨相關；在淨影慧遠則是以「如來藏」為淨土感得之因。顯見在《維摩詰經》的疏解中，發生了唯識學與如來藏學不同的「心淨土淨」成因，而更進一步就「心」上分疏，則著重在「如來種性」的佛性論議題，詳見第五章。

第三節　三性說──《說無垢稱經疏》的認識論

　　雖然玄奘的《說無垢稱經》中，並未使用唯識學的「三性」，但窺基在《經疏》中多次以「三性說」疏解。高橋晃一在〈初期瑜伽行派の思想──《瑜伽

〔註59〕〔隋〕慧遠：《大乘義章》，大正藏第44冊，1851經，頁837a27-29。
〔註60〕〔隋〕慧遠：《大乘義章》，大正藏第44冊，1851經，頁837c12-15。引文如下：「法身佛者，就體彰名，法者，所謂無始法性，此法是其眾生體實，妄想覆纏，於己無用。後息妄想，彼法顯了，便為佛體，顯法成身，名為法身。如《勝鬘》說：『隱如來藏，顯成法身』。」
〔註61〕廖明活：《淨影慧遠思想述要》，臺北：學生書局，1999年，頁188。

師地論》を中心に〉一文中，提出「三性說」源自《解深密經》、彌勒的《大乘莊嚴經論》、《中邊分別論》、無著的《阿毘達磨論集》、《顯揚聖教論》、《攝大乘論》和世親的《唯識三十頌》。〔註62〕高橋氏指出：「瑜伽行派被《般若經》等大乘經典的空思想觸發，然而，值得思考的是，用自身的觀點解釋空性時，成立了三性說的可能性。」〔註63〕

由高橋氏的研究可知，瑜伽行派受到空觀的影響，為了對治空觀在認識論上的不足，因而發展出三性說，是調和大小乘佛教「有」、「無」論諍的理論。依印順所著《印度之佛教》一書，〔註64〕在中期大乘時期，無著批判龍樹的勝義一切空為惡取空。其後，護法疏解提婆的《四百論》，批評龍樹的一切空為頑取空，以自相有為真實有。中觀學受到唯識學的質疑，清辨則提出《般若燈》、《掌珍》、《中觀心論》，從《解深密經》切入，認為唯識宗所說的「識」，是執依他自相有是勝義有，即是遍計執性，未曾契入自相皆空的勝義。山口益在《般若思想史》指出清辨的思想特色：〔註65〕三性是空無，不具有自立的存在性。將世俗與勝義隔離，屬於世俗諦的依他起、遍計執若是無，則圓成實亦無，是勝義諦無。唯識者把一切空說為隱密法，是墮入斷見。若能於性空中立一切法，則一切皆空即是究竟，一如龍樹所說。

為了面對清辨的質疑，唯識學者指出若諸法皆是空相，如何解釋真實世界種種現象？進而提出三性說，以遍計所執性為虛妄的錯誤認知，依他起性為一切法的緣生自性，圓成實性為真如。然而，無我性貫穿在三性之中，沒有一個純然不動的實體存在，因而說三無性（相無性，生無性，勝義無自性性）。以三性與三無行說統攝外在世界與諸法實相。

三性說在唯識學中不是以一個固定的形式傳承，例如與護法見解不同的安慧，即是依彌勒《中邊分別論》思想理解《唯識三十頌》之三性。〔註66〕

〔註62〕高橋晃一：〈初期瑜伽行派の思想──《瑜伽師地論》を中心に〉，《唯識と瑜伽行》，東京：春秋社，2012 年 8 月，頁 89。

〔註63〕高橋晃一：〈初期瑜伽行派の思想──《瑜伽師地論》を中心に〉，《唯識と瑜伽行》，頁 99。

〔註64〕印順：《印度之佛教》，臺北：正聞出版社，1985 年，頁 287～293。

〔註65〕山口益著，肖平、楊金萍譯：《般若思想史》，上海：古籍出版社，2006 年 7 月，頁 65～67。

〔註66〕日本學者上田義文和長尾雅人即就安慧和護法的歧異，展開論諍。上田義文依安慧的解釋，認為遍計所執是客觀的認識對象，一切法都是唯識。長尾雅人則同意護法的看法，認為依他起才是客觀的認識對象。兩位學者的詳細辯

日本學者稻津紀三在《世親唯識學的根本性研究》一書中，提出唐代玄奘的唯識學繼承了護法一系，將世親《唯識三十頌》以護法學說為主，其餘諸家為輔，翻譯出《成唯識論》，成為唐代唯識學思想的核心。〔註67〕其中，護法－玄奘一系的唯識學三性說如下：

1. 遍計執（*parikalpita-svabhāva*）：梵文 pari- 為接頭詞，意指「全部」；kalpita 是以√klp 第一類動詞語根所做成的過去被動分詞，具有「計執、分別」之意；svabhāva 為「事物本有之性」。遍計所執性是凡夫依於言語的概念，執著於認識作用上虛妄的事物是真實存在。然而，遍計所執性是虛妄的，不具有任何實有性。

2. 依他起（*paratantra-svabhāva*）：梵文 para- 是接頭詞，具有「他、他人」之意；tantra 是√tan 第八類動詞語根所做成的，原始有「延續、增加」之意，但轉成形容詞時有「依賴」之意。依他起性即是表示佛教緣起思想的「依他存有」，非實體性的存在，但相對於虛妄的遍計所執性，可解釋為假有、世俗有。

3. 圓成實（*pariniṣpanna-svabhāva*）：pariniṣpanna 是由接頭詞 pari-niṣ 加上√pad 第六種動詞語根做成的過去被動分詞，有「成就、滿足」之意。指事物的法性。此法性離依他起和遍計執，又可說是「真如」，即是「無我性」，真實不壞，圓滿周遍，表現佛教的真理，是勝義有。

在瑜伽行派中，三無性和三性同時具成〔註68〕。玄奘依護法一系，所論述的三無性如下：

1. 相無性（*lakṣaṇaniḥsvabhāvatā*）：解釋遍計所執性所執持的虛妄事物，皆非「自然生」的實有。

2. 生無性（*utpattiniḥsvabhāvatā*）：肯定依他起性的「因緣生」，做為清淨之所緣，並非全無。

論過程，可參考耿晴：〈《辯中邊論》頌文中的兩種唯識三性說模型〉，《臺大佛學研究》，第 28 期，2014 年 12 月，頁 51～104。

〔註67〕〔日〕稻津紀三著，楊金萍、肖平譯：《世親唯識學的根本性研究》，北京：宗教文化出版社，2013 年，頁 196～197。

〔註68〕關於初期唯識學中，安慧的無相唯識一派所提出的三性包含三無性之說，與玄奘的三性說結構完全不同。詳細研究可參考上田義文著，陳一標譯：《大乘佛教思想》，臺北：東大圖書，2002 年 5 月，頁 120～130。

3. 勝義無性（*paramārthaniḥsvabhāvatā*）：圓成實性雖是「勝義有」，但從「法無我」的角度即是勝義無性。

窺基的《說無垢稱經疏》使用「三性說」解釋《說無垢稱經》內諸法，展現唯識學的「維摩詰經觀」。

一、都無實體——遍計執性

「破而不立」是《說無垢稱經》的基本主張，對於眾生執取我、我所為實有，採取破除我、我所的解決方式。窺基從「三性說」入手，將眾生的執著做了層次上的詳細分判，雖是從認識論的角度更細緻地分析眾生對執著的心理作用，卻超出了《說無垢稱經》的原始意義，是詮釋的溢出。

在《說無垢稱經》〈觀有情品〉天女與舍利弗的對話中說：「云何問我當生何所？」〔註69〕，對於「我」此執著於不存在的自我的根本錯誤認知，窺基採用「遍計執」疏解，見《經疏》〈觀有情品〉：

> 《贊》曰：「空理義云：『勝義諦中，諸法有情，既無體性，當何所生？』應理義云：『遍計所執法及有情，都無實體，當何所往？況我化現，而得有生。』」〔註70〕

在空理義的勝義諦中，諸法有情都無體性，沒有一個恆常不變的「我」，又何須問「我」將往何處生？應理義則是將「我」視為「遍計所執」，是依於「依他起」而產生的虛妄執取。因為遍計所執性本身即是虛妄，因而說「都無實體」。且說明無垢稱居士的「生」，僅是「化現」。

在《說無垢稱經》卷2〈聲聞品〉，無垢稱說：「洞達五蘊，畢竟性空，無所由起，是苦義。」〔註71〕窺基在《經疏》〈問疾品〉中疏為：

> 《贊》曰：「空理義云：『俗諦有苦，以有相故。勝義無相，本性非有，遮執樂故，說之為苦。故能洞達五蘊理空，本無從起，是真苦義。』應理義云：『五蘊性空，即是真如。遍計所執空之性故，性非空也。洞達此理，知此本真，無所由起，依詮顯實，名苦之義，苦之實故。』」〔註72〕

〔註69〕〔唐〕玄奘譯：《說無垢稱經》，大正藏14冊，476經，頁574c13。
〔註70〕〔唐〕窺基：《說無垢稱經疏》，頁1086a5-8。
〔註71〕〔唐〕玄奘譯：《說無垢稱經》，大正藏14冊，476經，頁563a19-20。
〔註72〕〔唐〕窺基：《說無垢稱經疏》，頁1050b18-24。

若說五蘊是性空，為何又有「苦」的產生？空理義以世俗諦說苦是「有相」，因為遮蔽所樂，而生起苦，然而若能理解五蘊理空，自然也能明白「苦」也是無從起的、非有本性的勝義無相。但應理義較空理義只說「苦」的勝義無，更進一步說明「苦」是「遍計所執性」，是凡夫所執取的虛妄，若能從「無我」觀之，五蘊真如，性空無我，則「遍計所執」的「苦」既非「自然生」，也就是「無所由起」，因而對「苦」不再執著，明瞭「苦」是能生起能消滅的假法。

　　「遍計所執性」的假法，是相對於「依他起性」有自身特質的實法而言。窺基藉「遍計所執性」更詳細分析無垢稱居士對虛妄事物的破斥。然而，唯識學「假必依實」，《說無垢稱經疏》中，則以「依他起性」解釋說無垢稱居士所說的「幻」，意即是假名有。

二、似幻非真──依他起性

　　做為「遍計執」和「圓成實」的連結，窺基將「依他起」與「世俗諦」相對照。《說無垢稱經》〈觀有情品〉：「無垢稱言：『譬如幻師觀所幻事。如是，菩薩應正觀察一切有情。』」，〔註73〕以「幻」為一切有情因緣起的實相，《經疏》〈觀有情品〉列舉「空理義」和「應理義」：

> 贊曰：「下答有二：空理義云：『初觀俗諦假有有情，猶如幻事，似而非真。後觀真諦，本空有情，此初文也。』應理義云：『初觀依他假有有情，後觀所執，本空有情，此初文也。依他起性，猶如幻事，似非真故。』」〔註74〕

所說菩薩觀一切有情，正如幻事，空理義世俗諦以此「假有有情」為「非真」，勝義諦則將「假有有情」等同「本空有情」，即說明「假有」的本性空，一如有情眾生也是幻事一般。應理義則以「依他起性」的「因緣生」解釋「假有」，是因緣施設而成的存在，被「遍計所執」執取為「有情實」的我相。「依他起性」做為唯識學「假必依實」之「假」，乃是認識世間必備的「假名有」。

　　窺基在《經疏》中視「依他起性」為「幻」，「似義顯現」，被一切有情的「遍計所執性」執取而錯認諸法實有。在《經疏》〈問疾品〉中，以「依他起」為假立：

〔註73〕〔唐〕玄奘譯：《說無垢稱經》，大正藏 14 冊，476 經，頁 572c7-8。
〔註74〕〔唐〕窺基：《說無垢稱經疏》，大正藏第 38 冊，1768 經，頁 1081b11-15。

《經》：「妙吉祥言：『如是，居士！若已來者不可復來，若已去者不可復去。』」〔註75〕

《贊》曰：「依理釋者，空理義云：『世俗諦有，若已來者，勝義諦空，不可復來。世俗諦有，若已去者，勝義諦空，不可復去。故知來去且隨世俗，依勝義諦，無去無來，成無垢稱不來而來也。』應理義云：『若計所執，執已來者，此體空無，不可復來；若計所執，執已去，故知來去皆隨因緣假施設有，都無實相。』又有解云：『若隨世俗依他起，有已來者，勝義真如無差別相，不可復來。若隨世俗依他起性，有已去者，勝義真如無差別相，不可復去。故知來去皆是世俗依他假立，勝義都無。』」〔註76〕

此段說妙吉祥探望無垢稱時，回應無垢稱所說「善來，不來而來、不見而見、不聞而聞。」藉此說諸法。空理義從中觀角度說世俗諦有來去，勝義諦無去無來，因此知世俗諦有，勝義諦空。應理義的世俗諦是「遍計所執」和「依他起」的作用，若執取已來，是不見空性，若執取已去，是不知因緣施設的假有，是故，對於「遍計所執」的執著，應以「相無自性」破除。若是「依他起」，只能見已來，不能見復來，或是只見已去，不能見復來，應以「生無自性」破除。因此，「遍計所執」和「依他起」皆是只見部份的世俗諦，前者不見緣起空相，後者不見「因緣生」也是無自性。當無分別智生起時，依他起的種子清淨，則可證得不來不去的「圓成實」。

三、真如──圓成實性

對於只說「空」和「有」二元的般若中觀思想，唐代唯識學進一步解釋如何認知「假有」，以及將「空」以「圓成實性」的面相解釋貫徹於諸法中的無我性。窺基將此納入《說無垢稱經》疏解，如《經疏》〈序品〉所示：

《經》：「成無所得不起法忍。」

《贊》曰：「此第十四相續無生法忍功德。清辨釋曰：『世俗故有勝義空，空者，無所得也。觀法本空，何有生等？觀此無生，而起觀智忍，名無所得不起法忍。』護法等云：『遍計所執，云人法有，名有所得。今觀彼空，名無所得。起者，生也；忍者，智也。於三性

〔註75〕〔唐〕玄奘譯：《說無垢稱經》，大正藏 14 冊，476 經，頁 567c26-27。

〔註76〕〔唐〕窺基：《說無垢稱經疏》，大正藏第 38 冊，1768 經，頁 1069b29-c11。

上，觀所執無，名無所得。體既無有，何有生等？觀此不生法，而
起忍可之智，即三無生忍也。一本性無生忍，觀遍計所執，人法二
相，本無體故。二自然無生忍，觀依他起，唯假因緣，非自然生故。
三惑苦無生忍，觀於真如，惑者本無生故。此三無生忍，地前學觀，
入初地證，八地相續。今復任運自在成就，故與成名。」〔註77〕

此段引文說明修行的次第已達「成無所得不起法忍」，是不退轉。窺基引清辨
的說法，為了消除凡夫執著於世俗有，因而說無所得的勝義空。由於諸法體
性本來是空，而起無所得不起法忍的般若智。對於清辨的見解，護法以破遍
計執法有，見無所得，對「法忍」進一步說明為「三無生忍」，與菩薩地修行
結合，有本性無生忍、自然無生忍、惑苦無生忍三種，由觀遍計所執，觀依他
起到觀於真如三個階段，是菩薩修證的過程。從窺基的引用中，可見清辨只
點出現象上的無所得，卻不像護法對「法忍」提出向內修證的階次，展現出
唯識學重視修行實踐的特色。窺基在疏解上以唯識學為主，將清辨的中觀學
說作為陪襯，主要用意在凸顯唯識學的周全完備。

　　對於「三性說」的運作，可見於《經疏》〈問疾品〉：

《經》：「謂諸菩薩以空、無相、無願之法調伏其心，觀察諸法有相、
無相修習作證。」

《贊》曰：「有相者，無願所觀依他起性。無相者，無相所觀圓成實
性。空於此二，觀我、我所，都不可得。斷染依他，修淨依他，名
修習於圓成作證也。」〔註78〕

《說無垢稱經》中的「空」，是初期大乘的「空觀」。般若思想以對「空」的譬
喻，說明一切法無相、無自性、不可得，破除凡夫之執，不直接顯現諸法真實
體性。中觀學派則藉由「緣起」說明「空性」思想和「不離假名，說諸法實
相」的意義。瑜伽行派以「三性說」對治頑空執，強調「假名有」，以解釋眾
生可見的外在世界。可知《經疏》肯定《說無垢稱經》的主旨是「空」，只是
不以中觀學的角度說「空」，而是以唯識學斷除錯誤的「依他起」，起正確認
知的「圓成實性」。

　　綜上所述，窺基的「空理義」對《說無垢稱經》空性的把捉相當準確；說
「應理義」時，則將三性說置入《說無垢稱經》內的經文，表現出護法一系的

〔註77〕〔唐〕窺基：《說無垢稱經疏》，大正藏第 38 冊，1768 經，頁 1011a22-b6。
〔註78〕〔唐〕窺基：《說無垢稱經疏》，大正藏第 38 冊，1768 經，頁 1075a27-b2。

「三性說」在唐代唯識學的主要地位。窺基使用「三性說」:「依他起」的「因緣生」假有,「遍計所執」的非「自然生」虛妄執取,「圓成實」的真如無我,對應於無垢稱居士所解說的經義。可知《說無垢稱經》的立場,在「空理義」均是「破而不立」,說眾生執取的諸法是幻化,非真實。而「應理義」,則賦予了認識論的含義,從執取虛妄的「遍計執」而產生「依他起」的假有,在了知「遍計執」的「相無自性」,進而理解「依他起」的「生無自性」後,證得「圓成實」的「勝義無自性」。可見窺基此疏解並未違反《說無垢稱經》的「空性」本義,只是從唯識學的角度,說明為何說無垢稱居士具有種種世俗相,乃是以「假名有」彰顯「勝義無」。

第四節　四重二諦──「空理義」與「應理義」

從上節的「空理義」和「應理義」中,可看出「世俗諦」和「勝義諦」的使用。世俗諦所指的是「因緣生」,語言概念可把捉的「世俗有」,展現世間法的行相;勝義諦則是言語道斷的「勝義空」,也就是「無我性」,即是緣起性空。窺基在《說無垢稱經疏》中,以「四重二諦」做為教法的表述方式。然而「四重二諦」同樣出現在吉藏和智顗的教法中,只不過吉藏的「四重二諦」是在二諦之外另立言說不可詮的「言無慮絕」的真如;智顗的「四重二諦」則是在三諦圓融的理境上,依藏、通、別、圓而立的理外二諦和理內二諦。吉藏的「四重二諦」是指出真如不能被語言把捉:智顗的「四重二諦」則是對真如設下種種認識條件。〔註79〕

在吉藏的《維摩經義疏》中,可見「二諦中道」的說法,說明如來為破有無二見而立二諦,菩薩為眾生說法而住二諦,兩者皆是從有者說無,從無者說有,為的是發揚非有非無的中道。窺基的「四重二諦說」並非中觀的立場,而是從唯識的立場出發。其「二諦」是指世俗諦和勝義諦;「四重」是指中智所知的世俗諦、上智所知的勝義諦、下劣道理的世俗諦、上勝道理的勝義諦,共四重。其中,被中智所知,可見下智被排除在外,與唐代唯識學「一闡提不可成佛」說相對應。

〔註79〕湯銘均:〈對真如的認識與言說──天臺宗、三論宗與慈恩宗二諦論的詮釋〉,《正觀雜誌》,第 42 期,2007 年 9 月,頁 243。

窺基的「空理義」是以清辨所主張的二諦義，見於《經疏》〈序品〉：

> 若依初大乘清辨等義，此經雖明二諦之義，依勝義諦，以空為宗，
> 所以十大弟子皆以空理，而對詰之，彼詞皆屈。四大菩薩亦以真如
> 空理而徵，皆云不能對揚理辯。……是故此經雖具談二諦，勝義深
> 故，以為義主，故以空為宗。〔註80〕

此經主要說明「空」、「真如空理」，是以勝義諦為主，破斥世俗諦。因此，從
清辨的角度看來，《維摩詰經》無疑是一部勝義諦「以空為宗」的經典。但若
是依護法的主張，又有不同的觀點，見《經疏》〈序品〉：

> 依後大乘護法等義，雖說二諦。世俗諦有四，通空及有；勝義諦有
> 四，唯有非空。空者，無也。遍計所執，唯妄執有，體實空無，故
> 非勝義。二諦皆有四重不同。〔註81〕

窺基將護法的理論歸為後大乘，與清辨的主張分開。護法的二諦有世俗諦和
勝義諦，兩者皆有四重。相對於瑜伽行派肯定勝義諦實有，中觀派對於勝義
諦卻採取只破不立的立場。然而，於唐代唯識宗的觀點裡，將清辨的「空」解
釋為「無」，因而否定清辨的立場。其實，清辨的「空」並非是「無」，而是不
以任何語言規範「空」，認為凡是以語言分別的事物，都已落入了世俗判斷的
框架中。相較於清辨對於語言的不信任，窺基則是試圖以「四重二諦」統合
世俗諦與勝義諦之間同時存在的關係。

　　窺基另依唯識學立場而立的「四重二諦」綜合了《瑜伽師地論》、《顯揚
聖教論》及《成唯識論》的四種世俗諦和四種勝義諦，在《成唯識論述記》與
《大乘法苑義林章》中提出。因此，《經疏》內所呈現的、以《說無垢稱經》
為依據的「四重二諦」，在名相上與前二者稍有差異，但內容上大致一致。此
三種「四重二諦」的世俗諦與勝義諦對照表，可參考如下：

〔註80〕〔唐〕窺基：《說無垢稱經疏》，大正藏第 38 冊，1768 經，頁 999b9-17。
〔註81〕〔唐〕窺基：《說無垢稱經疏》，大正藏第 38 冊，1768 經，頁 999b17-21。「依
　　　　後大乘護法等義，雖說二諦，世俗諦有四：通空及有。勝義諦有四：唯有非
　　　　空，空者無也。遍計所執，唯妄執有，體實空無，故非勝義。二諦皆有四重
　　　　不同。」

世俗諦

《成唯識論述記》	《大乘法苑義林章》	《說無垢稱經疏》
一、假名無實諦：只有假名而法體實無。	一、世間世俗諦：又稱有名無實諦。世間法執著名相和體性，但實際上名相和體性俱無。	一、世間所成：因執取世間言說而誤認法體實有，是實我法。
二、隨事差別諦：隨世間法立蘊、處、界等。	二、道理世俗諦：又名隨事差別諦。為顯現事相差別，立蘊、處、界等，是無為諸法。	二、道理所成：體用俱有，如五蘊、十八處、三界等，是無為法。
三、證得安立諦：證理而安立四諦。	三、證得世俗諦：又名方便安立諦。證得世俗諦者，可知諸聖果、四諦理、八苦相等。	三、證得所成：修除惡務善諸行，能藉此證得聖果，如四諦等道理。
四、假名非安立諦：指人無我、法無我的二空理，不離假名而說諸法實相，由此證空智。	四、勝義世俗諦：又名假名非安立諦。明瞭假相安立，離言詮，知曉無常無我等相，即二無我。	四、真義所成：修行者證得二空真如。

勝義諦

成唯識論	大乘法苑義林章	《經疏》
一、體用顯現諦：謂蘊、界等有實體性。顯現假名無實諦和隨事差別諦的非勝義。	一、世間勝義諦：又名體用顯現諦。如蘊、處等有名；如五蘊等為實法，是第一義諦。	一、世間所成：執世間言說、蘊處界為有，是有為無為法。
二、因果差別諦：明瞭修行四諦的因果差別。	二、道理勝義諦：又名因果差別諦。可知四諦等因果。	二、道理所成：立四諦教理。
三、依門顯實諦：依空能證二空理，且顯於實相。	三、證得勝義諦：又名依門顯實諦。依詮門顯二空真如、無八苦相，證得聖智。	三、證得所成：證二空如的方便法門。
四、廢詮談旨諦：得見真如。	四、勝義勝義諦：又名廢詮談旨諦。內證體妙離言的聖智，等同如來虛空佛性。	四、真義所成：廢詮談旨，證得一真法界。

世俗諦上，《成唯識論述記》、《大乘法苑義林章》和《說無垢稱經疏》，皆是從說世間假名無實的初世俗諦，顯世間諸法差別的第二世俗諦，到可證四諦理的第三世俗諦，最後進入證二空真如的勝義世俗諦。雖有命名上的差異，但《成唯識論述記》、《大乘法苑義林章》、《說無垢稱經疏》中的四重二諦內容相同，俱是歸結於有相的真如。

勝義諦上，初勝義諦包含第一和第二重世俗諦，說世間諸法起現和假名無實；第二重勝義諦對應第三重世俗諦，從修行知曉四諦等因果道理；第三重勝義諦對照第四重世俗諦，可證二空真如；而第四重勝義諦是不說空，也說空有的「廢詮談旨，一真法界」。

依上述的四重二諦，《經疏》〈序品〉將《說無垢稱經》判為：

> 二諦各有四重，依人依法，道理淺深，智境麁細，以分差別。而此
> 經一部。多說初世俗諦。〔註82〕

窺基舉了三個例子解釋《說無垢稱經》被判為初世俗諦的原因。1.〈序品〉說「無我造、無受者」；2.〈聲聞品〉說：「法無眾生，離眾生垢故。」；3.〈菩薩品〉說：「假名是菩提，名字空故」；4.〈問疾品〉說：「又此病起，皆由著我，是故於我不應生著。」皆是從空性、空相來破對實有法的偏執。因此，《說無垢稱經》是「我離我所，乃至諸品皆為說我法空」的第一重世俗諦。

雖然《說無垢稱經》屬於初世俗諦，仍是與勝義諦一體兩面。窺基所立的勝義諦中有四種法門：

1. 因緣法門：以〈問疾品〉為例：「今我以病，皆從前世妄想顛倒諸煩惱生，四大合故，假名為身。如是等文，並說因緣之法。」維摩詰之身是緣起，其病來自過去種種的煩惱，說明身體和疾病俱是為體現因緣法而現。

2. 唯識法門：以〈序品〉：「直心是菩薩淨土，深心、大乘心是菩薩淨土。乃至廣說：隨其心淨，即佛土淨。所以心垢故佛土垢，心淨故佛土淨。」和〈聲聞品〉：「如佛所說：心垢故眾生垢，心淨故眾生淨。此等諸文，並說唯識之法。」為例，將「心垢故佛土垢，心淨故佛土淨」視作唯識法門。

3. 無相法門：〈聲聞品〉中說：「法常寂然，滅諸相故；法離於相，無所緣故。……乃至廣說，一切言說，不離於相。至於智者，不著文

〔註82〕同〔唐〕窺基：《說無垢稱經疏》，大正藏第 38 冊，1768 經，頁 999c8-10。

字，故無所懼。文字性離，無有文字，是則解脫。解脫相者，即諸
法也。如是等文，並說無相之法。」認為文字不能表達諸法，諸法
寂然無相。

4. 真如法門：〈聲聞品〉、〈菩薩品〉中維摩詰與眾人的對話顯不二法門；
〈不二法門品〉中三十一菩薩，說無差別之相，以為入不二法門，皆
以無相，破於相故，都仍停留在第三無相法門，義理不精細。妙吉祥
菩薩雖以無言無說無示為入不二法門，還是破而顯立，屬於第三無相
法門。只有無垢稱居士的「默然無言」，才發揮了正智正證真如之妙，
是為真如法門。

從四種法門中，可見從因緣－唯識－無相－真如，層層達到最高的境界。其
中真如法門最為深妙，指「入一切法平等性」、「從無住本立一切法」，故而為
四法門中第一。但此四門並不相互違背，因緣法門中亦有唯識法門，唯識法
門亦是因緣法門，其所緣無相不離因緣。真如之體，亦是因緣。基於因緣攝
一切法，故而真如與一切法不一不異，隨應不違。今隨《說無垢稱經》有麁細
不同，說此四種法門，但沒有一定的限制。

窺基認為《說無垢稱經》對此四門的彰顯，在《經疏》〈序品〉說明：

今此經中，顯中世俗諦，我法皆空，令不執著。說有因緣之法，斷
染取淨，顯其唯識；明妄境非真，證唯心之理；彰無相之旨，斷分
別差別之相；說真如之理，令起智證。……初之大乘，總說二諦；
後之大乘，別陳二諦。前以三無性為真，三性為俗；後以三無性為
俗，三性為真。宗說有空，理不同故。〔註83〕

「我法皆空，令不執著」是《說無垢稱經》的要義。藉由因緣法彰顯唯識，證
唯心，彰無相，說真如之理，將「空性」視為唯識義展現的契機。此外，說空
的初之大乘是總說二諦，以三無性為真，三性為俗；唯識的後之大乘與前者
相反，別陳二諦，以三無性為俗，三性為真。但俱不違背《說無垢稱經》的
「空宗」，只是教理的不同。雖是不離「空」，但窺基仍是將第七勝義皆空宗
的空理義，與第八應理圓實宗的應理義皆歸為圓實，是此疏最特別的地方，
也是窺基以唯識學闡述《經疏》的理論依據。

值得注意的是，窺基所說的「空宗」，皆是提「清辨」之名。做為和護法
同時、曾引發中觀派與唯識學「空有之諍」的清辨，在《經疏》中被窺基引用

〔註83〕〔唐〕窺基：《說無垢稱經疏》，大正藏第 38 冊，1768 經，頁 1000b13-17。

為「空宗」的代表人物，並與護法相對應，說明第七宗到第八宗過渡時期的《說無垢稱經》之教，於下節詳細說明兩者間的異同。

第五節　中觀與唯識交涉──清辨與護法

　　清辨（約 490-570 A.C.E.），梵文名 Bhāvaviveka，藏文名 legs ldan 'byed pa，或 Legs ldan，Skal ldan（*Bhavya*），漢譯名分別明，清辨。其生活年代約與陳那同時稍晚，目前保存的作品同時有梵文本和藏譯的是《中觀心論頌》；惟有藏譯的是《中觀心論註思擇焰》、《中觀義集》、《中觀寶燈論》，但後兩者被證明是 8 世紀到 11 世紀初成立的作品，並非清辨之作。〔註84〕同時有藏義和漢譯的是《般若燈論釋》，惟有漢譯的玄奘譯《大乘掌珍論》。

　　清辨被視為自立量派（svātantrika），以語言邏輯證空。清辨的二諦論中，凡是落於相對言說的都是屬於世俗諦，然而，勝義諦則始終是一種不生不滅、超越一切語言、超越一切相對性的絕對無。清辨的勝義諦有二類：一者為超越人間所有觀念或言語的勝義；另一者則為日常活動、觀念、言語等世間證理的世間勝義（saṃvṛtisatya）。〔註85〕勝義無法以世俗言語表達，因此是離一切言詮的「默然」。然而，若將「默然」視為「不言之言」，則具有積極地止息言說的功能。世間勝義則是聞思修三慧、無生等教法和無分別智等，可以語言傳達的。然而，清辨只在世俗諦上以邏輯說空性，但在勝義諦上否定邏輯，是「言無慮絕」，不可說有也不可說無。因清辨在世俗諦上主張外界存在，又被西藏佛教學者歸於經量部中觀派（Sautrāntika-Madhyamaka），與瑜伽部中觀派的寂護區隔。〔註86〕

　　護法與清辨所處時代相當，前者是視客觀「外境」為無，主觀「心識」為實有的「唯識無境」的大乘唯識學；後者是認為「外境」和「心識」兩者俱泯的大乘中觀學。護法的世俗諦包含了「染依他起性」和「遍計所執性」，勝義諦則是真如的「圓成實性」與「淨依他起性」。兩者在「四重二諦」的議題上，可參照曹志成的研究：相同之處在於清辨和護法都肯定勝義真如、

〔註84〕平川彰著，莊崑木譯：《印度佛教史》，臺北：城邦，2002 年 10 月，頁 386。
〔註85〕曹志成：〈護法對清辨思想批判之探討──試以「大乘廣百論釋論‧教誡弟子品」「大乘掌珍論」及「中觀心論‧入瑜伽真實品」為線索〉，《諦觀》，第 78 期，1994 年 7 月，頁 124。
〔註86〕〔日〕梵語佛典研究會：《梵藏漢対照『維摩経』》，頁 384。

勝義涅槃、具有勝義的道程的三種勝義。以前二項為不變的無為法，後一項
為不顛倒的有為法；不同之處在於清辨的「勝義」是無所得，即反對護法以
「相見無有」來了得。清辨認為凡有所了得，皆是「世俗諦」，「勝義諦」無
法了得，是「不見之見」。〔註87〕曹志成總結清辨與護法的差異，發現護法
以「聖言量」以及「瑜伽現量」來看待「聞、思、修」三慧等之「道程」，較
偏重「意識哲學」；清辨則是以「為他比量」來看待「自立論證」、「無生等
之教說」以及「聞、思、修」三慧之「隨順勝義」，較偏重「語言哲學」之優
位。〔註88〕

在窺基的《經疏》中，清辨和護法被選為判教第七宗到第八宗的代表人
物，對《說無垢稱經》的「空」議題有著不一樣的見解，見《經疏》〈序品〉：

> 清辨解云：善修空者，證真理故。如空無罣礙，如蓮不著水。諸相
> 已遣，更無所遣，生死盡故。出世願滿，更無所願。故今稽首，如
> 空無住，得真諦者。

> 護法解云：善修空者，空有二種：一云舜若，此但名空。空者，無
> 也，即遍計所執；二云舜若多，此云空性。空之性故，體即真如，
> 性是有也。善修所執空故，一切相遣；善修圓成空性故，一切願滿。
> 由此歸佛，如空無住。〔註89〕

清辨的「空」是遣除諸相的「勝義」，不生不滅。護法則舉出兩種空：「舜若」，
梵文是śūnya，是「遍計所執」的虛妄；「舜若多」，梵文śūnyatā，則是人法二
我空，即是「無我性」的展現，此為「勝義有」。若空除「遍計所執」，僅是否
定「自然生」，若是修「圓成實空性」，則可生起四無分別智，使依他起內的種
子轉染成淨，證真如空理。可知清辨的「勝義」著重於超越的「空」實相，護
法的「勝義」肯定有一「勝義有」的「無我性」存在。

另外，在《說無垢稱經》所說的「意樂所歸」，《經疏》將之劃為證悟空性
的功德，並立清辨和護法的說解，見《經疏》〈序品〉：

> 護法宗云：入者，證解；有者，有為無為；無者，我及我所，即是
> 三性。趣謂意況有趣無趣；意樂者，即緣有無之心；所歸者，謂中

〔註87〕曹志成：〈清辨對「勝義諦」之解釋的研究〉，《諦觀雜誌》第十二期，2000 年
3 月，頁 9～52。

〔註88〕曹志成：〈清辨對「勝義諦」之解釋的研究〉，《諦觀雜誌》第十二期，頁 43。

〔註89〕〔唐〕窺基：《說無垢稱經疏》，大正藏第 38 冊，1768 經，頁 1023a1-9。

道道理，名有無趣意樂所歸，謂無漏智，是有無趣意樂。此無漏智
所歸，即真如境也。諸佛所說有無所趣意樂，究竟所歸，真如之境。
菩薩皆能隨入證解，此顯能達三性理也。

清辨解云：世俗諦有，勝義諦無。無者，空也，此之二趣意樂，究
竟所歸，即真空理。此諸菩薩，能隨證入。舊云善知眾生往來所趣
及心所行，便非此理。或往來者，分別搆畫；心所趣者，空有三性
及心所行。歸真如三性，究竟心所行故，心即意樂。〔註90〕

護法的「所歸」是中道，此中道是「無趣意樂所歸」，等同「無漏智」。此間，
護法說「無漏智」本身是「有無趣意樂」，歸於真如境，可顯達三性理。清辨
則說「意樂」是「真空理」。心所發趣的「空有三性」及諸行，可歸空性。窺
基認為清辨的解釋「理路猶疏」，於是以護法的「有無趣意樂」為勝解。

　　在《經疏》中，可歸納出清辨依世俗諦，說法相有；依勝義諦，說法相
空，兩者皆是因緣起現，空有相即，因此世俗諦所說的有我，勝義諦是空、無
我；世俗諦依勝義諦為「有」，勝義諦依世俗諦為「空」，但不壞世俗諦，是
「空性離言」的「實相」。然而，清辨在《般若燈論釋》中說明中觀的「一切
法空」是以一切戲論寂滅為相；空的體性是以離一切執著為相；空的本義是
以真如涅槃為相。〔註91〕此三者在《經疏》中未能詳細地展現，僅有前二者
做為「言無慮絕」和「破斥有」的論述。從清辨的立場，護法「假必依實」的
立論，只能歸於世俗諦，因為勝義諦不生不滅，若此勝義是可生起的勝義有，
即不符合生無自性。因此，清辨否定了瑜伽行派依他起自性為有的說法。〔註
92〕然而，護法所立的「勝義有」，則是「不有不無」。「不有」是遍計所執性與
染依他起性；「不無」是淨依他起性和圓成實性，其體性是「無我性」，亦不違
反「緣起性空」的教說。

第六節　小　結

　　窺基的「維摩詰經觀」是以「神通」貫徹「不可思議」、「自在」的「解
脫法門」；以唯識法門解釋淨土；以中觀和唯識並立解「四重二諦」。三者俱

〔註90〕〔唐〕窺基：《說無垢稱經疏》，大正藏第38冊，1768經，頁1013a14-26。
〔註91〕池煥旗：《瑜伽行派二諦說的研究》，玄奘大學宗教學碩士論文，2010年6月，
　　　　頁45。
〔註92〕曹志成：〈清辨對「勝義諦」之解釋的研究〉，《諦觀雜誌》第十二期，頁134。

是從唯識學的角度，試圖建立《說無垢稱經》實踐的可能。顯見窺基以唯識解《說無垢稱經》，除了經本身的解脫思想，更強調宗教實踐的意義。

佛土做為〈序品〉中「經起所因」的「欣厭」和「取捨」所使用的例子，窺基將之分為八門，並引用《說無垢稱經》的經文為佐證。窺基對於「心淨則土淨」的疏解，與轉識成智、轉染成淨的唯識學說法一致。

在《說無垢稱經》的中觀立場中，為破眾生對世間法的執著，是採取「破而不立」的教法，直觀地空除眾生對外在物象的實有認知。然而窺基將此意深化，與唯識學認識論的「三性說」相配合，提出「應理義」，說明「依他起」、「遍計執」在《說無垢稱經》中的作用，以及最終的真理顯現是「勝義有」的「真如無我性」。窺基的疏解理路乃是立在唯識的角度說中觀的理解未達究竟，但其納入「三性說」已然不符合《維摩詰經》隨立隨破的敘事模式。

此外，在窺基的「四重二諦說」中，《說無垢稱經》屬於「說我法空」的「初世俗諦」；而「勝義諦」四法門相互涵攝，顯見各思想間溝通的可能。《經疏》舉出清辨與護法相對，展現中觀的「勝義空」和唯識的「勝義有」對於《說無垢稱經》的「空性」的論述，並取護法的「勝義諦」為勝解。可見窺基有意識地將唯識學納入《經疏》中，將原本「破而不立」的《說無垢稱經》轉向肯定「真如」的「無我性」是「勝義有」。無論是「解脫法門」、「心淨土淨」、「默然無諍」，都依循著先肯定空理義的「空性」，再顯示應理義中「真如」的「勝義有」，展現窺基如何以唯識學疏解架構操作於一部以「空性」為主的經典的進路。

第五章 《說無垢稱經疏》的成佛可能
——如來種性與如來藏的交涉

　　上章展示了窺基的「維摩詰經觀」，本章將從《說無垢稱經》的「如來種性」，討論窺基在《經疏》中納入如來藏義的詮釋。

　　窺基判《說無垢稱經》雖依大乘，以第七宗勝義皆空為主，也依唯識學、第八宗應理圓實宗，是具有空觀和唯識、兩種思想並存的經典。除此之外，窺基在《經疏》中將「如來種性」解釋為「如來藏」，等同「阿賴耶識」和「本有無漏種子」，是做為成佛的原因，並非悟道後顯現的真如。

　　雖然窺基在「如來種性」的疏解上與玄奘所傳的唯識學不相符合，但由於玄奘沒有留下專門闡述自身思想的作品，而唐代唯識學端賴於窺基的疏作才得以保存。因此，很難分辨哪些是玄奘的思想，哪些是窺基自身的開展。故而不能將《經疏》中的「如來藏」視作窺基對玄奘所傳唯識學的延伸，也不能完全屏除玄奘譯經時說此疏解進路的可能。因此，只能從中探討《經疏》對《說無垢稱經》在「如來種性」的詮釋上「溢出」之處，以及窺基在《經疏》內展現的義理不圓滿之處。本節擬從《說無垢稱經》中「如來種性」一詞的使用，探討窺基從「五性各別說」——眾生是否得以成佛的角度——解釋「如來種性」；其次，從佛性的體性——如來藏、阿賴耶識、本有無漏種子等——檢視其中的義理差異。

第一節 《說無垢稱經》內的「如來種性」

一、「如來種性」——不離煩惱

「種性」，為梵語 gotra 的翻譯，原義為家族、種族，引申出種類、性質等意思〔註1〕。《說無垢稱經》第八品〈菩提分品〉無垢稱問妙吉祥，「如來種性」如何為成佛的可能？妙吉祥答道：

> 所謂一切偽身種性是如來種性；一切無明有愛種性是如來種性；貪欲、瞋恚、愚癡種性是如來種性；四種虛妄顛倒種性是如來種性。如是，所有五蓋種性、六處種性、七識住種性、八邪種性、九惱事種性、十種不善業道種性，是如來種性。以要言之，六十二見、一切煩惱、惡不善法所有種性，是如來種性。〔註2〕

所有一切偽身、一切無明有愛、貪欲、瞋恚、愚癡、四種虛妄顛倒、五蓋、六處、七識住、八邪、九惱事、十種不善業、六十二見、一切煩惱、惡不善法種種都是「如來種性」。列舉諸多例子，只為了說明「如來種性」貫徹在所有種性之中，是所有種性的共同性質。然而，何人擁有「如來種性」？妙吉祥菩薩說聲聞和獨覺種性不擁有「如來種性」：

> 如是聲聞獨覺種性，已見無為、已入正性離生位者，終不能發一切智心。要於煩惱諸行卑濕穢淤泥中方能發起一切智心，於中生長諸佛法故。〔註3〕

因為聲聞和獨覺種性已入正性，不能發一切智心。反倒是住煩惱未見真諦之人才能生起，如同種子需要生長於泥土中。故而，尊者大迦葉波感歎自己無法發正等覺心：

> 我等今者心相續中生死種子悉已燋敗，終不能發正等覺心，寧可成就五無間業，不作我等諸阿羅漢究竟解脫。所以者何？成就五種無間業者，猶能有力盡無間業、發於無上正等覺心、漸能成辦一切佛法；我等漏盡諸阿羅漢永無此能，如缺根士於妙五欲無所能為。〔註4〕

〔註1〕平川彰等編，《講座大乘佛教6：如來藏思想》，東京：春秋社，1982年，頁14～16。

〔註2〕〔唐〕玄奘譯：《說無垢稱經》，大正藏第14冊，476經，頁575b24-c2。

〔註3〕〔唐〕玄奘譯：《說無垢稱經》，大正藏第14冊，476經，頁575c13-16。

〔註4〕〔唐〕玄奘譯：《說無垢稱經》，大正藏第14冊，476經，頁575c23-29。

因為漏盡阿羅漢的心相續中已無生死種子,無法興起求佛法的正等覺心,亦即無法成佛。反而是造五無間業的惡人,仍有可能在受盡業報後發心成就佛法。顯見《說無垢稱經》「不離煩惱解脫」的觀點,同時也是「斥小歎大」的具體表現,並且在成佛的條件中,已界定聲聞、緣覺乘不可成佛,只能盡除一切煩惱。

然而,此說法明顯與中國佛教中「眾生皆可成佛」的觀點不同。

唐朝以前的佛性論者都是以《涅槃經》的佛性教說為立論的依歸,起始自竺道生「闡提成佛說」與六卷本《泥洹經》相違背,展開一系列的論諍。〔註5〕「一切眾生悉有佛性」,成為公認的佛說本義。直到玄奘西行回唐,承繼了印度瑜伽學派中《解深密經》的種性決定說、《瑜伽師地論》的「有無畢竟障種子」、《顯揚聖教論》的種性不能轉化等經典所說、種性各別的思想,於《成唯識論》中提出唐代唯識學的五性各別說,〔註6〕由眾生是否具有種子,判定種性之別。窺基在《成唯識論述記》、〔註7〕《成唯識論掌中樞要》〔註8〕整理五性分別是:

(1) 決定聲聞種性:本具有能斷除煩惱障的二乘無漏種子,能聞聲入道,得阿羅漢果,卻沒有佛無漏種子,不能斷除所知障,永遠不能證得佛果。

(2) 決定緣覺種性:根器較為明利的眾生,藉由觀察「緣起」覺悟,可證得辟支佛果。

(3) 決定菩提種性:又名如來乘種性。本來具有佛無漏種子,能斷除煩惱障和所知障,修行六波羅蜜,證得佛果。

(4) 不定種性:本來兼具聲聞、緣覺、佛無漏種子,可能先證得阿羅漢果,再迴心大乘,最後證得佛果。

(5) 無種性:不具有二乘無漏種子和佛無漏種子,因此無法斷除煩惱障與所知障,無法證入涅槃,永遠不能成佛。

不可成佛的「決定聲聞種性」和「決定緣覺種性」被稱為「二乘定性」,「無種性」則被稱為「一分無性」。日本學者桂紹隆在〈唯識と瑜伽行〉中認為玄奘

〔註5〕釋恆清:《佛性思想》,臺北:東大圖書,1997年2月,頁232~239。

〔註6〕〔唐〕護法等菩薩造,玄奘譯:《成唯識論》,大正藏第31冊,1585經。

〔註7〕〔唐〕窺基:《成唯識論述記》,大正藏第43冊,1830經。

〔註8〕〔唐〕窺基:《成唯識論掌中樞要》,大正藏第43冊,1831經。

的「五性各別」論點提出了如上述分類的精密論證來對抗當時悉有佛性、一切皆成佛的教法，但是卻也同時限制了自身的教義，並和其他學派產生鴻溝。最後，唯識學派確立了自己的教學體系，也失去了和其他學派的溝通可能，在 8 世紀前半衰退。〔註9〕

在《說無垢稱經》中，並未提及「一闡提不可成佛」的說法，但也不像《法華經》標舉「一佛乘」，而是藉由大迦葉的慨嘆指出聲聞乘和緣覺乘已斷除生死種子，不能再從煩惱中發起菩提心，因而失去成佛的可能。《說無垢稱經》中被認為無法成佛的聲聞乘和緣覺乘，窺基在《經疏》內不提緣覺乘，因為當時是佛親說法，因此不符合緣覺的定義。窺基在《經疏》〈序品〉說明聲聞的體性：

> 聲聞之人，於三生等，行修習已；依蘊處界，證四諦故，名聲聞法
> 輪。〔註10〕

聲聞雖是修小乘法，卻是十分特別，因為他們親身領授佛陀的教誨，能證得四諦，並隨佛陀轉聲聞法輪。《說無垢稱經》即是以聲聞為主要教化對象，卻指出已解脫的諸阿羅漢無成佛的可能。《經疏》內則將「生死種子」等同「煩惱種子」，如下引文：

> 相續者身，心身之中，煩惱種子，已斷憔敗。厭心不切，行心不猛，
> 故不能也。〔註11〕

在本論文第二章曾就「生死種子」的現存梵文寫本原文與「煩惱種子」相比，發現兩者皆不是種子 bīja 的梵文，也就是說，「生死種子」一詞是由於玄奘的翻譯，這或許是與玄奘的學識背景有關。窺基將「生死種子」疏解為表示根本煩惱的「煩惱種子」，並以此種子已燋敗，做為聲聞乘無法起厭離世間的心和發起大乘心的原因。

然而，滅除「煩惱種子」的聲聞乘，即是唐代唯識學「五性各別說」中的「決定聲聞」嗎？窺基在《經疏》中指出：

> 今說速疾猛利損發，二乘不能，非全不能。又，說決定性不能，非
> 不定性。又，說多分不能，非全不能。〔註12〕

〔註9〕桂紹隆：〈瑜伽と唯識行〉，《唯識と瑜伽行》，東京：春秋社，2012 年，頁 280。
〔註10〕窺基：《說無垢稱經疏》，大正藏 38 冊，1782 經，頁 1021b25-26。
〔註11〕窺基：《說無垢稱經疏》，大正藏 38 冊，1782 經，頁 1089a11-12。
〔註12〕窺基：《說無垢稱經疏》，大正藏 38 冊，1782 經，頁 1089a28-b1。

二乘指聲聞乘和緣覺乘，窺基說明此二乘因缺乏「煩惱種子」而不得成佛，可知即是「決定性聲聞」和「決定性緣覺」，不包括尚未斷除煩惱、原學小乘，後發心大乘的「不定種性」。但依窺基的「五性各別說」中，「二乘定性」是缺乏「本有佛無漏種子」才永遠無法成佛。此「本有佛無漏種子」等同於《說無垢稱經》的「煩惱種子」嗎？

二、「種子」——生死種子

在現存梵文寫本中，只有舉為泥土中的生因的「植種」才是使用 bīja 種子一字〔註13〕。於是《說無垢稱經》中的「種子」並不具有唯識學種子學說之義，而只是做為成佛的原因的比喻。然而，因為玄奘譯本中出現「生死種子」，窺基《經疏》中即等同於「煩惱種子」，並做為「定性二乘」不可成佛的缺陷。《攝大乘論》中定義種子六義：

1. 剎那滅：種子不是常住，生即滅。
2. 果俱有：種子和所生的果同時存在。
3. 恆隨轉：種子相續不斷。
4. 性決定：種子和所生果同一性質。
5. 待眾緣：種子依緣生果。
6. 引自果：每一類種子只能生自類的果。

此六義為種子的特性，種子不斷生滅相續，依緣生同類的果，並且與果同時存在。種子（bīja）在唯識學中可以解釋為「顯現於意識相續上的特殊意識現象尚未顯現的狀態」，〔註14〕攝藏於根本識——無覆無記——的阿賴耶識內。在《攝大乘論》的立場中，分為後天薰習的「新熏種子」和無始以來的「本有種子」兩類，具有一切有漏無漏諸法的功能。

窺基在《經疏》中，將「種子」的含義擴充為唯識學的「種子說」，已然與《說無垢稱經》所使用的「bīja／種子」有明顯的差異。在《說無垢稱經》〈序品〉：「於深法義廣大緣起，已斷二邊，見習相續。」〔註15〕原是指斷除常見和斷見，見諸法相續不斷，但窺基將「相續」以「種子」解釋，見《經疏》〈序品〉：

〔註13〕見〔唐〕玄奘譯：《說無垢稱經》，大正藏第 14 冊，476 經，頁 575c13-16，引文。
〔註14〕釋恆清：《佛性思想》，頁 107。
〔註15〕〔唐〕玄奘譯：《說無垢稱經》，大正藏第 14 冊，476 經，頁 557c24-25。

> 昔凡夫位，由迷中道緣起法故，便起常斷二邊鄙見。執無因起，如
> 涅槃常，名常見；執後世果，空無所有，名斷見。此之二見所熏習
> 種，在於本識相續不斷。今八地上，離分段生，達於中道三種緣
> 起。二見現行、種子、習氣相續便滅。法執二見斷，煩惱見隨捨。
> 此常斷見現種相續，是迷緣起邊鄙之法故，達中道緣起之時，彼
> 皆永滅。〔註16〕

凡夫對「中道緣起」的誤解，起認為諸法無因生的常見和空無所有的斷見。
窺基認為，此二邊見在阿賴耶識中熏習相續不斷的種子，使得凡夫無法認知
到二邊見的錯誤。故而達到八地以上的菩薩，能正確地認知諸法，才能斷除
種子習氣，捨去煩惱，滅除錯誤的種子相續。當認知中道緣起、本體性空時，
常見、斷見和此二邊見所熏習的種子，才能不再起現。

　　窺基在此段以阿賴耶識的「現行、種子、習氣」為「緣起法」，是唯識學
的「賴耶緣起」，已非中觀學派的「中道緣起」。

　　據此「賴耶緣起」為基礎，窺基進而將《經疏》以「種子」視作為一切法
的生因。在《說無垢稱經》〈聲聞品〉中，兩比丘向優婆離訴說罪愆，無垢稱
居士點破罪性「不住內、不出外、不在兩間。」〔註17〕指「罪性」本身也是
生滅不可把捉，沒有實體，可以息除。窺基在《經疏》〈聲聞品〉則說：

> 罪根種子本真，證之罪滅。罪滅者，拔除煩惱、惡業、苦果諸種子
> 也。斷種子故，一滅不生。名、身、語懺悔，但名制伏，益力損能，
> 非真滅罪，後還生故。〔註18〕

不將「罪性」視作生滅法，而是煩惱、惡業、苦果諸種子也。「罪根種子」
真實存在，若能拔除煩惱、惡業、苦果，則罪業種子消滅不再生起。但若僅
是「制伏」，則罪業種子還會再生。原本《說無垢稱經》中「心雜染故，有
情雜染；心清淨故，有情清淨」，乃是去除分別心所得的本性清淨。但窺基
卻從唯識學的立場，認為阿賴耶識內的「種子」，藉由熏習起現行雜染法。
眾生須藉由修行對治惡種子，使其止息不生，具有「轉識成淨」的唯識學意
味。

〔註16〕窺基：《說無垢稱經疏》，大正藏38冊，1782經，頁1012b27-c5。

〔註17〕〔唐〕玄奘譯：《說無垢稱經》，大正藏第14冊，476經，頁563b26-29。

〔註18〕窺基：《說無垢稱經疏》，大正藏38冊，1782經，頁1052c9-12。

另外，唐代唯識學以眾生本來具有的無漏種子差別不同，而有「五種性說」。[註19] 是故，種子和種性的關聯在唯識學中相當密切。

窺基在《經疏》在「應理義」中以「種子」疏解，將「種子」做為「本有無漏種子」看待，能持聖人之性，並生起聖果。完全將「種子說」納入《說無垢稱經》中，展現唯識學「種子說」與中觀學的交涉。從窺基對「種子」的運用，可知他的疏解立場中，不認為《說無垢稱經》與唯識學有根本上的差異，而僅是描述角度的差異。然而《說無垢稱經》中，專注於「不離煩惱而得解脫」的「煩惱種子」，僅是立足於初期大乘中觀學「不離假名說諸法實相」的角度，並未提及種子本有或始有的問題。

第二節　《經疏》內的「阿賴耶識」與「如來藏」

上節討論的種子，在唯識宗的理論裡含藏於第八阿賴耶識內。第二章也已經就現存梵文寫本中的 ālaya 一字討論過《說無垢稱經》中的「阿賴耶」之意，僅是做為「所藏處」、「執著」[註20]，一如《攝大乘論》所說：

> 如彼《增壹阿笈摩》說：「世間眾生，愛阿賴耶，樂阿賴耶，欣阿賴
> 耶，憙阿賴耶；為斷如是阿賴耶故，說正法時，恭敬攝耳，住求解
> 心，法隨法行。如來出世，如是甚奇希有正法，出現世間。」[註21]

眾生欣愛「阿賴耶」是基於對法依處的錯誤認知，誤以為有一個歸處使法附著，然而諸法緣起，沒有一個恆常不變的依歸。唯識宗「阿賴耶」的字義轉變可見曹志成的研究，[註22] 他歸納出《解深密經》的〈心意識相品〉中，「阿賴耶」具有「執著」與「所藏」的意味。發展至《瑜伽師地論》「心意識」，已提出八種理證證明「阿賴耶識」的「自相有」。而《攝大乘論》〈所知依章〉中，「阿賴耶識」的依他起性是一切雜染和清淨的所依，建立起「種生現，現熏種」、「同時因果」的「他生論」。[註23]

〔註19〕廖明活：〈理、行兩種佛性說法的形成和演變〉，《佛學研究中心學報》，第 10
　　　期，2005 年，頁 119～150。
〔註20〕曹志成：〈月稱對於瑜伽行派的阿賴耶識思想的批判之研究〉，《國際佛學研
　　　究》，創刊號，1991 年，頁 225～247。
〔註21〕〔唐〕無著菩薩著、玄奘譯：《攝大乘論》，大正藏第 31 冊，1594 經，頁 134a18-
　　　22。
〔註22〕廖明活：〈理、行兩種佛性說法的形成和演變〉，頁 231～236。
〔註23〕廖明活：〈理、行兩種佛性說法的形成和演變〉，頁 119～150。

　　窺基在《說無垢稱經疏》解釋「阿賴耶」為：

　　　　空理義云：隨諸世間，如其性相，解成無得。二悟入真如，無所攝
　　　　藏，滅阿賴耶。

　　　　應理義云：如依他起相、圓成實性而悟解之。〔註24〕

「空理義」悟入真如後看見諸法空相，原以為是諸法依歸的「阿賴耶」自然
也是空性；但「應理義」認為「空理義」只見空而不見有，證入真如時雖去除
了遍計所執性，對於清淨依他起性與圓成實性則不應消除。此二者即是「勝
義有」。雖然窺基疏解了滅雜染、顯示清淨的阿賴耶識，但在《說無垢稱經》
中「阿賴耶」做為「所藏」，並不具有唯識學雜染的意義。

　　在討論窺基將《經疏》的「如來種性」等同「阿賴耶識」和「如來藏」
前，須先說明唯識學和「如來藏」交涉。

　　如來藏，梵文 tathāgatagarbha，藏文 དེ་བཞིན་གཤེགས་པའི་སྙིང་པོ（ de bzhin gshegs
pa'i snying po），此字首見於如來藏系初期的《如來藏經》。〔註25〕臺灣學者蕭
玫整理了日本學者高崎直道、小川弘貫、菅沼晃的研究，得出如來藏學的共
識：〔註26〕

　　1. 如來藏學的發展有時間順序，以經論為代表，最初是《如來藏經》，次
　　　　為《勝鬘經》，最後為《入楞伽經》。

　　2.《如來藏經》為如來藏思想初期經典，彼時如來藏尚未與阿賴耶識交
　　　　涉。

　　3. 後期如來藏經論受到瑜伽唯識學的影響，如《入楞伽經》。

在印度佛教中，初期如來藏被《如來藏經》界定為「如來智」。中期的《勝鬘
經》將「如來智」擴充為「如來空性之智」，提出如實不空的「不空如來藏」，
是「虛妄法空，真實法不空」的「片面之空」。此「不空如來藏」同時是本來
具足解脫智和不思議佛法的空性之智。與之相對的是空除、離一切煩惱的「空
如來藏」，是修行的空性之智。從初期「如來智」到中期「不空／空如來藏」，

〔註24〕窺基：《說無垢稱經疏》，大正藏 38 冊，1782 經，頁 1111c3-5。

〔註25〕雖然印順法師指出《增壹阿含經》中有「如來藏」，但從文法脈絡上看，乃是
　　　　泛指一切佛經或教法。至於晉譯《華嚴經・如來性起品》中的「如來藏」是
　　　　「如來祕密藏」，指如來的奧秘義，並非《如來藏經》所說的「如來藏」。（印
　　　　順：《如來藏之研究》，臺北：正聞出版社，1992 年，頁 99）。

〔註26〕蕭玫：〈就《如來藏經》試析「如來藏」之原始義蘊〉，《正觀雜誌》，第 49 期，
　　　　2009 年 6 月，頁 10〜13。

展現了如來藏思想由解脫的智慧朝向解脫的境的轉移。對於後期如來藏與唯識學的交涉，蕭玫指出：〔註 27〕如來藏後期經典《入楞伽經》中所說的「成自性如來藏心」，pariniṣpannasvabhāvas-tathāgatagarbha-hṛdaya，pariniṣpannasvabhāva 指成自性、圓成實；tathāgatagarbha 指如來藏，hṛdaya 是本質，意即成自性／圓成實如來藏本質，是持業釋同位格複合詞，表示成自性／圓成實等同於如來藏。而唯識學經典《解深密經》與《瑜伽師地論》所說的「圓成實」是指一切法未經心的認知活動攝取前的本來真實狀態，即是「真如」。此「真如」是「智」所緣的清淨無染的真實「境」。可知在「成自性如來藏心」一詞中，展現了唯識宗的圓成實性理論是從一切存有的「真如」走向可分辨唯識無境的「正智」；如來藏的理論則是從解脫「如來智」進一步發展出具有真如之境為本體的「如來藏心」。

吉村誠在〈中国唯識思想史の展開〉的研究顯示：〔註 28〕如來藏思想比唯識思想早傳入中國，因此中國人是先認識如來藏思想，之後才理解了唯識思想。這是中國唯識思想獨立發展的主要原因。5 世紀前半，僧人陸續翻譯如來藏系經典，傳入中國。《涅槃經》的悉有佛性說、《勝鬘經》的如來藏染淨依持說、《楞伽經》的如來藏等同阿賴耶識說，皆對中國理解唯識思想造成很大的影響。當時，攝論師使用如來藏思想解釋唯識的「九識說」，北道地論師在反省佛性的有無，南道地論師與攝論師立場相似，同意如來藏等同阿賴耶識。面對當時的論爭，玄奘認為只能用印度唯識學加以確認。香港學者霍韜晦歸納奘傳系統對如來藏的觀點：

1. 如來藏自性清淨心不生不滅，近乎外道所說的自我。
2. 如來藏自性清淨又同時為染法所依，違反了唯識宗所說的染淨二分。
3. 如來藏有漏無漏可以互相轉化的說法，違反了唯識宗的緣生大義。
4. 如來藏人人皆有，違背唯識宗的五性各別。〔註 29〕

玄奘對如來藏思想的否定，並不代表玄奘全然刪除如來藏的一詞，在玄奘譯世親的《攝大乘論釋》中，即解釋了何為如來藏：

〔註 27〕蕭玫：〈《入楞伽經》之「成自性如來藏心」——論唯識思想影響如來藏之一端〉，《正觀雜誌》，第 44 期，2008 年 3 月，頁 5～33。

〔註 28〕吉村誠：〈中国唯識思想史の展開〉，《唯識と瑜伽行》，東京：春秋社，2012年 8 月，頁 255～279。

〔註 29〕霍韜晦：〈如來藏與阿賴耶識——從思想史上考察〉，《鵝湖》，第 4 卷，第 8期，1979 年 2 月，頁 20～25。

> 自性清淨者，謂此自性本來清淨，即是真如自性，實有一切有情平
> 等共相，由有此故說一切法有如來藏。〔註30〕

更具體說來，玄奘反對當時以《楞伽經》為主的如來藏學派，認為如來藏等同真如，也是在證得圓成實性後自然顯現。玄奘將如來藏等同真如，使得唐代唯識學走向強調「心識的本質是自我認識，主觀和客觀都不存在，所直觀的內容是心識的形象，此為真實」〔註31〕的唯識學立場。

一、如來藏——《經疏》的成佛之因

在《經疏》〈序品〉六個疏解項目中，「明經體性」內、論諸法性體的「攝相歸性」，窺基將一切法相的本質歸於真如，亦是歸於如來藏。如下引文：

> 攝相歸性體者，一切有為、無為等法，體即真如。真如為本，故《大
> 般若》言：「一切有情皆如來藏。」《勝鬘》亦言：「夫生死者，是如
> 來藏。若無如來藏者，不能厭苦樂，求涅槃。」是故如來藏是依、
> 是持、是建立。無垢稱言：「一切有情皆如也，一切法亦如也。」又
> 言：「從無住本立一切法。」如是等文，誠證非一。〔註32〕

「相」是有差異的一切有為無為法，「體」是因緣起，「性」是真如，而真如在等同於如來藏。窺基認為無垢稱所說一切有情、一切法的本質是真如，於是可以「從無住本立一切法」，即表示了「體即真如，真如為本」的意涵。雖然窺基以如來藏解釋真如，同於玄奘的策略，但窺基認為如來藏「是依、是持、是建立」則是超出了玄奘的理解。因為，若如來藏是真如，只會在證悟時和圓成實性一樣顯現，並非是做為諸法的依持，而唯識學對於種種假名有，則是建立在遍計所執性與染依他起性對阿賴耶識的作用。窺基引用《大般若經》和《勝鬘經》，將如來藏與真如相互解釋，並承認如來藏是建立一切法的根本，這在《大乘法苑義林章》中對「攝相歸性」有一樣的說法。〔註33〕《經疏》

〔註30〕世親著，玄奘譯：《攝大乘論釋》，大正藏第 31 冊，1597 經，344a3-5。

〔註31〕蕭玫：〈就《如來藏經》試析「如來藏」之原始義蘊〉，頁 5。

〔註32〕窺基：《說無垢稱經疏》，大正藏 38 冊，1782 經，頁 1001a13-19。

〔註33〕〔唐〕窺基：《大乘法苑義林章》，大正藏第 45 冊，第 1861 經，頁 252c9-14。
　　　「攝相歸性體，一切法皆性真如。故《大波若經》〈理趣分〉說：『一切有情
　　　皆如來藏。』《勝鬘經》說：『夫生死者是如來藏。』《無垢稱》言：『一切眾
　　　生皆如也，一切法亦如也。』眾賢聖亦如也，至於彌勒，亦如也。諸經論說
　　　如是非一，一切有為、諸無為等，有別體法，是如之相。譬如海水隨風等緣，
　　　擊成波相。此波之體，豈異水乎？一切諸法隨四緣會，成其體相，然不離如。」

和《義林章》的兩段引文俱是從《大般若經》、《勝鬘經》和《說無垢稱經》說明「攝相歸性體」。

如來藏不僅僅等於「真如」，也是窺基佛性論中的成佛之因。在《說無垢稱經疏》中，妙吉祥菩薩所問的菩提之因和無垢稱居士所說的如來之種，皆是被視做為《勝鬘經》的「如來藏」，如下揭引文：

> 能到佛趣，是菩提因，正修行故；能生因者，是如來種，談本性故。……未得菩提時，善不善法皆名佛性，故二皆因，善為報身因，不善為法身因。故《勝鬘》云：「有二種如來藏，空智、煩惱亦名如來藏也。」〔註34〕

三個成佛的必要條件，1. 正修行菩提因；2. 如來種是能生因 3. 法父母菩提業。由如來種生菩提因，由菩提因證佛果，由菩提業圓滿佛果，三者缺一不可。但在未得菩提時，善不善法──善為報身因，不善為法身因──都名為佛性，故二者皆可視作菩提因。因此，窺基引用《勝鬘經》：「有二種如來藏，空智、煩惱亦名如來藏也。」將「菩提因」與「如來藏」等同，亦是承認解脫的「煩惱種子」、「如來種」俱可等同於「如來藏」。

將「如來藏」視為「佛性」之意，主要的論述在《經疏》的〈菩提分品〉

《說無垢稱經》的核心論述不離初期大乘所說「煩惱即菩提」，表示實踐的方向性，菩提需在煩惱處中尋。《經疏》為保證成佛的必然性，將「塵勞之輩為如來種性」的「如來種性」解釋為「無漏」和「有漏」兩種，分梳如下：

> 種性有二：一無漏；二有漏。
>
> 無漏有二：一無為性。《勝鬘經》云：『在纏名如來藏，出纏為法身。』
> 《涅槃》云：『師子吼者，是決定說。一切眾生，悉有佛性。』
> 二有因緣性，在纏名多聞熏習法爾種子，出纏名報身。《楞伽經》云：
> 『阿梨耶識，名空如來藏，具足無漏熏習法故，名不空如來藏。』
> 〔註35〕

無漏種子分為「無為性」和「有因緣性」。「無為性」即是貫徹在諸法中的無我性。此處窺基引用《涅槃經》，則表現出眾生如諸法必然是無我性一樣，必然是具有佛性。《勝鬘經》指如來藏被煩惱包覆和解脫後的法身，意指無漏法在世俗與勝義的一體兩面。無漏法的「有因緣性」表示無漏法不是憑空出現，

〔註34〕 窺基：《說無垢稱經疏》，大正藏 38 冊，1782 經，頁 1086b25-c4。
〔註35〕 窺基：《說無垢稱經疏》，大正藏 38 冊，1782 經，頁 1088a2-8。

也不是一切消失的空。在纏時稱為多聞熏習法爾種子,是依《攝大乘論》的「最清淨法界等流正聞熏習」,〔註36〕本有佛無漏種子藉此起現清淨法,出纏得報身。《楞伽經》則將阿賴耶識(阿梨耶識)等同於空如來藏,因為阿賴耶識之名只存在於雜染法中。當無漏種子起現行,有漏種子止息時,阿賴耶識之名不復存在。然而,轉依後的阿賴耶識仍具足受無漏熏習的清淨種子,乃是不空如來藏。上文是根據種子的「無漏性」,又,可依「能動/不動」的兩義分為:

> 《勝鬘》依無為義,煩惱為能覆藏,真理為所覆藏。
>
> 《楞伽》依有為義,阿賴耶識為能攝藏,種子名所攝藏。
>
> 二種能藏,二種所藏,皆名如來藏。〔註37〕

《勝鬘經》的「無為性」乃是貫穿在一切諸法中的無我性。因此,無論煩惱或真理,都具有無我性。客塵煩惱遮覆真理,故而起現種種雜染法。《楞伽經》的「有為性」,則是對於起現一切法的機制來說,阿賴耶識因攝有種子,所以稱為「能攝藏」,其中的種子是「所攝藏」。阿賴耶識具有本有無漏種子,因而可以轉染成淨。阿賴耶識與煩惱是能藏,表示阿賴耶識的迷染性和客塵所覆的如來藏;種子是所攝,真理是所覆,兩種所藏,都是本性清淨的如來藏。因此,在這兩段引文中,阿賴耶識和如來藏都具有清淨/雜染的意思,但如來藏只能掃除雜染法後自然顯現,只有阿賴耶識可從種子熏習自我淨化。

相對於「無漏種子」,世俗諦的「有漏種子」,窺基解釋如下:

> 有漏有二,皆增上緣。一加行善者,隨順性,隨增長無漏種故;二餘不善者,違背性,違背障礙無漏法故,因斷於此,而得菩提。由
>
> 此煩惱,能覆真理,由現起此增功德故,名如來藏。〔註38〕

「有漏種子」可做為成佛的助緣。「加行善」指有漏善法,隨順熏習增長「無漏種子」;障礙無漏法的「餘不善」,因不善法能覆真理,斷不善法而增功德,一旦斷除,可得菩提。窺基將唯識宗的「種子說」納入《說無垢稱經》「如來種性」,從「無為面」看來,為煩惱所覆的真理,與雜染的阿賴耶識,都是有無我性在其中。此「無為」被窺基視為如來藏,因而說眾生皆有如來藏。若從有為性看來,具有本有無漏種子阿賴耶識本性不空。當其轉依為清淨時,內

〔註36〕曹志成:〈月稱對於瑜伽行派的阿賴耶識思想的批判之研究〉,136b29-c4。

〔註37〕窺基:《說無垢稱經疏》,大正藏38冊,1782經,頁1088a8-11。

〔註38〕窺基:《說無垢稱經疏》,大正藏38冊,1782經,頁1088a11-16。

含的清淨種子也仍然是不空。可知如來藏一詞在窺基的論述中表示「無為性／無我性」，但不若阿賴耶識自身內部的轉依活動，如來藏自身絕對清淨，亦不受熏習等法而改變。

　　窺基在《經疏》內表示「理佛性」即《勝鬘經》所說、被煩惱覆蓋了真如的如來藏；「行佛性」則是《楞伽經》所說，含有漏或無漏種子的如來藏。呼應「攝相歸性體」中，窺基以「如來藏」解釋體即真如，真如為本」的意涵。他引用《勝鬘經》和《楞伽經》，前者的「如來藏」，是指如來藏自性清淨的體相；後者的如來藏則是與阿賴耶識合一的在纏位之阿賴耶識。廖明活指出，《涅槃經》「一切眾生悉有佛性」，是「理佛性」遍在的論據。〔註39〕「理佛性」是諸佛證入空性的真如理性；「行佛性」即是阿賴耶識中的本有無漏種子。而窺基則將「行佛性」，又分為有漏的「緣因」和無漏的「正因」。窺基在《成唯識論掌中樞要》比較五種性和一闡提的差異，認無「五種性」中，聲聞種性、緣覺種性、無種性沒有無漏種子的「行佛性」，為此不能成佛。並且提出一分眾生所無的「行佛性」，跟《涅槃經》說為眾生所有的「理佛性」種類不同，所以和《涅槃經》的佛性論沒有衝突。

　　窺基融合如來藏思想的原因，據日本學者多田修的研究，是為了解除佛性論中「一乘思想」和「五性各別」的對立。窺基在《法華玄贊》、《大乘法苑義林章》、《攝大乘論》所引用的「一乘」，不等於《法華經》所說的「一乘皆成」，這在《解深密經》、《顯揚聖教論》、《大乘莊嚴經論》有相同的見解。窺基的「理性遍滿說」意味佛性被「理性」和「行性」分類，可以說是部份同意「一乘皆成」〔註40〕。橘川智昭認為窺基以「理性」解釋一切眾生悉有佛性的一乘教、真如法身；以「行性」說明涵藏本有無漏種子的阿賴耶識。在佛性論中，「理性」是一切眾生都有，「行性」是定性菩薩和不定種性才有，然而「理性」若無「行性」也無法成佛〔註41〕。此外，多田修補充窺基《成唯識論掌中樞要》中的「理性」與《大般涅槃經》的佛性、《勝鬘經》的如來藏相等。當「理性」作為必然成佛的佛性時，與作為成佛原因的佛性無法區分。因此，窺基使用「理性」和「行性」區分，而「理性遍滿」是成佛的主要原因。

〔註39〕窺基：《說無垢稱經疏》，大正藏38冊，1782經，頁127～130。

〔註40〕多田修：〈仏性・如來藏に対する基の見解〉，《仏教学研究》，第64期，2008年3月，頁82～83。

〔註41〕橘川智昭：〈慈恩基の如來藏観と「自性」〉，《宗教研究》，第339期，2004年3月，頁254～255。

「理性」和「行性」於是成為窺基對抗一切皆成的一乘思想，也就是唯識宗「五性各別說」得以成立的理由。〔註42〕

待到窺基的徒弟慧沼（651-714 A.C.E.）時，引述《無上依經》、《佛性論》、《寶性論》、《涅槃經》等經，說明有一種「無行佛性」眾生的存在。廖明活指出慧沼把「緣因」視作「種子」，「正因」視作「現行」。「緣因」的「種子」是一切眾生必然具有，「現行」則有個體是否成就的差異；「正因」的「種子」只有部份眾生擁有；「現行」只有聖人成就。〔註43〕綜上所述：慧沼論述無漏的「行佛性」，可作為唐代唯識學存有觀核心的阿賴耶識，亦可作為唐代唯識學種性論依據的本有無漏種子，釐清唐代唯識學的「一分無佛性」理論，且可知以「行性」表示「本有無漏種子」，是窺基一脈唐代唯識學的共識。〔註44〕

二、如來藏——等同種子與真如

窺基在《經疏》中以「如來藏」說明唐代唯識學的「理佛性」和「行佛性」，顯見窺基的「佛性論」與「如來藏」有很深的關係。然而，《說無垢稱經》作為大乘初期的經典，能否能以清淨的阿賴耶識和本有的無漏種子為成佛之因，以「行佛性」為眾生成佛的根據。來闡述其中的「如來種性」，是可以商榷的問題。

涵藏種子的阿賴耶識，被唯識學視為一切法起現的本體，藉由止息惡法種子起現，轉染成淨後展現圓成實性，建立解脫理論。然而，窺基在《經疏》〈序品〉中，將此種子也歸於如來藏，如引文：

> 此中三寶，略有二解：一同體三寶，種謂種子，即如來藏，佛無漏
> 因。此諸菩薩，修此種子，令不斷絕，常勤證會；二別體三寶，有
> 為、無為，自利、利他，隨其所應，三佛、四法、十地僧等。〔註45〕

佛、法、僧三寶，一直是佛教的理論根基。窺基同意佛、法、僧三者具有相同的體性，即是本有的「種子」。將此「種子」等同「如來藏」，是成佛之因的無漏種子。但為說明過去、現在、未來佛，苦寂滅道之法，菩薩十地修行的差異，窺基從相應於不同的有為、無為法，修行自利利他，解釋別體，仍然可達

〔註42〕多田修：〈基における仏性・如來藏解釈〉，《印度学仏教学研究》，第104期，2004年3月，頁667～670。

〔註43〕窺基：《說無垢稱經疏》，大正藏38冊，1782經，頁146。

〔註44〕窺基：《說無垢稱經疏》，大正藏38冊，1782經，頁1052c9-12。

〔註45〕窺基：《說無垢稱經疏》，大正藏38冊，1782經，頁1009a8-12。

解脫。當窺基將「種子」等同於「如來藏」時，便是去除原本唯識學具有善惡的種子，轉向如來藏系所說、成佛之因的成佛種子。

同樣地，淨影慧遠在《維摩義記》中有類似的說法：

> 三寶皆用真如來藏佛性為體，真識之心緣起集成三寶義故。〔註46〕

慧遠提出三寶共同的體性是「真如來藏佛性」，因為「真識之心」的緣起而成三寶。此說承認如來藏佛性的本有，但仍不脫離阿賴耶識——真識之心——的緣起說，顯示如來藏與阿賴耶識合流可能始自地論宗，先從肯定佛性本有的立場，逐漸不再說染汙的阿賴耶識，只從如來藏本性清淨的角度說明緣起。

上述「如來藏」包含了許多意思，是成佛的原因，是種子，是真如，於是窺基將類似概念同一而論，可見於《說無垢稱經疏》：

> 諸經中說一切諸法，皆同一相，所謂無相而為相故。能於法界一相法中，說無邊相莊嚴清淨法界法門，謂說佛性、如來藏、法身、真如、涅槃、解脫、法界、法性等無量法門，說眾多德相莊嚴於一相，言雖多相，仍契一相。〔註47〕

「佛性」與「如來藏」、「法身」、「真如」、「涅槃」、「解脫」、「法界」、「法性」皆是同一相，此相即是「無相」，是無自性。智顗在《維摩經玄疏》也展現了同樣的立場，如：

> 諸經異名說真性實相，或言一實諦，或言自性清淨心，或言如來藏，或言如如，或言實際，或言實相般若，或言一乘，或言即是首楞嚴，或言法性，或言法身，或言中道，或言畢竟空，或言正因佛性、性淨涅槃，如是等種種異名，此皆是實相之異稱。〔註48〕

此「實相異稱」的等同方式，帶有強烈的融合意味，顯示出智顗和窺基所要討論的「實相」是貫徹在一切法之中的，無法被文字把捉，也不限於一種形態，因此不能說是一個實體，而是諸法皆有的本性。然而，試圖以如來藏會通不同的佛性思想，以提出最終的佛性論，卻是忽略了中觀、唯識和如來藏三種思想的差異。原始佛教的「佛性」僅是指成佛的可能，「解脫」是指脫離輪迴之苦，並不能等同「佛性」之義。中觀學派所說的「中道」，為「非空非有」的境界，亦非「佛性」。更遑論將唯識學的「真如」等同於如來藏

〔註46〕〔隋〕淨影慧遠：《維摩義記》，大正藏第38冊，1776經，頁497a7-9。
〔註47〕窺基：《說無垢稱經疏》，大正藏38冊，1782經，頁1068b27-c3。
〔註48〕〔隋〕智顗：《維摩經玄疏》，大正藏第38冊，1777經，頁558c19-24。

的「自性清淨心」，雖然皆是無記的心性，但前者是就「無我性」立論，後者則是就眾生本具的清淨動力而言。由是之故，僅能推測窺基將離煩惱的「如來藏」視作眾生皆有的「理佛性」，提出一乘真實的理論基礎，再以「行佛性」解釋唐代唯識學的「五性各別說」，合理化部分眾生永遠不能成佛的論點，是基於窺基接受了如來藏的思想，流露出唐代唯識學和如來藏合流的傾向。〔註49〕

　　窺基在《經疏》中以「如來藏」說明唐代唯識學的「理佛性」和「行佛性」，顯見窺基的「佛性論」對「如來藏」的借用別有用心。〔註50〕與《維摩詰經》時代相仿的大乘經典中，涅槃學的《大般涅槃經》已經將「空性」等同「佛性」；〔註51〕如來藏系的《不增不減經》則將「如來藏」等同「真如法界」、「清淨法體」、「自性清淨心」，〔註52〕俱顯示出在初期大乘階段，佛性與如來藏的發展不違反「空性」。那麼，窺基引用「如來藏」一詞，來闡述《說無垢稱經》中的「如來種性」，便是立足將如來藏等同於阿賴耶識，承認有一個「勝義有」的存在。雖然窺基不是承認有一恆常不變的「自性」，但也脫離了《說無垢稱經》「諸法空相」的立場。並且，在《維摩詰經》的現存梵文寫本中，只有「如來種」的 tathāgata gotra，tathāgata 指「如來」，gotra 指「種性」，並沒有出現 tathāgatagarbha「如來藏」，也不曾出現足以解釋為唯識學種子的 bīja 一字，顯見窺基將雜染阿賴耶識與客塵所覆如來藏、清淨阿賴耶識與不空如來藏相配，將阿賴耶識與如來藏視為「理佛性」，「本有無漏種子」做為「行佛性」的理論架構，並不能契合《說無垢稱經》的要旨。

〔註49〕關於如來藏與唯識的交涉，從玄奘的門人靈潤的主張便可看出。參考註27，頁276～277。靈潤主張悉有佛性＝一乘成佛，理性是如來藏，行性是業，主張如果有理性，一定有行性的特徵。
〔註50〕艾倫·史彭博格也認為窺基的學說表現出「印度瑜伽行和如來學派之間的緊張關係，呈現於六世紀早期的中國法相唯識宗的發展中」。（Alan Sponberg: *The Trisvabhava Doctrine in India&China——A Study of Three Models*，《龍谷大學研究紀要》，第21期，1982年，頁97～119）。
〔註51〕〔北涼〕曇無讖譯：《大般涅槃經》卷25〈師子吼菩薩品〉：「佛性者，名第一義空；第一義空名為智慧。」（大正藏第12冊，375經，頁523b12-13）。
〔註52〕〔北魏〕菩提流支：《佛說不增不減經》卷1：「舍利弗當知：『如來藏本際相應體及清淨法者，此法如實不虛妄，不離不脫，智慧清淨。真如法界不思議法，無始本際來，有此清淨相應法體。舍利弗，我依此清淨真如法界，為眾生故，說為不可思議法，自性清淨心。』」（大正藏第16冊，668經，頁467b25-29）。

第三節 《經疏》內「心淨土淨」與「自性清淨心」

《維摩詰經》中的「心垢故眾生垢，心淨故眾生淨」，向來是注疏家非常重視的核心句子，被認為大乘初期佛教承認「心識」轉變的超越性，甚至被引述為如來藏「自性清淨心」的經典依據。雖然「心」在《維摩詰經》中扮演了重要的角色，「心淨故眾生淨」帶給大乘佛教思想很大的影響，但在原始佛教中，「心清淨」不過是描寫經驗層面的心靈。香港學者霍韜晦引用日本學者水野弘元的研究，辨明如來藏「自性清淨心」與原始佛教「心清淨」的差異。水野氏對照巴利增支部的注釋書，發現「心清淨」中的「清淨」pabhassara 之義原來是「白淨」、「遍淨」，僅是消極的清淨，而非後世所說、有去除汙穢之作用的「自性清淨心」那種積極的清淨。〔註53〕於是可知，如來藏最初的意義是如來胎，內藏如來，但如來藏或像如來藏那樣的「自性清淨心」的思想，肯定人心中有一種清淨的作用是一種超越的立場，並不直接起源於原始佛教，也不符合原始佛教經驗層面的「心清淨」。「心」在唯識學中被歸結為阿賴耶識，做為無記性和善惡行為產生的根據，最初的經典可能是《解深密經》。相對於阿賴耶識的認知作用，如來藏只須知道所有經驗層面的存有都是不真實的、可以消解，即達成「自性清淨」的目的。〔註54〕

然而，無論是「阿賴耶識」或是「自性清淨心」，都與《維摩詰經》的「心」不相符合。法國學者 Lamotte 認為：舉出《維摩詰經》中的「心垢故眾生垢，心淨故眾生淨」之「心」為例，應是如同《般若經》的「非心之心」。「心」是無有依止、不可了知的，不能視作如來藏的「自性清淨心」，也不能當做瑜伽行派本淨無染的阿賴耶識，是一部純粹的中觀經典。〔註55〕

在《說無垢稱經》的「心」的議題上，窺基顯然將中觀的空理義判為不究竟，而以應理義的「真如法性心」為要，卻將此等同「自性清淨心」。此「心」意義上的融合，可見於《說無垢稱經》〈弟子品〉一段，無垢稱居士開示優婆離：「心雜染故，有情雜染；心清淨故，有情清淨。」〔註56〕《經疏》則解釋為：

〔註53〕吉村誠：〈中国唯識思想史の展開〉，頁 22。

〔註54〕吉村誠：〈中国唯識思想史の展開〉，頁 23。

〔註55〕Lamotte, Étinne 著，郭忠生譯：《維摩詰經序論》，南投：諦觀雜誌社，1990 年 9 月，頁 64。

〔註56〕〔唐〕玄奘譯：《說無垢稱經》，大正藏第 14 冊，476 經，頁 563b27-28。

空理義云：「汝心本淨，性本空故，無染故淨。汝得阿羅漢涅槃解脫
時，此空性心，曾有染不？凡聖雖殊，心實無別，故以為問。」
應理義云：「《成唯識》中，解心性淨，略有二義：一即真如法性之
心，故《勝鬘經》自性清淨心而有染污，難可了知；二因緣心，《瑜
伽》五十四說，依他性心，性非煩惱，名本性淨。今彼心非煩惱故，
言本性淨，與染相應，名為染心，非心體染名為染心。此心非但未
得解脫，性本來淨，得解脫時，亦曾無染。今但問彼得解脫時，本
性淨心曾有染不？將顯未解脫比解脫心性本淨。〔註57〕

本來優婆離與無垢稱居士的對話，是說明「一切有情，心性本淨，曾無有染」，
有分別心才使得心雜染，若無分別心，一切清淨。強調『心雜染故有情雜染；
心清淨故有情清淨』。此心僅是指經驗上的心，不是具有解脫積極意味的心。
但窺基的疏解卻將此心等同於《勝鬘經》的「自性清淨心」，將原本不具有積
極意義的心解釋為「能清淨」的心。他引用《成唯識論》兩種心性淨，其一是
「真如法性之心」，窺基以此心為《勝鬘經》自性清淨之心。然而，唯識的「真
如」指「無我性」的自然顯現；「自性清淨」則是不受染污的如來藏，與唯識
學中攝藏善惡種子的阿賴耶識不同，是純然清淨，可分為具足德性的不空如
來藏，和表空性義的空如來藏。其二是「因緣心」，又說是「依他性心」，此處
的依他性心具有兩面，一是與心所相應的染依他起性心，另一是轉依後的淨
依他起性心。窺基指出阿賴耶識本性清淨，只因與染法相應而名為染心。但
此立論只注意了阿賴耶識無覆的角度，卻不能解釋阿賴耶識的無記。若說阿
賴耶識本性清淨，那如何攝藏染法種子，並起現種種世間法？因此，可看出
窺基試圖將唯識的「淨依他起」與如來藏的「自性清淨」整合在「心性」中，
但對於阿賴耶識無覆無記的特質隱而不論。

然而，同樣在優波離的段落，智顗的《維摩經玄疏》也以「自性清淨心」
比擬《維摩詰經》的「心」，如下引文：

此經云：「婬怒癡性，即是解脫。」今明婬怒癡性，即是《勝鬘經》明
自性清淨心不為煩惱所染。若煩惱不能染，是則生死莫之能拘，性自
無累，名為解脫。故此經云：「如優波離以心相得解脫時，寧有垢不？
一切眾生心相無垢，亦復如是。」是名不思議真性解脫也。〔註58〕

〔註57〕窺基：《說無垢稱經疏》，大正藏38冊，1782經，頁1053a25-b7。
〔註58〕窺基：《說無垢稱經疏》，大正藏38冊，1782經，頁552b16-22。

維摩詰居士所說的、不為煩惱所染的「心」，僅就經驗層面上說明去除我見的「心」。我見做為煩惱的來源，一旦去除，就能顯現原本無染的「心」，因此見諸法實相，得到解脫。然而，智顗引用《勝鬘經》的「自性清淨心」，指不為煩惱所染、積極意義的清淨。是故，湛然所記的《維摩經略疏》，將智顗所說的「自性清淨心」，做為「解脫」的本體，如卷4〈弟子品〉：

> 法身即是自性清淨心，隱名如來藏，顯名法身，即是真性解脫。
> 〔註59〕

在智顗的《維摩經文疏》〔註60〕有一樣的記述，將「自性清淨心」做為《維摩詰經》「心淨則眾生淨」的「心」，隱而不顯時為「如來藏」，顯時為「法身」，是真性解脫。

類似的段落可見於吉藏《淨名玄論》，但不是以「自性清淨心」立論，而改以「佛性」說明，如下引文：

> 涅槃有本，即是佛性，故隱名如來藏，顯名為法身。是以佛性為佛
> 之本。〔註61〕

涅槃解脫的根本是「佛性」，隱為「如來藏」，顯為法身。顯然地，在吉藏視為「佛性」，在智顗視為「自性清淨心」。吉藏雖說「如來藏」，但只說了隱藏在眾生內的字面上含義，是早期的《如來藏經》的意思。智顗所說的「如來藏」，已然是《勝鬘經》所說、具有積極解脫意味的「自性清淨心」。因此，吉藏和智顗對於《維摩詰經》的「佛性」解釋不同：前者是立於中觀的立場，肯定破除我見所顯示的佛性；後者則是從自性清淨心具有的積極意味，認為眾生因具有此心，而有成佛的可能。

吉藏沒有使用「自性清淨心」，可能是中觀學派的「空觀」採取只破不立的理論，對於如來藏「不空」的系統仍保持謹慎的態度。智顗和窺基都將《維摩詰經》「心」的意義過於擴張，原本是經驗層面的素樸的心，被解釋為具有認知作用的「阿賴耶識」，又做為積極解脫的「自性清淨心」。將初期大乘《維摩詰經》的「心」解釋為「阿賴耶識」或「自性清淨心」，均是對《維摩詰經》經義的過度詮釋。窺基依唯識學解釋可能是本於窺基個人的學思背景，但依

〔註59〕〔唐〕湛然：《維摩經略疏》，大正藏第38冊，1778經，頁610b13-14。
〔註60〕〔唐〕智顗：《維摩經文疏》，卷11：「法身即是自性淨心，隱名如來藏，顯名為法身，即是真性解脫也。」（《卍新纂續藏》第18冊，338經，頁541b23-24。）
〔註61〕〔隋〕吉藏：《淨名玄論》，大正藏第38冊，1780經，頁865c14-16。

於「自性清淨心」的解釋，同時在地論師、天台宗、唐代唯識學都出現如來藏的傾向，或許是展現了中國佛教往真常心系發展的部份證明。

　　窺基在《經疏》中的如來藏思想可做為唐代唯識宗「五性各別說」的實際操作範例，並消解對立面。窺基的「一乘義」將一切眾生悉有佛性，與一切眾生皆當成佛兩說分梳開來，以此立合二說為一的佛性如來藏，是對一乘真實說和五性各別說的解套。〔註62〕由此，《法華經》所說「一切皆成」的「一乘說」便限定為對定性者而言，不定種性者則兼具三乘種性，「理性遍滿」是成佛的主因，但需從「行性」漸修方能達到，即是對《法華》「一切皆成一乘說」的根本化解。

　　窺基在《說無垢稱經疏》中以如來藏等同佛性，試圖從《說無垢稱經》的「心淨眾生淨」的核心理論，替唐代唯識學的佛性論提供經典上的理據。然而，以如來藏解釋《維摩詰經》並非窺基一人的見解。窺基特別之處是在於玄奘唯識系統下，以唯識宗會通如來藏，其餘諸家均是直接使用「佛性」等同「如來藏」。此處差異在於：其它諸家，如淨影慧遠，將如來藏視作為一種思想，可以擴充佛性論；窺基則認為如來藏與唯識有關，故而引入如來藏緩解「五性各別說」在《法華經》「一乘義」中的窘境。此兩種意義下，諸家疏解《維摩詰經》時，除了僧肇的疏解仍在中觀的範圍內，未曾出現如來藏相關的術語，地論師、天台宗、三論宗都以如來藏解釋《維摩詰經》的佛性，可看出如來藏「心性本淨說」在中國佛教被廣泛接受。另外，窺基在唯識宗的《說無垢稱經疏》中，以如來藏會通阿賴耶識、真如、種子等唯識思想，隱隱然可見如來藏思想對於唐代唯識學的影響。雖然玄奘刻意忽略如來藏思想，卻不能阻止如來藏在中國的風行，不待唐代唯識學勢力削弱，中國佛教便已轉向自性清淨的真常心系發展。

第四節　小　結

　　窺基在《經疏》中所展現的如來藏思想，可歸納為三種要點：
1. 使用「理性」解釋「一乘真實」；「行性」解釋「五性各別」。
2.「如來藏」等同「淨依他起性」。

〔註62〕張志強：〈初唐佛性諍辯研究——以窺基、慧沼與法寶之辯為中心〉，《中國哲學史》，第 4 期，2002 年，頁 22。

3. 認為「心」可同時被解釋為「自性清淨心」和「阿賴耶識」。

如此將如來藏與阿賴耶識相互解釋，並承認如來藏是建立一切法的根本和成佛之因的論述，可見中國佛教中，唯識學和如來藏的相互融合的傾向。《說無垢稱經》的「如來種性」被擴充為阿賴耶識的「本有無漏種子」，具有「有漏」和「無漏」兩義，並且等同「如來藏」。「如來藏 / 淨依他起性」被視為唐代唯識學的「理佛性」，表圓成實的真如；「本有無漏種子」則是「行佛性」，解釋了「定性二乘」不可成佛的理由，且呼應了《說無垢稱經》中因缺乏「生死種子」而無法發起大乘心的諸聲聞阿羅漢。

對於如來藏的認知轉變，可以說窺基超出玄奘的立場，轉向接受如來藏。在《經疏》中，較《說無垢稱經》的「心淨土淨」──純粹直觀意義上的心──轉變為本身即是清淨的心，亦等同於如來藏。玄奘一系所解釋的阿賴耶識，本身可為染法所依，故可呈現雜染，也能轉染成淨，顯示出清淨相。然而，阿賴耶識無覆無記的特性在《經疏》中被忽略，窺基將攝藏清淨種子的阿賴耶識等同不空如來藏，視為本性清淨，卻不能解釋為何無記的阿賴耶識本性清淨。如來藏自性清淨心的積極意味，不等同於唯識學真如無我性的自然體現。

同樣地，窺基融合如來藏與唯識學的「如來種性」疏解，對於《說無垢稱經》來說並不切中核心，反倒是解消唯識宗的「五性各別說」與「眾生皆可成佛說」之間的爭議。窺基的疏解對於歷代《維摩詰經》疏本，樹立了一支新的疏解方向。然而，與其說窺基的《經疏》溢出玄奘《說無垢稱經》的翻譯，不如說窺基以唐代唯識學的立場，提出另一種詮釋的可能，所詮釋的對象和詮釋的目的均未脫離《說無垢稱經》，但詮釋的方法與進路則與歷代注疏家有很大的差異，可推測窺基或許藉由疏解《說無垢稱經》來彰顯唐代唯識學宗門特色，構成與先前疏本完全不同的唯識學角度的《維摩詰經》疏本。

以下，將探討窺基《經疏》背後的詮釋學歷程。

第六章 《維摩詰經》與《說無垢稱經疏》的詮釋學對話

先前的章節已經討論了《維摩詰經》與玄奘的《說無垢稱經》之間的翻譯問題，再討論了玄奘譯本和窺基《說無垢稱經疏》之間的理解歧異，但真實目的是使存在於窺基《說無垢稱經疏》裡的真正意義充分地顯露出來。

本研究雖然使用了伽達默爾的哲學詮釋學，卻並非建立一個佛學的本體詮釋學。一則，詮釋學不是為了建立文本之外更高的存在，而是理解文本與認識主體的關係。二則，認識主體也並非佛教所反對的「主體（ātman）」，而是如阿賴耶識般，能認識週遭世界的心識。

伽達默爾（1990～2002）指出：「理解藉以開始的最先東西乃是某物能與我們進行攀談（anspricht），這是一切詮釋學條件裡最首要的條件。」〔註1〕「某物」乃是文本，在本研究中是窺基的《說無垢稱經疏》。呂格爾（1913～2005）認為伽達默爾詮釋學的雙向任務是向內在文本中尋找作品構造的動力，向外尋找作品對讀者投射的能力。〔註2〕由是之故，以詮釋學的角度可扣問《說無垢稱經疏》三個問題：窺基的前見如何建立為《說無垢稱經疏》？何為《說無垢稱經疏》的文本意義？《說無垢稱經疏》如何與現在的讀者對話？

〔註1〕〔德〕Hans-Georg Gadamer 著，洪漢鼎譯：《詮釋學 I 真理與方法——哲學詮釋學的基本特徵》，北京：商務印書館，2013 年，頁 423。

〔註2〕〔法〕呂格爾著，夏小燕譯：《從文本到行動》，華東出版社，2015 年 6 月。p.31

第一節　語言運作的過程——翻譯與有效性

一、語言與理解——伽達默爾的語言詮釋學

　　古希臘時代，亞里斯多德提出人類具有「邏各斯」（ *Logos* ），意指「語言」。早期的語言學重視「語言的工具性」和「語言的對象性」，認為前者是說話者表達自身內心經驗的有聲工具，而記載不曾言說的內心經驗的無聲工具，則是文字；後者指出語言無論是在文本閱讀還是言談的傾聽中，本身就是人們所要詮釋的對象。可知人類之間的交流必須借助語言媒介才得以實現。語言被視為表達內心想法的符號，或是人類指向對象性事物的憑依。在這般的定義下，口語與內心經驗、文字與內心經驗，兩者所表達的內心經驗，被認為和外在世界有一致性。

　　在施萊爾馬赫的「一般詮釋學」中，保證語言的工具性效用，藉由語言知識的比較，釐清文本語義的不明處，從語法學表現詮釋理解的客觀原則。〔註3〕其後，海德格認為語言對於言說者而言，具有本體論意義上的先在性特徵。他表示詮釋學思考的核心就是語言本身，而我們所說的語言，早在我們之前就已經存在了，我們只是隨順著語言的習慣和規則說出來。也就是說，是語言本身規定了言說者的語言行為。伽達默爾繼承了海德格的觀點，將語言視做不可拋棄的主體，將詮釋學「理解問題」的核心歸屬於語法和修辭學領域。他強調理解活動是因為說話的兩造使用語言對彼此的話語意義進行了解，從而對某事取得共同意見的一致性。伽達默爾重視語言在理解中所扮演的重要角色：語言即是人的存在，語言也是真理的展露，真理必須透過語言表達出來，繼而肯定所有的理解都必然發生在語言中。有鑒於語言的重要性——任何理論和解釋都要在語言中發生——哲學詮釋學（ *philiosophische Hermeneutic* ）可預設的一切僅僅是語言，語言被本體化，成為以語言本體論為核心的哲學。帕瑪（ *Richard E. Palmer，1933～* ）認為伽達默爾重視語言的特點使得：「語言取代理解的歷史性，成為伽達默爾哲學詮釋學的中心。」〔註4〕伽達默爾的詮釋學從語言展示存在的主體，轉向探討語言與真理的哲學問題，被視為「語言的詮釋學」。

〔註3〕潘德榮：《西方詮釋史》，臺北五南出版社，2015 年 1 月，頁 225。
〔註4〕彭啟福：《理解之思——詮釋學初論》，安徽：人民出版社，2005 年 10 月，頁 41。

伽達默爾的語言詮釋學可簡要歸納為：「能被理解的存在就是語言」〔註5〕
（ *Sein, das verstanden werden Rann, ist Sprache* ），以及「整個理解的過程乃是
一種語言的過程」，〔註6〕藉由語言的存在說明真正的歷史存在者，因此「理
解」其實是重複語意革新的話語，換句話說：「沒有與理解事物分離的語言，
也沒有與理解的語言分離的事物」。〔註7〕然而，語言只是事物的模擬，在模
擬中盡量表現出事物的原貌，但語言永遠不可能與事物完全一樣。語言做為
溝通過去和現在、作者和讀者之必要的詮釋學經驗的媒介，其本質是揭示由
歷史流傳物所構成的生活世界，表現的形式是「文本」。由於「文本」具有語
言性特徵，詮釋者得以突破「話語」的有限性和暫時的規定性，實現作者與
詮釋者之間跨越時空的視域融合。

伽達默爾的詮釋學理解活動是一種語言運作的過程，語言使我們獲得在
世界中共同存在的特性，若詮釋的本體即是語言，那麼詮釋活動歸根究柢是
語言的作用。整個讀者理解和解釋「文本」的過程，可以視為詮釋者借助語
言與作者展開對話的過程，亦可說對語言的理解之後，產生意義的過程。人
們之所以會對同一組作品有不同的理解和解釋，乃是因為人受到時間、空間
等「歷史性」的限制。唯有以文字寫下的文本能協助詮釋者跨越歷史流傳物
所具有、在時間和不同文化背景下造成的隔閡。

然而，中國學者彭啟福認為：「伽達默爾強調語言隱性在場的重要性：『語
言的本質不在於完全被表達出來，而在於隱而未言者，正如我們特別在無語
和沉默中所看到的那樣。』」〔註8〕對此，呂格爾從隱喻的意義指出人類的經
驗借助過去的間接指涉和虛構的指涉不停地被重塑。〔註9〕因此，《維摩詰經》
的「默然無諍」跳脫以世俗言說方式尋求勝義，轉向停止言說來表達離言詮
的諸法實相。

在本研究所討論的語言範疇中，玄奘所譯的《說無垢稱經》可劃歸於翻
譯之中。需注意的是，伽達默爾認為翻譯本身就是解釋，是翻譯者在理解的

〔註5〕〔德〕Hans-Georg Gadamer 著，洪漢鼎譯：《詮釋學 I 真理與方法——哲學詮
　　釋學的基本特徵》，頁 667。
〔註6〕〔德〕Hans-Georg Gadamer 著，洪漢鼎譯：《詮釋學 I 真理與方法——哲學詮
　　釋學的基本特徵》，頁 540。
〔註7〕嚴平：《走向解釋學的真理——伽達默爾哲學述評》，北京：東方出版社，1998
　　年 5 月。
〔註8〕彭啟福：《理解之思——詮釋學初論》，頁 82。
〔註9〕〔法〕呂格爾著，夏小燕譯：《從文本到行動》，p.33。

基礎上對語言的重新塑造，是翻譯者與「文本」〔註10〕的對話開啟了一連串解釋。這表示了翻譯已然不能等同原初的事物，如洪漢鼎所說：「任何翻譯都帶有翻譯者的詮釋學境遇和理解視域，追求所謂的單一的真正的客觀的意義乃是不可實現的幻想。」〔註11〕在否定有單一客觀意義的情況下，真理的產生即是不斷地解讀文本的意義，以及不斷地和文本對話。翻譯做為特殊的語言表達方式，被認為是廣義的文本對話，它盡可能保持原意地把一種語言轉換成另一種語言，通過另一種方式表達對「文本」的理解，乃是「創造了一個解釋學視野，『文本』的意義就在這個世界中體現出來」。〔註12〕

「文本」必須呈現一個公開的、純粹理念性的和可以重複的意義，且藉由肯定或否定現實世界產生新的理解。因此，文本與理解兩者互相依存。文本的意義在伽達默爾的詮釋學中，即是透過語言展現。伽達默爾說：「一個明確的文本要把握著一個原初的訊息，以讓它的意義能被清晰地瞭解。」〔註13〕此訊息藉由語言的方式被詮釋者理解。〔註14〕讀者、語言和文本，三者其實都處於一個傳統之中，如伽達默爾所說：

> 我們其實是經常地處於傳統之中，而且這種處於絕不是什麼對象化
> 的（vergegenständlichend）行為，以致傳統所告訴的東西被認為是
> 某種另外的異己的東西——它一直是我們自己的東西，一種範例和
> 借鑑，一種對自身的重新認識，在這種自我認識裡，我們以後的歷

〔註10〕陳榮華：〈論高達美詮釋學的文本與詮釋之統一性〉，《臺大文史哲學報》，第52期，2000年6月，頁5。陳榮華整理了「文本」的概念，提出三種「文本」：1. 反文本，須根據當時的語境才能了解；2. 虛文本，意義空洞的填充物；3. 偽文本，偽裝而不能把捉真正意義。潘德榮在〈理解方法論視野中的讀者與文本〉提出對文本的開放性認知：「文本不可視為語法學和語言學的意義上的作品，亦即它不是一件成品，而僅僅是中間產品，是理解事件中的一介階段，正是通過理解與詮釋，它才成為真正的被給定物；而文本的意義，是在文本與理解的觀聯中才得以形成，頁30」

〔註11〕〔德〕Hans-Georg Gadamer 著，洪漢鼎譯：《詮釋學 I 真理與方法——哲學詮釋學的基本特徵》，頁 xv。

〔註12〕嚴平：《走向解釋學的真理——伽達默爾哲學述評》，頁 127。

〔註13〕〔德〕Hans-Georg Gadamer 著，洪漢鼎譯：《詮釋學 I 真理與方法——哲學詮釋學的基本特徵》，頁 305。

〔註14〕〔德〕Hans-Georg Gadamer 著，洪漢鼎譯：《詮釋學 I 真理與方法——哲學詮釋學的基本特徵》，頁 7。陳榮華認為：「根據這個定義，文本不一定限制在文字的形式中。反而，只要能直接呈現意義、在每次的詮釋中給出新的意義者，皆可稱為文本。」展現了文本具有多方面呈現形式的可能性。

史判斷幾乎不被看作為認識，而被認為是對傳統的最單純的吸收或
融化。〔註15〕

傳統指的是歷史性。它使讀者能從理解文本回歸自身，對自身有更詳盡的認知〔註16〕。傳統在我們之前，在我們的理解之前，我們是先屬於傳統然後才屬於自己。真理就蘊涵在由"語言"展示的傳統之中。伽達默爾強調傳統對理解的作用，但文本不僅是要保存過去，更能無盡地創發新義，如下引文：

每一時代都必須按照它自己的方式來理解歷史傳承下來的文本，因
為這文本是屬於整個傳統的一部份，而每一時代則是對這整個傳統
有一種實際的興趣，並試圖在這傳統中理解自身。〔註17〕

文本的理解被當作詮釋者的自我理解與其真實的當下時代性的真實存在。因此，《說無垢稱經》可視為是《維摩詰經》翻譯史上玄奘對先前譯本所提出的疑問，試圖從再次翻譯中尋求對文義的解答，然而，在自身的視域中理解文本的意義，使得翻譯的過程成為一個創造過程，已對於《維摩詰經》融入了新的意義——《說無垢稱經》是玄奘與《維摩詰經》的對話。將一切對「文本」的理解都看作是文本與理解者的對話時，文本就不再是一個被給定的對象，而是理解事件過程中的一個階段。

伽達默爾的語言詮釋學中，語言是詮釋者得以理解文本的中介，文本是詮釋者理解文本的意義的基礎。然而，「語言」作為歷史流傳物所具有的傳統，和詮釋活動的中介，一方面推動當代人對歷史流傳物的理解，一方面又從時間的距離限制理解的範圍。陳榮華在〈從語言的中介性論高達美的意義理論〉一文中指出：「詮釋的有效性建立在語言的自我隱沒上。詮釋者的語言正直無愧地呈現事物的意義。」〔註18〕可見詮釋活動中，理解的過程乃是在語言中介的作用下，藉此和文本進行對話，將所說的內容進行同化，使得詮釋者的語言呈顯文本的意義，才能實現讀者與文本、作者間的視域融合。彭啟福所

〔註15〕〔德〕Hans-Georg Gadamer 著，洪漢鼎譯：《詮釋學 I 真理與方法——哲學詮釋學的基本特徵》，頁 399。

〔註16〕洪漢鼎：「哲學詮釋學乃是探究人類一切理解活動得以可能的基本條件，試圖通過研究和分析一切理解現象的基本條件找出人的世界經驗，在人類有限的歷史性的存在方式中發現人類與世界的根本關係。」

〔註17〕〔德〕Hans-Georg Gadamer 著，洪漢鼎譯：《詮釋學 I 真理與方法——哲學詮釋學的基本特徵》，頁 419。

〔註18〕陳榮華：〈從語言的中介性論高達美的意義理論——兼論本質主義與反本質主義〉，《臺大文史哲學報》，第 66 期，2007 年 5 月，頁 167。

說「文本理解的歷史性」:「由於歷史的疏遠化作用,文本的理解者處於和文本的作者不同的歷史情境之中,有著自己獨特的歷史性,而這種獨特的歷史性必然要滲透到理解過程中,影響讀者對文本的理解。」〔註 19〕因讀者要和文本形成某種關係,需要涉入語言的範圍,歷史性就不能被忽略。

　　《說無垢稱經》做為玄奘與《維摩詰經》對話的產物,是在他自身的傳統下進行的,也展現了獨特的唯識學背景的歷史性。伽達默爾主張翻譯即理解,彰顯了語言是詮釋者進行詮釋活動的核心,藉由語言和文本建立聯結,因而與文本產生對話,具有達成理解的一致性的可能。

二、翻譯與文本──《維摩詰經》三家漢譯本

　　在《維摩詰經》的漢譯佛典中所具有的共同立場,就是翻譯者相信越是貼近梵文本,就越是貼近《維摩詰經》的原意。從窺基批評羅什「未能準依梵本」可看出:自身譯本的價值來自以「梵本」作為翻譯底本。玄奘認為字義和文法規則即充分表達經文的原意,並能從他所具有的語言能力中完全展現《維摩詰經》的原意。然而,伽達默爾認為「翻譯」本身就是一種「詮釋」,詮釋不可能等同於文本,也就是說明《維摩詰經》的漢譯本不可能恢復經典初成立的樣子,所有的翻譯都是一種再創造。如下引文:

> 在對某一文本進行翻譯的時候,不管翻譯者如何力圖進入原作者的思想感情或是設身處地把自己想像為原作者,翻譯都不可能純粹是作者原始心理過程的重新喚起,而是對文本的再創造(Nachbildung),而這種再創造乃受到對文本內容的理解所指導。〔註 20〕

翻譯始終是解釋的過程,解釋的過程則是一種語言的運作,是翻譯者對文本先給予他的語詞所進行的解釋。因此,漢譯佛典的翻譯者希望全然展現《維摩詰經》原意的期望,在伽達默爾的詮釋學中是被否定的。

　　伽達默爾在《真理與方法》中說:「在古代語言中我們知道,如果我們想理解某個語句在其語言意思方面的整個意義,那麼我們就必須首先對這個語句進行『語法分析』。但是這種語法分析過程本身卻已經是被某種意義預期所

〔註 19〕潘德榮:《西方詮釋史》,頁 37。
〔註 20〕〔德〕Hans-Georg Gadamer 著,洪漢鼎譯:《詮釋學 I 真理與方法──哲學詮釋學的基本特徵》,頁 542。

支配，而這種意義預期來自於以往一直如是的關係。當然，這種預期還必須受到修正，假如文本需要這種修正的話。這就意味著，這種預期有了改變，而文本從另一種意義預期中獲得了某種意見的統一性。所以，理解的運動經常就是從整體到部分，再從部分返回整體。」〔註21〕《維摩詰經》的七次漢譯中，均經歷了「被意義預期支配的語法分析」的過程，如三家漢譯本在語句上的差異，不僅僅是來自版本的不同，也是翻譯者自身的理解過程，展現出：「只有當翻譯者能把文本向他揭示的事情用語言表達出來，他才能唯妙唯肖地模仿，但這就是說：他必須找到一種語言，但這種語言並不僅僅是翻譯者自己的語言，而且也是適合於原文的語言。」〔註22〕翻譯者與《維摩詰經》的對話，唯有通過翻釋者的詮釋過程，《維摩詰經》的語言才有意義。因此，翻譯者的理解不完全是重構《維摩詰經》的原意，而是理解《維摩詰經》本身，並屬入了翻譯者自身的思想。

　　從現代詮釋者的觀點重新思考：《維摩詰經》的梵文底本已然不可考，追尋「支謙、羅什和玄奘翻譯時秉持何種梵文底本」？這樣的探究顯然沒有實際的意義。因此，反思《維摩詰經》的漢譯史，不應主張有「最正確的翻譯」，而是從翻譯中探討其中的理解過程與思想意義。

　　《維摩詰經》的三家漢譯本的意義，乃是保存了翻譯者當時的佛學知識背景，以及翻譯者對於《維摩詰經》的理解立場。伽達默爾認為：「如果我們在翻譯時想從原文突出一種對我們很重要的性質，那麼我們只有讓這同一原文中的其他性質不顯現出來或者完全壓制下去才能實現。」〔註23〕翻譯若想從原文中突顯一種很重要的特質，只能讓原文的其他性質不顯現出來或是完全壓制下去。由此觀之，在三家漢譯本中，都可見到「不可思議」、「方便解脫」、「默然無諍」被翻譯出來，可視為《維摩詰經》被共同認可的要旨。在第二章曾討論過玄奘三組唯識字詞「vij ñapati / vijñāna」、「bīja / gotra」、「ālaya」是否意圖將唯識思想容入《說無垢稱經》中？從經文與梵文寫本的比對後，推論玄奘並未在翻譯《說無垢稱經》時引渡唯識思想，僅僅是某些

〔註21〕〔德〕Hans-Georg Gadamer 著，洪漢鼎譯：《詮釋學Ⅰ 真理與方法──哲學詮釋學的基本特徵》，頁 412。

〔註22〕〔德〕Hans-Georg Gadamer 著，洪漢鼎譯：《詮釋學Ⅰ 真理與方法──哲學詮釋學的基本特徵》，頁 544。

〔註23〕〔德〕Hans-Georg Gadamer 著，洪漢鼎譯：《詮釋學Ⅰ 真理與方法──哲學詮釋學的基本特徵》，頁 543。

字詞上、基於個人的學思背景，採用了唯識學的術語，並未影響整體《維摩詰經》的思想。然而，玄奘對使用唯識字詞，即是對於《說無垢稱經》的「再創造」。

　　三家漢譯本作為以文本形式存在的「流傳物」，〔註24〕伽達默爾認為：「文字傳承物中具有一種獨特的過去和現代並存的形式，因為現代的意識對於一切文字傳承物都有一種自由對待的可能性。進行理解的意識不再依賴那種所謂使過去的消息同現代進行中介的重述，而是在直接轉向文字傳承物中獲得一種移動和擴展自己視域的真正可能性，並以此在一種根本深層的向度上使自己的世界得以充實。」〔註25〕也就是說，翻譯者幫助讀者擴展自身對傳統及文本的「視域」（horizons, Horizon），藉由「文字傳承物」超越時間的限制，進而「視域融合」（Fusion of horizons, Horizontverschmelzung），意即否定客觀主義及經驗的普遍性，藉此說明人無法全然擺脫自身的成長背景，但能藉由對話與他人達成共識，或互相理解。除此之外，伽達默爾也強調：「傳承物的承載者絕不是那種作為以往時代證據的手書，而是記憶的持續。正是通過記憶的持續，傳承物才成為我們世界的一部份，並使它所傳介的內容直接地表達出來。」〔註26〕說明文字流傳物不應被視為顛撲不破的真理，反而是其中的「記憶」——例如玄奘對《維摩詰經》的觀點——才是形成傳統的一部份，且展現出玄奘對《維摩詰經》的理解，即是《說無垢稱經》。

　　伽達默爾對於「記憶的持續」破除了當代的詮釋者對於「梵文原典」的深信，表現出另一種語言的觀點：「所說內容的意義應當純粹根據依文字符號而傳承的字詞（Worlaut）重新表達出來。與所說出的話語相反，對文字的解釋沒有任何其它的輔助手段。」〔註27〕否定語言是真正詞意上的傳承物，它能被訴說，並攜帶大量文化形式的符號，所以唯有未經翻譯的「梵文」才能穿越歷史的洪流保存最原始的義涵。由是之故，假設窺基閱讀玄奘的《說無

〔註24〕〔德〕Hans-Georg Gadamer 著，洪漢鼎譯：《詮釋學 I 真理與方法——哲學詮釋學的基本特徵》，引文如下：「傳承物的本質就在於通過語言的媒介而存在，因此最好的解釋對象就是具有語言性質的束西。」頁 547。

〔註25〕〔德〕Hans-Georg Gadamer 著，洪漢鼎譯：《詮釋學 I 真理與方法——哲學詮釋學的基本特徵》，頁 548。

〔註26〕〔德〕Hans-Georg Gadamer 著，洪漢鼎譯：《詮釋學 I 真理與方法——哲學詮釋學的基本特徵》，頁 549。

〔註27〕〔德〕Hans-Georg Gadamer 著，洪漢鼎譯：《詮釋學 I 真理與方法——哲學詮釋學的基本特徵》，頁 553。

垢稱經》時，受到唯識字詞的影響，進而從語言的中介認知《說無垢稱經》的文本意義具有唯識思想，即是一種過度推論。玄奘的《說無垢稱經》僅是作為窺基《說無垢稱經疏》據以詮釋的底本，真正引導出唯識觀點的詮釋的，仍是窺基自身的理解，以及唯識思想的傳統。

綜上所述，現代已然佚失了《維摩詰經》的原始版本，故而在文本的意義上，無法透過文字理解，詮釋者所擁有的只有十二世紀的梵文寫本和三家漢譯本。當現代讀者重新審視《說無垢稱經》時，其實是一方面從玄奘的角度理解《維摩詰經》，另一方面是以自身的觀點理解《說無垢稱經》，因為傳統與歷史的運作，使《維摩詰經》和《說無垢稱經》未曾斷裂，仍在同一個傳統下形成關聯，使後世讀者可以從翻譯史的角度理解。三家漢譯本所形成的《維摩詰經》翻譯史，已然成為一種可被審視的「流傳物」。伽達默爾認為：「通過文字固定下來的東西已經同它的起源和原作者的關聯相脫離，並向心的關係積極地開放。像作者的意見或原來讀者的理解這樣的規範概念實際上只代表一種空位（*eine leere Stelle*），而這空位需不斷地由具體理解場合所填補。」〔註28〕於是，窺基藉由玄奘的《說無垢稱經》與《維摩詰經》展開對話，建立起以《說無垢稱經》為文本的理解過程。

三、默然無諍——《說無垢稱經疏》的語言觀

上一節提到玄奘的翻譯的語言性，窺基在《經疏》中則是梳理出一種佛典語言的理解系統。第三章「經體」曾提到窺基以「聲、句、言、章、論」為分類依據，在此詳細分梳《經疏》的「語言觀」。

首先是最重要的「聲」，見《經疏》〈序品〉：

> 聲為體性，梵云鉢陀，此翻為跡，當護法名，但顯法體，不顯義故。
> 〔註29〕

窺基認為「聲」能顯法體，維護法名，但不顯意義。可以解釋為話語說出的剎那便已消失，雖然在述說真理，其中的意義卻不能保存。「句言章論」能藉由書寫彰顯法體中的法義。最初的音聲以「句」記下，聚集能顯法跡。「句」的定義有兩種，如《經疏》〈序品〉：

〔註28〕〔德〕Hans-Georg Gadamer 著，洪漢鼎譯：《詮釋學 I 真理與方法——哲學詮釋學的基本特徵》，頁 556。

〔註29〕〔唐〕窺基：《說無垢稱經疏》，大正藏 38 冊，1776 經，頁 1000b28-29。

一集法滿足句，如說不生亦不滅，不來亦不去，不一亦不異，不常亦不斷。此一一句，義雖未圓，亦得名句，義圓滿故。最初音聲能集顯法，名之為跡，教為理之跡，如尋跡以得眾，故得教而觀義，不立字名，初立此跡。

二顯義周圓句，如說諸行無常，有生滅法，生滅滅已，彼寂為樂，此一一句義皆足故。〔註30〕

「集法滿足句」須蒐集數句才能圓滿其義；「顯義周圓句」則一句便具足句義。

「言」則只有「顯義周圓」的作用；「章」藉分段明此段的意義；「論」是「句言章」完備之後，定為論名。「句、言、章、論」都以「聲」為體性，依次顯體、顯義、廣明、周備。若此四項依勝義諦，則是「法無名字，言語斷故；法無有說，離覺觀故；法無形相，如虛空故」的一切皆空。文字在勝義諦上都不應被執取為實有，僅是在世俗諦的層面上，向凡夫說法的工具。此分類，可說是窺基對於「語言文字」的實相的見解。

然而，窺基對於「聲句言章論」劃分出「聲是實，名句文是假」，將「聲」視為唯一能傳達佛法的介質，「句言章論」都只是「聲」的紀錄。於是：

此經〈香臺品〉，上方九百萬菩薩問維摩詰：「釋迦如來，以何說法？」

維摩詰言：「此土眾生，剛強難化。故佛為說剛強之語，語即音聲，以為體故。」

《法花》亦言：「我等今者真是聲聞，以佛道聲，令一切聞，故教即聲。」

故此經〈菩薩行品〉云：「或有佛土，以音聲語言文字，而作佛事。」〔註31〕

《經疏》舉出佛說法化眾生的超然性。「聲」可因為體性剛強而產生剛強的作用度化娑婆世界的聽眾，而聽眾也因親自聽聞佛說法之「聲」而得正確的佛教法。「聲」做為正確傳播佛法的介質，與「語言文字」一同認定為佛事。

前揭以「句、言、章、論」四項說明語言文字對於《說無垢稱經》的作用，乃是以世俗諦的角度向眾生說法，若是勝義諦，則此四項體性空。「默然」在《說無垢稱經》中極具特色，表現了說無垢稱居士在眾多不二法門中，

〔註30〕〔唐〕窺基：《說無垢稱經疏》，大正藏 38 冊，1776 經，1000c1-7。
〔註31〕〔唐〕窺基：《說無垢稱經疏》，大正藏 38 冊，1776 經，頁 1001c5-15。

不著一切法的解脫相。此一破斥語言文字的執著，被窺基視作貫徹本經的解脫法門，見《經疏》〈序品〉：

> 此經〈聲聞品〉云：「無垢稱語善現言，文字性離，無有文字，是則解脫。解脫相者，即諸法也。」又云：「性非見聞覺知，若行見聞覺知，是則見聞覺知，非求法也。」又〈不思議品〉云：「法無戲論，若言知苦、斷集、證滅、修道，是則戲論，非求法也。」〈觀眾生品〉云：「從無住立一切法。」如是等文，誠證非一。〔註32〕

雖《說無垢稱經》藉由「語言」展現種種方便法門，但「文字性離」，無有文字，才能顯現解脫相。且「法性」若是透過「見聞覺知」把捉，則是不是求法。因此，說「四聖諦」也是一種戲論，必須從觀法的生滅——「無住」——才能見一切法的真如體性。窺基所謂「離文字」，在「真如法門」和「教體」都被視為「真如」，如《經疏》〈聲聞品〉：

> 《贊》曰：「文字亦離也。空理義云：『不但所說法空無性，離文字名字語言亦離。』應理義云：『不但所詮無有諸法，相性離言，言亦離言，或此非唯言理離性。依之文字，亦離性相。於一能詮音聲之上，極略相名字，中相名名，廣相名句，皆假施設，體都非真。法既非法、非非法，言亦非言、非非言；言既非言、非非言，文亦非文、非不文。遮定文字，故唯言非。一切法中，離言之事，即依他起，離言之理，即是解脫涅槃真如。空理義云：『一切法及文字空，即是涅槃解脫體也。』」〔註33〕

空理義說因「法空無性」，必須離文字、名字、語言。應理義則是說「句、言、章、論」都是假施設，非真如體性。在一切法中，語言文字是依他起；離語言文字，即是見到涅槃真如。相對於空理義強調破除文字後的「空性」，窺基以「真如」做為最後的實相。他認為：「一切法及文字空」，空理義和應理義最後都歸於「涅槃解脫」，是歸向於唯識宗的「圓成實性」。

因此，以「一切法及文字空」說明說無垢稱居士的「默然」，即如《經疏》〈不二法門品〉所言：

> 文殊師利以言心為二；無垢稱以有說為二，至下當知。空理義云：『空性無差，俗妄有異。今說真同性不同俗妄異，故言不二法。……

〔註32〕〔唐〕窺基：《說無垢稱經疏》，大正藏38冊，1776經，頁1001b12-18。
〔註33〕〔唐〕窺基：《說無垢稱經疏》，大正藏38冊，1776經，頁1048a13-23。

> 應理義云:『俗事及所執妄謂皆有異,真理非妄,成非妄異。今顯無
> 相真如理唯是一,恐聞一定一,不說於一,但遮妄異,故言不二。』」
> 〔註34〕

無垢稱以「默然無諍」破除有說不二法。空理義破妄二法,使「真空」生「空
智」,其性「非二非不二」,見諸法性空,故而稱為「不二法門」。應理義所說
「俗事及所執妄」,便是凡夫對於外境、「語言文字」、「言、句、章、論」的執
著。《經疏》認為《說無垢稱經》欲顯「無相真如」,又恐怕眾生執取「語言」
為一,因此說不二法,可通生死無漏智。

　　從「經體」和「默然」指出窺基的「文字空觀」,乃是認為「語言文字」
是世俗諦所執妄,以破除顯真實,雖是無相,但仍有真如體性。在《說無垢稱
經》中「默然無諍」作為最高的「不二法門」,是假名的「離言說」的般若中
觀立場。然而,窺基雖然標舉「語言文字」的虛假,卻認為「聲」是唯一能正
確傳遞佛法的存有,合乎《攝大乘論》所說的「正聞熏習」。

　　伽達默爾的語言詮釋學中,語言是詮釋者得以理解文本的中介,可分為
「書面化的語言」和「口語」。「書面化的語言」藉由「文字」記錄為「文本」,
即是脫離口說後能被詮釋者理解的基礎,於是「書面化的語言」則可從文法
脈絡中當做文本意義和讀者的橋梁。於是伽達默爾認為語言沒有獨立性,對
話的發生是透過「書面化語言」和文本進行同化。然而伽達默爾的「文本」
是以「書面化的語言」為主,窺基對「聲」的注重,則是肯定「聲」較「文
字語言」保留更多佛法的真義,並且「聲」是獨立性,隨說法者的企圖具有
特質。《經疏》內的語言觀揭露兩層前見:窺基認為「聲」能正確地傳播法
義,能為眾生所理解,故而「言句章論」可以去除,但「聲」不可去。這是
站在佛陀時代以「口傳」為主的歷史背景下,若沒有「聲」做為第一因,則
沒有之後的「句言章論」。因此,窺基藉由《說無垢稱經》的「所說」意味,
肯定「聲」的獨到地位。然而,佛說法真能令眾生得正法嗎?「佛以一音說
法,眾生隨類各得解」,若「聲」有其體性,則無始以來的眾生都應聽「聲」
解脫,又如何會有無法解脫的類別?如此,「聲」是否依然可以被視為超越
的存在,或者如「句言章論」一般,當說出的瞬間就已然發生詮釋,讀者不
斷地追尋,也只能豐富詮釋的多元性,無法取得確切的文本原意。

〔註34〕〔唐〕窺基:《說無垢稱經疏》,大正藏 38 冊,1776 經,頁 1091a23-b3。

　　另外，窺基認為「句言章論」應解消，卻寫作《經疏》以闡發《說無垢稱經》，可推測窺基的前見在於對經文理解的自信，此信心同樣來自「聲」的重要。因「聲」能正確傳達佛法，記載的「句言章論」做為「聲」的軌跡，自然保留了要義，雖解消了文字，卻不妨礙真理的傳達。

第二節　合乎文本意義的理解

一、合理的前見——窺基以唯識義理為勝解

　　理解做為一切詮釋活動的基礎，是人類存在於世界中的方式，伽達默爾在詮釋活動中，先設立的一個前理解結構，分別是前有、前見、前把握：

1. 前有（*Vorhabe*）是詮釋者之所以能夠進行詮釋活動的先備條件。有自我意識或反思意識前，就已經置身於他的世界中，包括文化背景、傳統觀念、風俗習慣等等。

2. 前見（*Vorsicht*）則是指前有中根據不同文本所採取的不同的特殊解釋方向，等同於詮釋者理解文本的先行立場或觀點。前見同時可以「具有肯定和否定的價值」〔註35〕因此不能將前見與偏見相提並論。根植於我們先看見的東西，選擇一個特定的視角，會把前有中理解的東西加在其上。前見做為理解真理的條件，並非都是錯誤的。事實上，前見存在於我們生活的傳統之中，並且有關於傳統對我們所產生的經驗和能力的判斷。

3. 前把握（*Vorgriff*）是在前理解結構裡，具足對文本達到理解的概念。我們在理解前已經具有的觀念、前提和假定等等。此外，前把握還分為「完全性前把握」和「完滿性前把握」。「完全性前把握」（*Vorgriff auf Vollkommenheit*）預先假定了一種內在意義的統一性來指導讀者，而且讀者的理解經常由先驗的意義預期——文本的真理——所引導，在內容上總是特定的。「完滿性前把握」（*Vorurteil*）又譯為前判斷，是歷史沉澱下來的理性，以觀念的形態延伸到現代，成為我們出發的基礎，構成理解的環節。它包含了文本應當完全表現其意義，而且也指文本所說的意義就是完滿的真理。

〔註35〕〔德〕Hans-Georg Gadamer 著，洪漢鼎譯：《詮釋學 I 真理與方法——哲學詮釋學的基本特徵》，頁 384。

伽達默爾詮釋學的首要條件是「前理解結構」（前有、前見、前把握），此結構規定詮釋者將「完滿性前把握」具體化為一切現成的知識系統。唯有承認「完滿性前把握」在整體上的存在，並充分發揮其作用，才能辨別前見的真假。人在反省自身的前見時，使得文本可以在理解過程中表現自身，並可能在反思過去的前見解時獲得實際的真理。因此，「完滿性前把握」藉由歷史沉澱的理性知識，使文本的意義與詮釋者的理解成為一致，並能夠在詮釋者所處的傳統中擴展和精確化他自身理解。也就是說，詮釋者的理解背景來自「前理解結構」，理解活動的可能來自「完滿性前把握」，理解活動的進行首先是詮釋者對某種事情的理解，其後才能分辨並理解他人的見解。

　　然而，詮釋者的「前理解結構」不是詮釋者自身能夠自由支配的。詮釋者無法將導致錯誤的前見和那些正確的前見區分開來。伽達默爾說：「前見和前提能夠賦予當代創造物以一種與其真正內容和真正意義不相適應的過分反響。只有當它們與現時代的一切關係都消失後，當代創造物自己的真正本性才會顯現出來，從而我們有可能對他們所說的東西進行那種可以要求普遍有效性的理解。」〔註36〕詮釋者通過前理解結構，得以用語言中介聯結歷史傳承物中的意義，並因為共同的傳統，與歷史傳承物產生某種關聯。真的「完滿性前把握」使詮釋者的理解與文本相一致。然而，歷史傳承物的真正意義必須在拋棄所有的關聯之後，才能顯示。詮釋者才能對「真正本性」進行有效性的理解。協助詮釋者區分真假前見的，是「時間間距」。

　　時間間距（*Zeitenabstand*），當時間橫亙於詮釋者和流傳物之間，產生了一種時間性的距離，這種距離可能由於歷時久遠而成為詮釋者理解流傳物的障礙。然而，時間間距也可以是一種積極的創造性理解，因此間距被習俗與傳統填滿，由於傳統的連續性，一切流傳物才得以呈現在詮釋者的面前。經由時間間距不斷運動和擴展，能從不適當的假前見中區分出真正的前見。真前見將有助於詮釋者理解流傳物，並且成為傳統的一部份。當時間間距使詮釋者產生新理解時，正是詮釋者的視域與流傳物的視域產生接觸，進而發生視域融合，詮釋將脫出侷限，而可能達到真理。

　　對於「視域融合」，陳榮華指出：「視域融合沒有邏輯的法則，它是由詮釋者根據事理而作的自我修正所引生。當詮釋者修正其前見，以致能與事理

〔註36〕〔德〕Hans-Georg Gadamer 著，洪漢鼎譯：《詮釋學 I　真理與方法——哲學詮釋學的基本特徵》，頁 421。

融合時，不僅詮釋者的前見被修正了，而事理也因為與前見融合而有所改變，但這個改變不是指詮釋者的前見強加於事理之上，而是事理本身的意義呈現在詮釋者的前見中。這個改變依然讓事理保持為相同的事理。」〔註37〕可知伽達默爾的詮釋活動立基於「前見」，這是詮釋者基於「前有」所產生的立場，使得詮釋者找到對流傳物展開詮釋活動的起點。其次，詮釋者在「時間間距」的「連續性」中不斷反省自身的前見，以及反思傳統所給予的固有前見。處於兩種不同意識的間距中，通過兩種視域的融合，也即在間距和開放中的不同觀點的重合。其後，詮釋者拉近時間間距，開展出流傳物的對自身的意義。

　　伽達默爾的哲學詮釋學中，「流傳物」，也可縮小範圍至「文本」，其與詮釋具有三種特性：「連貫性」，即是詮釋與文本互相充實地說明事理，將詮釋與文本關聯起來，成為文本意義的一部份；「包容性」，若詮釋的包容性越大，則與文本的連貫性越強，擴大詮釋與文本的統一性。「深度性」，新的詮釋具有更高的程度，能說明舊詮釋，開展文本的意義層次。三種特性將文本與詮釋統一起來，但詮釋的可能性依然是開放的。

二、溢出的詮釋——窺基以唯識義理解釋《說無垢稱經》

　　《維摩詰經》在中國深受重視，尤其是在南北朝到隋唐期間，產出大量的注疏。在伽達默爾認為：「當某個文本對解釋者產生興趣時，該文本的真實意義並不依賴於作者及其最初的讀者所表現的偶然性。至少這種意義不是完全從這裡得到的。因為這種意義總是同時由解釋者的歷史處境所規定的，因而也是由整個客觀的歷史進程所規定的。」〔註38〕《維摩詰經》的諸家疏解本立足於各宗派不同的思想特質，並非是《維摩詰經》自身的意義，而是與當時詮釋者的歷史背景相互作用。例如，僧肇的《注維摩詰經》依羅什的關河舊疏表達中觀空性的立場；淨影慧遠的《維摩義記》將地論宗與如來藏思想合流；天台智顗和荊溪湛然的諸《維摩詰經》疏呈現「五重玄義」、「一心三觀」等宗義；三論宗的吉藏結合關河舊義，在《淨名玄論》提出「二諦中道」觀。《維摩詰經》諸家疏本展現了南北朝至隋唐其間的中國佛教發展

〔註37〕潘德榮：《西方詮釋史》，頁 13。
〔註38〕〔德〕Hans-Georg Gadamer 著，洪漢鼎譯：《詮釋學 I 真理與方法——哲學詮釋學的基本特徵》，頁 419。

過程，從說大乘中觀思想開始，逐漸融入如來藏系、淨土、三論、天台宗等不同的思想，展現文本的詮釋活動在歷史傳統下的各種面貌。

（一）窺基的前理解結構

唐代窺基的《說無垢稱經疏》可視為玄奘譯《說無垢稱經》的唯一疏解。然而「理解首先意味著對某件事情的理解，其次才意味著分辨並理解他人的理解。」〔註39〕。因此，窺基的《經疏》是對於《維摩詰經》的理解，之後才是對《說無垢稱經》的理解。在窺基的理解過程中，「理解甚至根本不能被認為是一種主體性的行為，而要被認為是一種置自身於傳統過程中的行定（Einrücken），在這過程中過去和現在經常地得以中介。」〔註40〕他處於中國佛教發展至唐代，印度唯識學傳入，因此，窺基的《經疏》不僅是以唯識學為詮釋策略，也納入了許多其他宗派的思想，展現多元的視角。

在窺基的《經疏》中可分兩層討論：一、窺基對過去的《維摩詰經》眾家疏解的詮釋；二、窺基對玄奘《說無垢稱經》的詮釋。窺基的《經疏》所提出、異於過去疏解和玄奘的部份在於他的疏解架構容攝了中觀學和唯識學，將《說無垢稱經》判為從說法空過渡到並說空有的「第二第三時」，雖以第七宗勝義皆空為主，卻也依唯識學的第八宗應理圓實宗。《經疏》從唯識的實踐理論提出菩薩道修行的境行果和菩薩地，與《說無垢稱經》的十四品內容相搭配。對於《說無垢稱經》的核心命題：「不二法門」和「方便解脫」，則是認為前者得到真實大乘菩薩道的普遍性和真理性，後者則以以空、識、非空解「方便解脫」的行相。窺基在《經疏》中表露的淨土觀亦是「轉識成智」、「轉染成淨」的唯識學說法。可見窺基對《說無垢稱經》的判定是具有空觀和唯識、兩種思想並存的經典。

另外，將玄奘的譯文與窺基的《經疏》用字相比。窺基在在 vijñāna「識」和 vijñapti「了別」的判別上，和玄奘相同，並無納入唯識學的認識活動。但，在後二組唯識字「bīja / gotra」和「ālaya」的對照下，卻發現窺基以「三性說」解《說無垢稱經》的「空觀」，將「空」說為圓成實性。認為「阿賴耶」是唯識學的「阿賴耶識」，不完全依梵文本意「所藏」之意解釋。又，在「佛性論」

〔註39〕〔德〕Hans-Georg Gadamer 著，洪漢鼎譯：《詮釋學 I 真理與方法——哲學詮釋學的基本特徵》，頁 417。
〔註40〕〔德〕Hans-Georg Gadamer 著，洪漢鼎譯：《詮釋學 I 真理與方法——哲學詮釋學的基本特徵》，頁 411。

中提出「五種性」和「種子說」分。其中，「行佛性」、「理佛性」、「無漏種子」和「有漏種子」俱融入如來藏思想。

　　對於《經疏》引用唯識學思想，不全然等同《說無垢稱經》的現象，美國學者 David W. Chappell（1940～2004）在〈中國佛教的解釋學階段〉一文中，流行於五、六世紀的思想家的判教體系，以及後來的天台宗及華嚴宗的注疏中，都試圖努力在一種包容性的解釋中整合所有經典。Chappell 整理出判教體系的基本爭議涉及〔註41〕：

　　　1. 一種對佛陀所有教法與經典的潛在共見之需求
　　　2. 緣於聽眾能力的差異，被不同的表達
　　　3. 緣於佛陀傳法生涯中的不同階段
　　　4. 緣於不同的教授法門
　　　5. 緣於不同的事件或環境

窺基的《經疏》基本符合上述的可能爭議，他希望將《說無垢稱經》歸結於唯識宗，雖然此經有不同的法門，最後仍是符合唯識宗的教理。並且，窺基忽視佛教經典成立史，認為《說無垢稱經》必然有一個固定不變的梵文底本，因而玄奘的翻譯具有較支謙本和羅什本更佳的可信度。依伽達默爾的詮釋學，在語言方面，窺基的前見在於「准依梵本」，他認為羅什本的翻譯不好，是因為不懂梵文，筆受又擅自刪改。此一說忽略了梵文底本在兩百年間可能發生的變異，一味認定羅什本的問題來自語言的障礙。然而，玄奘譯本的語言並非是窺基納入部份的唯識學思想的原因。從窺基《經疏》中可知，空理義顯示窺基對「空性」的掌握，並且在判教上同意《說無垢稱經》是一部中觀經典，但依然使用唯識學詮釋，表現出宗派意識對疏家的影響。因此，在思想方面上，窺基的前理解結構以唯識義理闡發《說無垢稱經》為理解和對話的起點，進而發展出整部《經疏》的疏解架構。

（二）窺基的前見

　　窺基的「前見」乃是在判教架構中呈現唯識義理較中觀學更為殊勝。本研究所反思窺基的「前見」，在伽達默爾的理論中有其存在的必要，因為：「在理性的絕對自我構造的觀念下表現為有限制的前見的東西，其實屬於歷史實

〔註41〕David W. Chappell：〈中國佛教的解釋學階段〉，《佛教解釋學》，上海：古籍出版社，2009 年 12 月，頁 177。

在本身。如果我們想正確地對待人類的有限的歷史的存在方式，那麼我們就必須為前見概念根本恢復名譽，並承認有合理的前見存在。」〔註42〕窺基的「唯識學詮釋」雖是轉變了《說無垢稱經》原本的中觀立場，但其觀點的提出，乃是為了鞏固唯識學的地位，且以護法的「應理義」勝於清辨的「空理義」，顯見窺基的「前見」深受到自身學思背景的影響，因而採取唯識立場疏解《說無垢稱經》。在「前見」的作用下，伽達默爾指出：「正是由於這些不可控制的前見，由於這些對我們能夠認識這些創造物有著太多影響的前提條件，我們才走近了這些創造物，這些前見和前提能夠賦予當代創造物以一種與其真正內容和真正意義不相適應的過份反響（Überresonanz）。只有當它們與現時代的一切關係都消失後，當代創造物自己的真正本性才顯現出來，從而我們有可能對它們所說的東西進行那種可以要求普遍有效性的理解。」〔註43〕時間間距使存在於《說無垢稱經疏》內的真正意義充分地顯露出來，正如：「事情本身並沒有一種封閉的界限，而是在一種不斷運動和擴展的過程中被把握。但是，伴隨著時間間距造成的過濾過程的這種消極方面，同時也出現它對理解所具有的積極方面。它不僅使那些具有特殊性的前見消失，而且也使那些促成真實理解的前見浮現出來。」〔註44〕窺基的「唯識學詮釋」使本研究對《說無垢稱經疏》產生問題意識，進而分析其中的詮釋策略，發現此《經疏》除了闡述《說無垢稱經》的要義外，更重要的是保存了唐代唯識宗的思想，尤其是玄奘的思想。雖然沒有直接證據證明玄奘對《說無垢稱經》的解說被保存在《說無垢稱經疏》內，但其中所顯現的護法「應理義」，即是窺基對玄奘唯識學的理解，並實際運用在經典疏解中。

　　無庸置疑地，窺基的《經疏》在《維摩詰經》的疏解史上也提供了一個嶄新的疏解方向。與其說《經疏》受到玄奘譯本的語言影響，不如說是自主地採取唯識學的疏解方式。從「空理義」中明顯看出窺基對於《說無垢稱經》的「空性」把捉十分精準，顯見其知曉《說無垢稱經》的核心思想是「空觀」的立場。伽達默爾認為：「在文字傳承物中具有一種獨特的過去和現在並存的

〔註42〕〔德〕Hans-Georg Gadamer 著，洪漢鼎譯：《詮釋學 I 真理與方法——哲學詮釋學的基本特徵》，頁 392。

〔註43〕〔德〕Hans-Georg Gadamer 著，洪漢鼎譯：《詮釋學 I 真理與方法——哲學詮釋學的基本特徵》，頁 421。

〔註44〕〔德〕Hans-Georg Gadamer 著，洪漢鼎譯：《詮釋學 I 真理與方法——哲學詮釋學的基本特徵》，頁 421。

形式，因為現代的意識對於一切文字傳承物都有一種自由對待的可能性。進行理解的意識不再依賴那種所謂使過去的消息同現代進行中介的重述，而是在直接轉向文字傳承物中獲得一種移動和擴展自己視域的真正可能性，並以此在一種根本深層的度向上使自己的世界得以充實。」〔註45〕從本研究的視角看來，窺基的《經疏》雖然溢出了《說無垢稱經》的文法脈絡意義，但依然可以視為《維摩詰經》疏解史的一部份。因為過去的讀者認為《經疏》中的唯識學詮釋合乎《維摩詰經》的經義，亦或在一個傳統「傳不破經，疏不破傳」的「前見」中，忽視了《經疏》全然不同的疏解方向。伽達默爾的詮釋學所說「不同的理解」，表示了詮釋並不具有「最好的理解」，以多元的開展面向理解一個文本，也就是說，若從整體《維摩詰經》的詮釋史看來，窺基以唐代唯識宗的立場，提出另一種詮釋的可能，但詮釋的方法與進路則與歷代注疏家有很大的差異。窺基帶有特殊目的性的《疏解》，彰顯了他自身的唐代唯識學特色，並將他的唯識學學說實際地應用在一部經典上。

　　因此，窺基的《經疏》經過「時間間距」所淘洗出的真正意義，乃是對於唐代唯識學的運用。《經疏》作為歷史流傳物，表達了經典與疏解不必然具有繼承和延伸的關係，疏解很有可能是為了其它原因而存在。

第三節　效果歷史——《說無垢稱經疏》的詮釋

　　在伽達默爾詮釋學中，「效果歷史」和「視域融合」呈現出理解本身所顯示的歷史實在性。「效果歷史」（*historically effected consciousness, wirkungsgeschichtliches Bewusstsein*），是時間間距的近距化，說明詮釋者的自我認識來自於歷史，由於歷史給定了主觀見解和主觀態度，使得詮釋者足以理解傳承物。因此詮釋者形成於歷史之中，也紮根於當代的歷史，進而從理解歷史的事實上重新規定歷史，對歷史產生某種作用。因讀者只能在傳統中進行理解，歷史便透過傳統影響讀者的理解過程，此間所具有的歷史有效性，即是效果歷史。因此，只有在效果歷史中，詮釋者的理解才可能成立。

　　伽達默爾認為：「主體在歷史視域中充分發揮自己的前判斷，形成效果歷史。被自己現在的理解視域所替代，在理解中產生一種真正的視域融合。

〔註45〕〔德〕Hans-Georg Gadamer 著，洪漢鼎譯：《詮釋學 I 真理與方法——哲學詮釋學的基本特徵》，頁 548。

包容了歷史和現代的整體視域,成為歷史視域的融合」。因此,視域融合的任務是「歷史視域的籌劃活動只是理解過程中的一個階段,而且不會使自己凝固成為某種過去意識的自我異化,而是被自己現在的理解視域所替代。在理解過程中產生一種真正的視域融合,這種視域融合隨著歷史視域的籌劃而同時消除了這視域。」〔註46〕可見理解者和解釋者的視域不是封閉的,而是理解在時間中進行交流的場所。正是在視域的融合中,過去和現在、主體和客體、自我與他者都融為了一體,而構成一個無限的統一整體。展現出「效果歷史」和「視域融合」重重無盡的不斷循環的關係。雖然伽達默爾的詮釋學使窺基經疏的前見被展示出來,但詮釋學也強調對研究方法論的反思:「每當一部作品或一個傳承物應當從傳說和歷史之間的朦朧地帶擺脫出來而讓其真正意義得以清楚而明晰地呈現時,我們總是需要這樣一種效果歷史的探究,這事實上卻是一種新的要求——但不是對研究的要求,而是對研究的方法論意識的要求——這個要求是從對歷史意識的徹底反思中不可避免地產生的。」〔註47〕

在本研究中,玄奘的《說無垢稱經》是語言翻譯下的詮釋。藉由現存梵文寫本、支謙譯本和羅什譯本的比對,發現除了《維摩詰經》經義之外的詮釋可能。李幸玲在《中國中古時期法華經注本研究》一書中,從《法華經》的成立史中指出:「每一部佛典文本『前有』的狀態而言,具有內在系統的封閉性的同時,也具有開放性。就其現存文本的內在系統的一致性,佛典文本是封閉的;但就其文獻根源的追索,或發現與傳譯路線、使用語言關係密切,或有不斷出土或新發現的文本等各種因素,吾人亦不停修正現存佛典文本的『整體』與『局部』關係、乃至思想內容要旨,因此,就這點而言,佛典文本也是開放的。」〔註48〕同樣的,《維摩詰經》因為十二世紀梵文寫本的現世而展開梵漢對比的熱潮,在此之前,藏譯本與漢譯本的比對是《維摩詰經》語言研究的重心。據此,皆可視為歷史不斷地修正詮釋者的前判斷,《維摩詰經》的文本處於「開放性」的關係。

〔註46〕〔德〕Hans-Georg Gadamer 著,洪漢鼎譯:《詮釋學 I 真理與方法——哲學詮釋學的基本特徵》,頁 434。

〔註47〕〔德〕Hans-Georg Gadamer 著,洪漢鼎譯:《詮釋學 I 真理與方法——哲學詮釋學的基本特徵》,頁 425。

〔註48〕李幸玲:《中國中古時期法華經注本研究——以授記主題為中心》,臺北:文津出版社,2013 年 8 月,頁 274。

　　理解的應用性是語言應用的過程，伽達默爾認為：「引導事物的語言，不是本質邏各斯（Logos）也不是在某種無限理致的自我直觀中得到實現，它是我們有限歷史的生物在學會講話時所熟悉的語言。適用於引導流傳下來的文本的語言，因而產生了真正歷史性的詮釋學任務。」〔註 49〕《維摩詰經》在語言版本的變化上就是一種語言應用的歷史性呈現，從支謙的「口傳」、羅什的「譯講同施」、玄奘的「意思獨斷」、「准依梵本」中，可以看到歷史上各時期的語言中介對於《維摩詰經》翻譯的作用，在成為歷史流傳物後並列現存梵文寫本和三家漢譯本，可看出《維摩詰經》在漫長時間中可能經過的變化，其中版本、流傳系統、漢語的變遷，都是譯本攜帶的歷史，於是，伽達默爾將「語言」作為審美意識和歷史意識的批判上的詮釋學的普遍中介。

　　然而，《經疏》雖從「語言」的理解開始，卻顯示了瑜伽行派的特質。林鎮國在《空性與方法》中提及：「當瑜伽行者觀察到一切法「唯了別」狀態，認識到此「唯了別」狀態及一切法的真實存在狀態時，了知語言的能指（名）與所指（相）為無字性而不執取、無所得，如是除遣名相與義相。不是透過語言消解語言的自性，唯識學使用更多語言去解釋「空性」，以語言開顯圓成實性。」〔註 50〕從上揭研究可知，窺基在《經疏》中對於「空」以「空理義」、「應理義」反覆闡發，容攝入唯識學思想，可能是分析語言在《說無垢稱經》的作用，「默然無諍」的解脫法門，認為「言語道斷，心行處滅」的諸法實相是解消語言的具體方法。佛教對語言的立場是無自性而自我解消，則窺基運用唯識學詮釋了《說無垢稱經》的「空性」，最後必然是「方法的自我解消」。〔註 51〕

　　對於《說無垢稱經》和《經疏》的詮釋關係，可說是從「語言」開始，卻又消除「語言」的進路。然而，作為歷史流傳物，《維摩詰經》在中國歷史上的疏解透過「文字」，呈顯出中國佛學思想的變遷。南北朝到隋唐的注釋者，已有自身思想學派的預設立場。他們為了證成自身的觀點，而「摘錄引用」不同佛典以證成自己思想的合理性。疏解可以說是容納了對眾家思想的批評

〔註 49〕〔德〕Hans-Georg Gadamer 著，洪漢鼎譯：《詮釋學 I 真理與方法——哲學詮釋學的基本特徵》，頁 669。
〔註 50〕林鎮國：《空性與方法》，臺北：政大出版社，2012 年 12 月，頁 66。
〔註 51〕〔德〕Hans-Georg Gadamer 著，洪漢鼎譯：《詮釋學 I 真理與方法——哲學詮釋學的基本特徵》，頁 548。

和解釋自身思想高度的作品。林鎮國在《辯證的行旅》一書中指出：歷史與傳統先於意識，而意識隸屬於傳統。即使研究者對經典持批判或否定的態度，不可否認地，研究者早已在那經典的影響中。〔註 52〕疏解是對佛典文本的內部系統進行完備性的建構歷程，同時，也是對文本進行拆解、重組、異化的過程。從「拆解、重組、異化」中，看出詮釋者自身的意識對於佛典文本造成「效果歷史」的作用。其效果歷史意識對任何文本的解釋都會發生作用，因為任何文本都存在一個時間間距的問題，而真理就是在不斷地對文本意義的解讀和對話中發生的。

　　要捍衛人文科學中的理解的真理，就必須堅持歷史不是相對可變化的，而是涵蓋一切過程與關係的存在。這樣的說法表面上違背了佛教所說不可執著的核心思想，然而對於原始佛教所說的無我，中觀學的空性，唯識學的真如，未嘗不是「無我性」的各種不同表述。

　　雖是如此，漢譯佛典與疏本的關係，有時並不如伽達默爾所說，基於「時間間距」不斷修正「前見」，與過去的經驗進行「視域融合」，在詮釋學循環中充實真理，展現出統一性的理解。漢譯佛典與疏解，在進入南北朝時期時，已然著重於宗派的宗義，而非完整地反映經文的義理。當詮釋有指定的目的，伽達默爾所強調的、不斷的詮釋學循環中體現真理，將走向另一個方向，即是只能從檢視「前見」來探討疏解者的詮釋傾向，而佛典的意義是否因為疏解而充實，無法絕對肯定。當詮釋者的理解同時具有現實生活和文本本身，對於文本原意的目的就不僅是重新描述。詮釋者應在解讀文本的過程中，把普遍的概念用於具體的特殊境況，並由此創生出文本的新的意義。也就說，窺基的《經疏》在現代的詮釋裡，應跳脫《維摩詰經》的詮釋史架構，從唐代唯識學的思想角度討論《經疏》詮釋的意圖。因而能從解讀《經疏》的過程中，實現詮釋者與《經疏》間的互動。一方面促進了《經疏》意義的轉變，另一方便也引發了讀者詮釋方向的改變。一如李幸玲的研究指出：「文本的「理解」為對經典文本的建構與要旨的揭示；「詮釋」則表現為詮釋策略操作的方法論自覺」。〔註 53〕

　　因此，在閱讀中國佛教的疏解本時，比起語言的問題，更應注意宗派的目的性與方法論。此目的突顯詮釋者的「前見」，方法論則是詮釋者背後的宗

〔註 52〕林鎮國：《辯證的行旅》，臺北：立緒文化，2002 年 1 月，頁 150。
〔註 53〕林鎮國：《辯證的行旅》，頁 308。

派意識展現。一如李幸玲所說:「此時期(南北朝)的注釋家不再單純將經典神聖化為信仰的文本,而是開始展開經典作為被詮釋的文本的釋經學方法論的覺醒」。從玄奘的《說無垢稱經》和窺基的《說無垢稱經疏》可看出:既使疏解者親自參與翻譯的過程,強調準確翻譯的重要性,其疏本仍然可能帶有強烈的前見。或許可以歸納出:中國佛教的疏解本,因為宗派意識的緣故,不僅是對經文的解釋,更是進一步對宗義的引證。若是只從文本和詮釋中觀察經和疏的關係,可能錯過了佛教思想史上整體的歷史影響。因此,疏解不一定做為經典意義的充實,它可以是新的詮釋,也可以做為中國佛教發展史的流傳物。

第七章　結　論

　　本章總結論文研究成果，乃是從玄奘譯《說無垢稱經》與支謙本、羅什本、梵文寫本的對比，鋪陳至窺基《說無稱經疏》在漢譯《維摩詰經》的疏解史上展現的「唯識學疏解架構」、「維摩詰經觀」和「唯識與如來藏交涉」，理解唯識宗在《維摩詰經》上的詮釋意識。此外，針對三家漢譯本與窺基《經疏》的唯識學思想方面，提出研究限制與未來研究方向，以期更進一步深入研究之。

第一節　研究成果

　　本研究主要研究成果，可分為：1.《維摩詰經》三家漢譯本非「同本異譯」；2. 窺基的《經疏》架構；3. 窺基的「維摩詰經觀」；4.《經疏》內如來藏與唯識交涉；5. 方法論的反省。

一、《維摩詰經》三家漢譯本非「同本異譯」

　　從三家漢譯本與梵文寫本的對比中，發現歷史上記載「同本異譯」的情形，只是從《維摩詰經》的主旨來看，並非是從文獻學的角度說是同一個底本。

　　支謙本、羅什本和玄奘本都有十四品，排列次第也都一致。在字數方面，以玄奘本字數最多，支謙本字數最少；在法數方面，以玄奘本的法數最多，支謙本最少；在菩薩名方面，玄奘的菩薩名與梵文寫本多能相對應，但支謙本與梵文寫本、羅什本和玄奘本有顯著的差異。可知三家漢譯本所根據的底

本或許略有差異，可能是經過長時間的流傳，梵文底本也有所增刪。傳至中國，最早的支謙本，與後來秉持梵本的羅什本和玄奘本不甚相同。然而，《維摩詰經》的梵文底本已然佚失，現存梵文寫本是十二世紀的產物，支謙本或許是歷史上最接近《維摩詰經》原貌的翻譯文本。

最初的支謙本《維摩詰經》可能是混和「犍陀羅語」的「混和梵語」的底本，因此譯文不易閱讀、行文也不甚流暢。羅什譯《維摩詰經》時已是手持梵本，此梵本非西域諸國僧侶所使用的「胡本」。直到玄奘時，《說無垢稱經》全然是依據梵本翻譯。由此可知：三家漢譯本之間，翻譯上的差異有可能來自底本的不同，而不一定是翻譯者對梵文的理解問題。從比對現存梵文寫本、羅什本、玄奘本與支謙本的差異中，也許能略窺得 3 世紀時《維摩詰經》的遺跡。三家漢譯本雖非「同本異譯」，但內容上大致相同，可做為對比玄奘本中「唯識術語」的先決條件。

玄奘三組唯識字「vijñapti / vijñāna」、「bīja / gotra」和「ālaya」在《說無垢稱經》中，並不具有唯識義。從三家漢譯本與梵文寫本的比對中，可見玄奘將 vijñapati 譯為「了別」，vijñāna 譯為「識」，符合初期大乘思想說五蘊的立場；「bīja / gotra」雖翻作「種子/種性」，卻只是指植物種子和成佛的可能，並未涉及唯識學種子義與種性論；梵文寫本中的ālaya，意指「所藏」，玄奘把 ālaya 音譯為「阿賴耶」，純粹是出於個人學思背景的習慣，而非真有唯識學在內。因此可證明玄奘並未在翻譯《說無垢稱經》時引渡唯識思想，僅僅是某些字詞上、基於個人的學思背景，採用了唯識學的術語，並未影響整體《維摩詰經》的思想。

然而，在《經疏》中，窺基雖與玄奘相同，將 vijñāna 認作「心識」，vijñapti 是「了別」。但他從瑜伽行派的觀點，以唐代唯識學的角度將「bīja 種子」疏解為發正等覺心的「煩惱種子」；「gotra 種性」則是做為「行佛性」和「理佛性」，為「五種性」所用。可見窺基依於玄奘譯本，卻溢出了玄奘的翻譯，增添入唯識思想的疏解傾向。

二、窺基《經疏》的五門判釋——唯識兼容空有

本章解析《經疏》的疏解架構，可知窺基將《說無垢稱經》分為五門判釋，從寫作原因、判教與分品、經體與教體三層面探討其中的思想意義。

　　窺基的「維摩詰經觀」，始自「唯識學疏解結構」。窺基標明「寫作動機」，分為說法的目的、聽法的眾生和說法的時間三個部份。顯示此法訴說於恰當的時間，能有益二乘眾生內欣佛身、外欣淨土，斷除分別心的目標，並且藉由穢土轉淨彰顯菩薩修行的功德，展現如來的神力廣大。在「判教」上，雖然淨影慧遠、智顗、吉藏都以自宗的立場判釋《維摩詰經》，但大抵不離中觀學派。窺基則將《說無垢稱經》判為唯識宗三時教中的「第二第三時」，從說法空過渡到並說空有；八宗判釋以第七宗勝義皆空為主，卻也依第八宗應理圓實宗。可見窺基採用唯識宗的立場，判定《說無垢稱經》具有空觀和唯識兩種思想並存的經典。

　　「經體」和「教體」區分為清辨和護法的說法。清辨的「經體勝義諦」和「經體世俗諦」相互理解，只有「經體勝義諦」可被解釋為「教體」。護法的「經體勝義諦」和「經體世俗諦」都可被解釋為「教體」，詮釋真如、心識、實相和假法在《說無垢稱經》中的作用。可見窺基對《說無垢稱經》的認知是先舉出中觀為例，再說明中觀偏空，唯識方能展現空有兼容的立場。

三、窺基的「維摩詰經觀」──勝義諦不可思議

　　窺基的「維摩詰經觀」可分為「解脫觀」、「佛土觀」、「三性說」和「四重二諦」四點。

　　窺基的「解脫觀」中，以「不可思議」點出《說無垢稱經》中「神通」的特殊地位。神通即是不可思議，藉此方便法門，使得眾生得以解脫，其作用與「默然」相同，體現了窺基的「實相空觀」，是超越言語、認知的境界。同時窺基以空、識、非空解「方便解脫」的「行相」；以如來藏說解脫的「凡聖心」。可見在「方便解脫」方面，窺基分出「解脫八門」，大量引用了唯識經典。他以空、識、非空解「方便解脫」的行相；以如來藏說解脫的凡聖，雜揉了般若和唯識的思想，雖說空也說有，符合他對《說無垢稱經》的判釋立場。然而，方便解脫若依《說無垢稱經》，應是依眾生的體性解脫，並非是窺基所說的複雜解脫法門。在「不可思議」方面，窺基藉「不可思議」並說「語言文字」是世俗諦所執妄，雖是無相，但仍有真如體性。

　　「佛土觀」扣合《說無垢稱經》的「心淨土淨」，做為《經疏》內的「唯識法門」，彰顯穢土的菩薩功德時也向眾生揭露淨土的生因，與轉識成智、轉染成淨的唯識學說法一致。窺基引用淨影慧遠的「淨土三心」中的「直心」、

「深心」做為眾生往生淨土的發心動力。窺基將「淨土」劃分出八門。其中，「自受用土」被認為是「圓鏡智相應淨識」、「他受用土」是第七識、「變化土」是前五識。窺基以修行者自心嚴淨，外感有情，所處器土亦淨的理路，推論菩薩自心清淨，使眾生亦淨，一切清淨後，即見淨土。在「心淨則土淨」中，當識淨時，佛土便淨的解說，轉識成智、轉染成淨的唯識學說法一致，形成窺基「唯識法門的佛土觀」。此外，窺基所用「直心」、「深心」，沒有字義或思想上的區別，僅是在既有的翻譯上，以習慣為主。因淨土信仰深入中國，若以新的翻譯名詞，不能令人快速理解。也可能是窺基當時宣講羅什本《維摩詰經》所作講義，就以羅什本譯名為解。

窺基在《經疏》中並列「空理義」和「應理義」，前者是對《說無垢稱經》空性的描述，後者即以護法－玄奘一系的「三性說」疏解。窺基從「染依他起性」執取「遍計執」的錯誤認知，在對治染污種子之後，破除「遍計執」，進一步轉依為「淨依他起性」，而有「圓成實性」，亦即「真如」顯現。然而窺基從「認識論」的立場疏解《說無垢稱經》的情節，反而偏離「破而不立」，非《維摩詰經》說眾生執取的諸法是幻化的「空理義」。

「四重二諦說」，「世俗諦」是說世間假名無實的初世俗諦，顯世間諸法差別的第二世俗諦，到可證四諦理的第三世俗諦，最後進入證二空真如的勝義世俗諦。「勝義諦」是包含第一和第二重世俗諦地的初勝義諦，說世間諸法起現和假名無實；第二重勝義諦對應第三重世俗諦，從修行知曉四諦等因果道理；第三重勝義諦對照第四重世俗諦，可證二空真如；而第四重勝義諦是不說空，也說空有的「廢詮談旨，一真法界」。雖有命名上的差異，但《成唯識論述記》、《大乘法苑義林章》、《說無垢稱經疏》中的四重二諦內容相同，俱是歸結於假必依實的真如。窺基最終把《說無垢稱經》將第七勝義皆空宗的空理義，與第八應理圓實宗的應理義皆歸為圓實的做法，是此疏最特別的地方，也是窺基以唯識學闡述《經疏》的理論依據。

窺基以清辨與護法的角度在《經疏》中設置「空理義」和「應理義」，可歸納出清辨說明中觀的「一切法空」是以一切戲論寂滅為相；空的體性是以離一切執著為相；空的本義是以真如為相。此三者在《經疏》中未能詳細地展現，僅有前二者做為「言無慮絕」和「破斥有」的論述。窺基認為清辨只見「空」，不見「假名有」，所以以護法「不有不無」為勝義諦。「不有」是遍計所執性與染依他起性；「不無」是淨依他起性和圓成實性。同樣說因緣法，但

說不可偏空有任一端，世俗諦所破斥的「空」，在勝義諦是被正確認知的「假名有」。

　　歸納窺基的「維摩詰經觀」，可以說是從中觀到唯識的轉變，先立中觀的「空理義」，再以「應理義」攻其說「空」太過。將初期大乘的《說無垢稱經》疏解成一部合乎唯識學義理的經典。

四、《經疏》內共同存在如來藏與唯識

　　《說無垢稱經》的「如來種性」做為眾生皆可成佛的可能，卻因為諸聲聞阿羅漢缺乏「生死種子」而無法發起大乘心，正好符合窺基主張的「五姓各別說」，「定性二乘」不可成佛。為了加深疏解的合理性，窺基提出「如來藏/淨依他起性的阿賴耶識」為「理佛性」和「本有無漏種子」為「行佛性」。然而，窺基將淨依他起性的阿賴耶識等同如來藏，乃是只取清淨結果，將煩惱視作為客塵，排除了阿賴耶識能攝染法的特質，將「心」視為不斷運作的自性清淨心，並非無覆無記唯能受熏的阿賴耶識。這樣的解釋，顯然是超出玄奘的學說之外，且不切中《說無垢稱經》的核心。將如來藏與阿賴耶識相互解釋，並承認如來藏是建立一切法的根本和成佛之因的論述，表現出中國佛教中，唯識學和如來藏的相互融合的傾向。

五、方法論的反省

　　在疏本研究的過程中，詮釋學被用來理解疏解背後的意義脈絡。試圖在讀者從疏本觀看經典本身的同時，指出疏本本身可能帶有的前見。

　　玄奘並沒有在唯識術語中納入唯識思想，因此，《說無垢稱經》並非「語言的遮蔽性」或「語言的解蔽性」的展現。《說無垢稱經》藉由語言的中介理解文本的意義，但在窺基的《經疏》中，只能作為「前有」看待。真正使窺基採取「唯識學疏解架構」的是他的「前見」。

窺基的《經疏》與其說是受到玄奘譯本的語言影響，不如說是自主地採取唯識學的疏解方式。從「空理義」中明顯看出窺基對於《說無垢稱經》的「空性」把捉十分精準，然而最終以唯識角度的「應理義」為「勝義諦」，顯然是基於宗派教義而做的決定。

　　可否將「歷史流傳物」視為經過歷史洗去一切時代聯結所留下的傳統？在窺基的《經疏》中，「時間距離」淘洗後發現它不盡然是一部《維摩詰經》的疏解，而更著重於對唐代唯識學「唯識學疏解架構」應用的保存。因此，透

過伽達默爾的詮釋學，現今的讀者能從《維摩詰經》疏解史的視域，與窺基的《經疏》產生視域融合，理解窺基所藉《說無垢稱經》表達的、從中觀發展到唯識的立場。

因此，在閱讀中國佛教的疏解本時，不能只從經典原意的表達解釋疏本流傳的必然關係，後者很有可能是為了其它原因而存在。當讀者過於相信疏本表露了真實的經文意義，只會落入疏解者的「前見」中。故而，比起語言的問題，漢譯佛典的疏解更應注意背後宗派的目的性與方法論。此目的突顯詮釋者的「前見」，方法論則是詮釋者背後的宗派意識展現。

從玄奘的《說無垢稱經》和窺基的《說無垢稱經疏》可看出：即使疏解者親自參與翻譯的過程，強調準確翻譯的重要性，其疏本仍然可能帶有強烈的前見。或許可以歸納出：中國佛教的疏解本，因為宗派意識的緣故，不僅是對經文的解釋，更是進一步對宗義的引證。若是只從文本和詮釋中觀察經和疏的關係，可能錯過了佛教思想史上整體的歷史影響。因此，疏解不一定做為經典意義的充實，它可以是新的詮釋。

於是，窺基的《說無垢稱經疏》在中國佛教的疏解史中，不僅是對經文的解釋，更是進一步對唐代唯識學宗義的解釋。

第二節　研究限制

本研究試圖從梵漢對勘的方式，描述三家漢譯本的翻譯差異。然而，梵漢對勘法本身即受限於文獻資料的不足。《維摩詰經》的梵文底本已然佚失，經典的原貌已不可知，只能以十二世紀的梵文寫本為參照。對於梵漢對勘法，或許能從另一個角度思考：若漢譯佛典較現存梵本更為古老，是否能作為經典校勘的依據？因此，漢譯《維摩詰經》的文獻對比研究，或許須更關注敦煌文書所遺留的當時的殘卷，可能比梵文寫本更能反應《維摩詰經》古老的樣貌。

雖然在《經疏》中建立了窺基的「維摩詰經疏解架構」和「維摩詰經觀」，但玄奘譯《說無垢稱經》也不能取代羅什本的流通。那麼，本研究探討的窺基樹立的漢譯《維摩詰經》疏解進路，恐怕在歷史上並未對漢譯《維摩詰經》的疏解史造成普遍的影響。因此，「維摩詰經疏解架構」僅能運用在窺基自身的疏作中，其「維摩詰經觀」也僅是做為《維摩詰經》諸疏本中的一家之言。

對於容納不同的思想──如來藏、唯識、中觀──如何能仔細梳理出同異之處，也仍需更進一步的文獻學考究。

漢譯佛典在詮釋過程中，與西方詮釋學的方法論反省帶給佛學研究新的方向。然而，詮釋學者立足於不同的宗教背景，其說是否全然合乎佛教研究的特質，還須謹慎把捉。

第三節　研究開展方向

漢譯《維摩詰經》的疏本，可從南北朝到隋唐的形成一詮釋譜系。大範圍來說，將歷史上的諸書本詳細分析，找出其中的思想脈絡，即是展現當時各宗派藉《維摩詰經》表現的宗派議題。亦可與西方詮釋學形成部份到整體的詮釋學循環過程。

另一方面，基於窺基身為「百部疏主」，他在《經疏》以「唯識學疏解架構」闡述的操作方式，是否也被應用於其他疏本中？可試圖建立窺基整體的疏解模式，並從中探討他對法相唯識的思想如何理解與應用。畢竟，玄奘的思想多半保留在窺基的著作中，藉由窺基的疏本，或許能對初唐唐代唯識學的宗義有實務上的認識。

此外，《維摩詰經》在藏文、蒙文、滿文都有譯本，亦可從對比的角度，對《維摩詰經》的譯本有更深刻的研究。其中所攜帶的、不同民族對佛教的信仰，也許能在同一部經典中，看到不同的詮釋，使經典意義更加充滿。

第四節　結　語

眾多疏家對漢譯《維摩詰經》提出了具有宗派意識的疏解。諸多疏本對應《維摩詰經》「默然無諍」的「方便法門」，是語言堆砌的「離言詮」的真理。

窺基《經疏》展示自身的「維摩詰經觀」，試圖將一部中觀經典詮釋成唯識學，從中以「應理義」攻訐「空理義」的不足。並且窺基也越過唐代唯識學的範圍，將如來藏思想納入佛性論補足「五性各別說」眾生遍滿的佛性。然而，對於漢譯《維摩詰經》疏解史可能僅是短暫的一瞬。隨著唐代唯識學勢力的削弱，《說無垢稱經》和《經疏》，即限制於法相唯識的範圍中，僅是玄奘一系的思想的展現。

　　然而，在伽達默爾的詮釋學理論中，沒有更好的解釋，只有不同的解釋。如此說來，窺基的《說無垢稱經疏》僅是眾多解釋中的一環，自此形成的效果歷史也將成為後人理解《維摩詰經》的前理解結構之一。因此，不能因為《說無垢稱經疏》立於唐代唯識學的角度便全然排除其對於《維摩詰經》詮釋的有效性。詮釋學哲學著重在詮釋過程中尋找到比當下自我更超越的存在，所謂真理也是不斷地對話中趨近。窺基《說無垢稱經疏》給予讀者另外一種觀點，若從詮釋學看來，亦是完整了詮釋活動的一個不可分割的部分。

參考文獻

一、古典文獻

（一）大正藏

1. 〔漢〕安玄、嚴佛調共譯：《法鏡經》，大正藏第 12 冊，322 經。

2. 〔吳〕支謙：《佛說維摩詰經》，大正藏第 14 冊，474 經。

3. 〔東晉〕法顯：《高僧法顯傳》，大正藏第 51 冊，2085 經。

4. 〔姚秦〕鳩摩羅什：《維摩詰所說經》，大正藏第 14 冊，475 經。

5. 〔姚秦〕僧肇：《注維摩詰經》，大正藏第 38 冊，1775 經。

6. 〔梁〕慧皎：《高僧傳》，大正藏第 50 冊，2059 經。

7. 〔梁〕僧祐：《出三藏記集》，大正藏第 55 冊，2145 經。

8. 〔北魏〕曇鸞註：《無量壽經優婆提舍願生偈註》大正藏第 40 冊，1819 經。

9. 〔隋〕費長房：《歷代三寶記》，大正藏第 49 冊，2034 經。

10. 〔隋〕慧遠：《維摩義記》，大正藏第 38 冊，1776 經。

11. 〔隋〕慧遠：《大乘義章》大正藏第 44 冊，第 1851 經。

12. 〔隋〕智顗：《維摩經玄疏》，大正藏第 38 冊，1777 經。

13. 〔隋〕吉藏：《淨名玄論》，大正藏第 38 冊，1780 經。

14. 〔隋〕彥琮：《眾經目錄》，大正藏第 55 冊，2147 經。

15. 〔唐〕玄奘：《說無垢稱經》，大正藏第 14 冊，476 經。

16. 〔唐〕玄奘譯：《解深密經》：大正藏第 16 冊，676 經。

17. 〔唐〕玄奘譯:《阿毘達磨俱舍論》，大正藏第 29 冊，1558 經。

18. 〔唐〕玄奘譯:《瑜伽師地論》，大正藏第 30 冊，1579 經。

19. 〔唐〕道液集:《淨名經集解關中疏卷上》大正藏敦煌寫本部類，第 19 冊。

20. 〔唐〕窺基:《解深密經疏》，大正藏第 21 冊，369 經。

21. 〔唐〕窺基:《觀無量壽佛經疏》，大正藏第 37 冊，1753 經。

22. 〔唐〕窺基:《說無垢稱經疏》，大正藏第 38 冊，1782 經。

23. 〔唐〕窺基《成唯識論述記》，大正藏第 43 冊，1830 經。

24. 〔唐〕窺基《成唯識論掌中樞要》，大正藏第 43 冊，1831 經。

25. 〔唐〕窺基:《大乘法苑義林章》，大正藏第 45 冊，1861 經。

26. 〔唐〕冥祥:《大唐故三藏玄奘法師行狀》，大正藏第 50 冊，2052 經。

27. 〔唐〕慧立著、彥悰箋:《大慈恩寺三藏法師傳》，大正藏第 50 冊，2053 經。

28. 〔唐〕道宣《續高僧傳》大正藏第 50 冊，2060 經。

29. 〔唐〕僧祥:《法華傳記》，大正藏第 51 冊，2068 經。

30. 〔唐〕道世:《法苑珠林》大正藏第 53 冊，2122 經。

31. 〔唐〕慧琳:《一切經音義》，大正藏第 54 冊，2128 經。

32. 〔隋〕法經:《眾經目錄》，大正藏第 55 冊，2146 經。

33. 〔唐〕靜泰:《眾經目錄》，大正藏第 55 冊，2148 經。

34. 〔唐〕道宣:《大唐內典錄》，大正藏第 55 冊，2149 經。

35. 〔唐〕靖邁:《古今譯經圖紀》，大正藏第 55 冊，2151 經。

36. 〔唐〕明佺:《大周刊定眾經目錄》，大正藏第 55 冊，2153 經。

37. 〔唐〕智昇:《開元釋教錄》，大正藏第 55 冊，2154 經。

38. 〔唐〕圓照:《貞元新定釋教目錄》，大正藏第 55 冊，2157 經。

39. 〔唐〕李宏慶:〈大慈恩寺大法師基公塔銘并序〉，大正藏第 88 冊，1615 經。

40. 〔唐〕李乂:〈大唐大慈恩寺法師基公碑〉，大正藏第 88 冊，1651 經。

41. 〔宋〕志磐:《佛祖統紀》，大正藏第 49 冊，2035 經。

42. 〔宋〕贊寧:《宋高僧傳》，大正藏第 50 冊，2061 經。

43. 〔宋〕延一法師:《廣清涼傳》，大正藏第 51 冊，2099 經。

44. 〔宋〕宗鑑集：《釋門正統》，大正藏第 75 冊，1513 經。

45. 〔元〕念常：《佛祖歷代通載》，大正藏第 49 冊，2036 經。

46. 〔元〕覺岸：《釋氏稽古略》，大正藏第 49 冊，2037 經。

47. 〔明〕明成祖：《神僧傳》，大正藏第 50 冊，2064 經。

48. 德格版西藏大藏經，諸經部第 60 卷，ma 筴，175r1-239v7. BDRC scans，Work ID W22084 - Volume 0945

（二）其他古典文獻

1. 〔漢〕班固：《漢書》〈西域傳〉，北京：中華書局，1975 年。

2. 〔北齊〕魏收：《魏書》，北京：中華書局，2011 年。

3. 〔後晉〕劉昫：《舊唐書》，北京：中華書局，1975 年。

4. 〔宋〕歐陽脩、宋祁：《新唐書》，北京：中華書局，1975 年。

二、近人研究（依年份）

（一）專書

1. 印順：《如來藏之研究》，臺北：正聞出版社，1981 年。

2. 印順：《印度之佛教》，臺北：正聞出版社，1985 年。

3. 王文顏：《佛典漢譯之研究》，臺北：天華出版，1984 年。

4. 湯用彤：《隋唐佛教史稿》，臺北：貫雅出版，1988 年。

5. 光中法師：《唐玄奘三藏傳史彙編》，臺北：東大圖書，1989 年。

6. 季羨林：《季羨林學術論著自選集》，北京：師範學院出版，1991 年。

7. 譚世保：《漢唐佛史探真》，中山大學出版社，1991 年。

8. 湯用彤：《漢魏兩晉南北朝佛教史》，臺北：商務印書館，1991 年。

9. 釋果樸：《敦煌寫卷 P3006「支謙」本《維摩詰經》注解考》，臺北：法鼓出版，1998 年。

10. 廖明活：《淨影慧遠思想述要》，臺北：學生書局，1999 年。

11. 陳揚炯：《中國淨土宗通史》南京：江蘇古籍，2000 年。

12. 方廣錩：《英國圖書館藏敦煌遺書目錄[斯 6981 號──斯 8400 號]》，北京：宗教文化出版社，2000 年。

13. 林純瑜：《龍藏：維摩詰所說經考》，法鼓文化出版，2001 年。

14. 林純瑜：《藏文本維摩詰經傳衍考析》，臺北市：藏典出版社，2019 年 5 月。

15. 林鎮國：《辯證的行旅》，臺北：立緒文化，2002 年 1 月。

16. 洪漢鼎：《詮釋學史》，臺北：桂冠圖書公司，2002 年 6 月。

17. 孫昌武：《中國的維摩與觀音》，天津：天津教育出版社，2005 年 1 月。

18. 王亞榮：《長安佛教史論》，北京：宗教文化出版社，2005 年。

19. 彭啟福：《理解之思──詮釋學初論》，安徽：人民出版社，2005 年 10 月。

20. 何劍平：《中國中古維摩詰信仰研究》，四川：巴蜀書社，2009 年。

21. 王新水：《維摩詰經思想新論》，合肥：黃山書社，2009 年。

22. 呂澂：《中國佛學源流略講》，臺北：大千出版社，2010 年 3 月二版一刷。

23. 楊廷福：《玄奘年譜》，上海：古籍出版社，2011 年。

24. 李煒：《早期佛經的來源與翻譯方法初探》北京：中華書局，2011 年。

25. 黃寶生：《梵漢對勘維摩詰所說經》，北京：中國社會科學出版社，2011 年。

26. 廖明活：《中國佛教思想述要》，臺北：商務印書館，初版二刷 2011 年 1 月。

27. 楊東：《《辯中邊論》思想研究》，北京，宗教文化出版社，2011 年。

28. 林鎮國：《空性與方法》，臺北：政大出版社，2012 年 12 月。

29. 李幸玲：《中國中古時期《法華經》注本研究──以授記主題為中心》，臺北：文津出版，2013 年。

30. 鄒清泉：《虎頭金粟影：維摩詰變相研究》，北京：北京大學出版，2013 年。

31. 陳明：《文本與語言──出土文獻與早期佛經比較研究》，蘭州大學出版社，2013 年 7 月。

32. 潘德榮：《西方詮釋史》，臺北五南出版社，2015 年 1 月。

33. 〔日〕橋本芳契：《維摩経の思想的研究》，京都：法藏館，1966 年。

34. 〔日〕荻原雲來編纂：《梵和大辭典》，臺北：新文豐，1979 年。

35. 〔日〕平川彰等著，許明銀譯：《佛學研究入門》，台北：法爾出版社，1980 年。

36. 〔日〕平川彰等編：《講座大乘佛教 6：如來藏思想》，東京：春秋社，1982 年。

37. 〔日〕梶山雄一：《空の思想——仏教における言葉と沈黙》，京都：人文書院，1983 年 6 月。

38. 〔日〕服部正明、長尾雅人著，許明銀譯：《印度思想史與佛教史述要》，臺北：天華出版，1986 年。

39. 〔日〕橋本芳契：《維摩經による佛教》，大阪：東方出版社。1988 年。

40. 〔日〕稻津紀三、曾我部正幸（編譯）：《梵漢和對照世親唯識論《二十論、三十頌》原典》，東京：三寶，1988 年。

41. 〔日〕木村泰賢著，演培法師譯：《大乘佛教思想論》，臺北：天華出版，1989 年。

42. 〔日〕佐佐木教悟、高崎直道等著，楊增文、姚長壽譯《印度佛教史概說》，上海：復旦大學，1993 年。

43. 〔日〕水野弘元著，香光書鄉編譯組譯：《佛教的真髓》，嘉義：香光書鄉出版社。2002 年。

44. 〔日〕上田義文著，陳一標譯：《大乘佛教思想》，臺北：東大圖書公司。2002 年。

45. 〔日〕大正大學綜合佛教研究所梵語佛典研究會編：《『維摩經』『智光明經』解說》，東京：大正大學出版，2004 年。

46. 〔日〕梵語佛典研究會：《梵藏漢対照『維摩經』》，東京：大正大學出版。2004 年。

47. 〔日〕水野弘元：《增補改訂パーリ語辭典》，東京：春秋社，2005 年。

48. 〔日〕山口益著，肖平、楊金萍譯：《般若思想史》，上海：古籍出版社，2006 年 7 月。

49. 〔日〕梵語佛典研究會：《梵文維摩經：ポタラ宮所藏写本に基づく校訂》，東京：大正大學出版。2006 年。

50. 〔日〕高橋尚夫、西野翠著：《梵文和訳維摩経》，東京：春秋社，2011 年。

51. 〔日〕桂紹隆：〈瑜伽と唯識行〉，《唯識と瑜伽行》，東京：春秋社，2012 年。

52. 〔日〕菅野博史：《南北朝隋代の中国仏教思想研究》，東京：大藏出版社，2012 年。

53. 〔日〕岡部和雄、田中良昭著，辛如意譯：《中國佛教入門》，臺北：法鼓文化，203 年。

54. 〔日〕稻津紀三著，楊金萍、肖平譯：《世親唯識學的根本性研究》，北京：宗教文化出版社，2013 年。

55. 〔美〕Nattier,Jan：*A Guide to the Earliest Chinese Buddhist Translations*, TheInternational Research Institute for Advanced Buddhology, Soka University, Tokyo，2008 年。

56. 〔美〕David W. Chappell：《佛教解釋學》，上海：古籍出版社，2009 年 12 月。

57. 〔法〕Étienne Lamotte, Sara Boin trans., *TheTeachingofVimalakīrti (L'Enseignementde Vimalakīrti）*. Oxford: The Pali Text Society, 1994.

58. 〔法〕呂格爾著，夏小燕譯：《從文本到行動》，華東出版社，2015 年 6 月。

59. 〔荷〕E.Zürcher（許理和）著，李四龍譯：《佛教征服中國》，南京：江蘇人民出版社，2003 年。

60. 〔德〕Hans-Georg Gadamer 著，洪漢鼎譯：《詮釋學 I 真理與方法——哲學詮釋學的基本特徵》，北京：商務印書館，2013 年。

（二）期刊論文

1. 方廣錩、許培玲：〈敦煌遺書中的《維摩詰所說經》及其註疏〉，《敦煌研究》，第 4 期，1944 年 11 月，頁 145～151。

2. 季羨林：〈浮屠與佛〉，《中央研究院歷史語言研究所集刊》，《本院成立第二十周年專號》，上冊，1948 年，頁 93～105。

3. 劉楚華：〈各種漢譯《維摩經》之比較研究〉，《內明》，第 208 期，1989 年 7 月，頁 27～37。

4. 韓廷傑：〈唯識宗哲理略論〉，《圓光佛學學報》，創刊號，1993 年 12 月，頁 87～112。

5. 方廣錩：〈敦煌遺書中的《維摩詰所說經》及其注疏〉，《敦煌研究》，第 4 期，1994 年，頁 145～151。

6. 曹志成：〈護法對清辨思想批判之探討——試以「大乘廣百論釋論・教誠弟子品」「大乘掌珍論」及「中觀心論・入瑜伽真實品」為線索〉，《諦觀》，第 78 期，1994 年 7 月，頁 103～137。

7. 王開府：〈《維摩詰經》中直心、深心及其相關概念的探討〉，《佛學研究中心學報》，第 1 期，1996 年，頁 89～109。

8. 林鎮國：〈多音與介入：當代歐美佛學研究方法之省察〉，《正觀雜誌》，第 1 期，1997 年 6 月，頁 2～27。

9. 陳一標：〈「識」的詮釋 vijñāna 與 vijñapti〉，《圓光佛學學報》，第 2 期，1997 年 10 月，頁 105～120。

10. 周伯戡：〈佛教初傳流佈中國考〉，《臺灣大學文史哲學報》，第 47 期，1998 年 12 月，頁 289～319。

11. 廖明活：〈窺基的判教思想〉，《佛學研究中心學報》，第 3 期，國立臺灣大學文學院佛學研究中心，1998 年，頁 217～241。

12. 黃國清：〈窺基判教思想的重新審視〉，《圓光佛學學報》第 8 期，圓光佛學研究所，1999 年 12 月，頁 71～102。

13. 陳一標：〈有關阿賴耶識語義的變遷〉，《圓光佛學學報》，圓光佛學研究所，第 4 期，1999 年 12 月，頁 75～106。

14. 曹志成：〈清辨對「勝義諦」之解釋的研究〉，《正觀》，第 12 期，2000 年 3 月，頁 10～52。

15. 陳榮華：〈論高達美詮釋學的文本與詮釋之統一性〉，《臺大文史哲學報》，第 52 期，2000 年 6 月，頁 269～297。

16. 曹志成：〈寂護對有部「實在論」以及「有相唯識」與「無相唯識」的「形象」（行相）說之批判的探討〉，《圓光佛學學報》，第 5 期，2000 年 12 月，頁 227～240。

17. 廖明活：〈理、行兩種佛性說法的形成和演變〉，《佛學研究中心學報》，第 10 期，2005 年，頁 119～150。

18. 陳一標：〈中日法相宗傳承與宗風之比較〉，《玄奘佛學研究》，第 3 期，2005 年 7 月，頁 105～126。

19. 涂豔秋：〈鳩摩羅什譯經方法的探討：以《註維摩詰經》為例〉，《玄奘人文學報》，第 4 期，玄奘人文社會學院，2006 年，頁 121～155。

20. 陳榮華：〈從語言的中介性論高達美的意義理論——兼論本質主義與反本質主義〉，《臺大文史哲學報》，第 66 期，2007 年 5 月，頁 153～178。

21. 湯銘均：〈對真如的認識與言說——天臺宗、三論宗與慈恩宗二諦論的詮釋〉，《正觀雜誌》，第 42 期，2007 年 9 月，頁 223～257。

22. 郭朝順：〈論天台觀心詮釋的「理解」與「前見」問題〉，《法鼓佛學學報》，第 22 期，2008 年 6 月，頁 129～161。

23. 林純瑜：〈《龍藏‧維摩詰所說經》的形成：核心人物與重修緣起〉，《維摩經與東亞文化國際學術研討會會議論文集》，宜蘭：佛光大學。2015 年 10 月 3～4 日，頁 I1～I19。

24. 涂豔秋：〈早期中國佛教注經方法研究：以第一階段為主〉，《維摩經與東亞文化國際學術研討會會議論文集》，宜蘭：佛光大學。2015 年 10 月 3～4 日，頁 P1～P31。

25. 郭朝順：〈《維摩詰經》的宗派詮釋差異：以羅什譯本為核心的隋唐佛教宗派詮釋的開展〉，《維摩經與東亞文化國際學術研討會會議論文集》，宜蘭：佛光大學。2015 年 10 月 3～4 日，頁 Q1～Q30。

26. 黃繹勳：〈《維摩詰經》論疏於宋元明清佛教的傳衍〉，《維摩經與東亞文化國際學術研討會會議論文集》，宜蘭：佛光大學。2015 年 10 月 3～4 日，頁 R1～R29。

27. 〔日〕橋本芳契：〈唯識義における維摩——說無垢稱經疏について〉，《宗教研究》，137 期，1953 年 12 月，頁 54～55。

28. 〔日〕橋本芳契：〈慈恩教學における維摩經の地位について『說無垢稱經疏』の思想史的意義〉，《印度學佛教學研究》，第 8 期第 1 卷，1960 年 1 月，頁 99～104。

29. 〔日〕橋本芳契：〈慈恩大師の維摩經觀〉，《宗教研究》，39 卷第 1 輯，1965 年 6 月，頁 67～91。

30. 〔日〕大鹿實秋：〈チベット文維摩經テキスト〉，《インド古典研究》，第一號，日本千葉縣：成田山新勝寺，1970 年，頁 137～240。

31. 〔日〕大鹿實秋：〈維摩經における玄奘譯の特質〉，《佐藤博士古稀記念》，佐藤博士古稀記念論文集刊行會編，東京：山喜房，1972 年，頁 457～482。

32. 〔日〕大鹿實秋:〈チベット文維摩經テキスト〉,《インド古典研究》,第三號,日本千葉縣:成田山新勝寺,1975 年,頁 197〜352。

33. 〔日〕白田淳三:〈注維摩經の研究〉,《印度學佛教學研究》,第 26 期第 1 卷,1977 年 12 月,頁 262〜265。

34. 〔日〕奧野光賢:〈吉藏撰《維摩經遊意》について:その割注おめぐって〉,《駒澤短期大學佛教論集》,第 2 號,1996 年 10 月,頁 99〜115。

35. 〔日〕吉津宜英:〈「法相宗」という宗名の再檢討〉,《渡邊隆生教授還曆記念論文集》,日本:文昌堂,1997 年 6 月。465〜484 頁。

36. 〔日〕バイカル:〈モンゴル語訳維摩經について〉《印度學佛教學研究》,第 47 期,第一號,1998 年 12 月,頁 286〜288。

37. 〔日〕奧野光賢:〈吉藏撰《維摩經遊意》の注釈的研究〉,《駒澤短期大學佛教論集》,第 29 號,2001 年,頁 286〜288。

38. 〔日〕吉村誠:〈唯識学派における「如来藏」の解釈について〉,《印度學佛教學研究》59 卷 1 號,2010 年,頁 235〜241。

39. 〔日〕辛嶋靜志〈早期漢譯佛典的語言研究:以支婁迦讖及支謙的譯經對比為中心〉,《漢語史學報》,第 10 期,2010 年,頁 225〜237。

40. 〔日〕辛嶋靜志:〈試探《維摩詰經》的原語面貌〉,《佛光學報》,新一卷,第二期,2015 年 7 月,頁 73〜100。

41. 〔日〕辛嶋靜志:〈誰創造了大乘經典:大眾部與方等經典〉,《維摩經與東亞文化國際學術研討會會議論文集》,宜蘭:佛光大學。2015 年 10 月 3〜4 日,頁 A1〜A28。

42. 〔日〕辛嶋靜志在〈誰創造了大乘經典——大眾部與方等經典〉,《佛光學報》新三卷,第一期,2017 年 1 月,頁 1〜86。

43. 〔美〕Jane Nattier, *The Teaching of Vimalakīrti (Vimalakīrtinirdeśa)A Review of Four English Translations*, Buddhist Literature, Vol 2, 200, Bloomington: Department of Religious Studies, Indiana University.

44. 〔美〕Visudh Busyakul, '*The Buddhist Theravāda Councils, and the Preservation of the Buddha's Teachings*', Manusya: Journal of Humanities, Special Issue No.4, 2002, p.7-19.

三、學位論文

1. 釋禪叡:《秦譯《維摩經・佛國品》斠訂探微》,中華佛學研究所論文,1994 年。

2. 陳一標:《賴耶緣起與三性思想之研究》,中國文化大學哲學研究所博士論文,1999 年。

3. 蔡伯郎:《唯識的三性與二諦》,中國文化大學哲學博士論文,1999 年。

4. 曾曉紅:《敦煌本《維摩經》注疏敘錄》,上海師範大學,碩士論文,2008 年。

5. 釋振元(曾千翠):《窺基唯識實踐論之研究》,玄奘大學宗教學系碩士論文,2007 年。

6. 黃偉銘:《梵本《維摩詰經・文殊師利問疾品》譯註與研究》,政治大學哲學所碩士論文,2008 年。

7. 鄭心怡:《維摩詰菩薩般若波羅蜜教學之研究》,國立清華大學中國文學系碩士論文,2009 年。

8. 陳玉青:《《注維摩詰經》之研究——以〈佛國品〉為範圍》,佛光大學佛教學系碩士論文,2012 年。

9. 曾興隆:《《維摩詰經》心淨即土淨思想與中道菩薩行之研究—以淨影慧遠《維摩義記》為主》,南華大學宗教學研究所碩士,2014 年。

10. 〔日〕バイカル:《モンゴル語訳維摩経の文獻學的研究》,東京:東洋大學博士論文,2000 年。